Riccardo Chiaradonna

Plotino

tradução
Mauricio Pagotto Marsola

Edições Loyola

Título original:
Plotino
© 2009 by Carocci editore, Roma
Viale di Villa Massimo, 47 – 00161 Roma – Italy
ISBN 978-88-430-4761-1

Dados Internacionais de Catalogação na Publicação (CIP)
(Câmara Brasileira do Livro, SP, Brasil)

Chiaradonna, Riccardo
 Plotino / Riccardo Chiaradonna ; tradução Mauricio Pagotto Marsola. -- São Paulo : Edições Loyola, 2023. -- (Coleção estudos platônicos)

 Título original: Plotino
 ISBN 978-65-5504-307-5

 1. Plotino I. Título. II. Série.

23-177903　　　　　　　　　　　　　　　　　　　CDD-186.4

Índices para catálogo sistemático:
1. Plotino : Filosofia　　　186.4

Cibele Maria Dias - Bibliotecária - CRB-8/9427

Preparação: Andrea Stahel M. Silva
Projeto gráfico: Viviane Bueno Jeronimo (capa)
　　　　　　　　Maurélio Barbosa (miolo)
Capa: Ronaldo Hideo Inoue
Diagramação: Sowai Tam

Edições Loyola Jesuítas
Rua 1822 nº 341 – Ipiranga
04216-000 São Paulo, SP
T 55 11 3385 8500/8501, 2063 4275
editorial@loyola.com.br
vendas@loyola.com.br
www.loyola.com.br

Todos os direitos reservados. Nenhuma parte desta obra pode ser reproduzida ou transmitida por qualquer forma e/ou quaisquer meios (eletrônico ou mecânico, incluindo fotocópia e gravação) ou arquivada em qualquer sistema ou banco de dados sem permissão escrita da Editora.

ISBN 978-65-5504-307-5

© EDIÇÕES LOYOLA, São Paulo, Brasil, 2023

Em memória de Margherita Isnardi Parente

Desejo agradecer a Mauro Bonazzi, Cristina D'Ancona, Giorgio Diotallevi, Tiziano Dorandi, Alessandro Linguiti e Franco Trabattoni, que leram em primeira mão algumas partes deste livro; enfim, agradeço à minha esposa, Valentina, por sua ajuda e seu encorajamento.

SUMÁRIO

CAPÍTULO I. Plotino e as tradições filosóficas 11
    1.1. A *Vida de Plotino* e as *Enéadas* 11
    1.2. O ensinamento platônico de Plotino 14
    1.3. A crítica a Aristóteles e ao aristotelismo 24
    1.4. A herança helenística e seu ocaso 28
    1.5. A gnose, Amônio Sacas, o Oriente 32

CAPÍTULO II. A investigação das causas 37
    2.1. Conhecer os inteligíveis a partir
         de princípios adequados 37
    2.2. As causas inteligíveis e os corpos 42

CAPÍTULO III. O mundo inteligível 53
    3.1. A alma e seu estatuto ontológico 53
    3.2. O Intelecto 59
    3.3. Unidade e multiplicidade do Intelecto 61
    3.4. O pensamento não discursivo do Intelecto 66
    3.5. Os gêneros supremos 72
    3.6. Eternidade, beleza, vida 74
    3.7. A teoria dos dois atos e a derivação 78

CAPÍTULO IV. A antropologia e a alma não descida 85
    4.1. A descida da alma no corpo 85

		4.2.	O vivente e a percepção	91
		4.3.	O "nós" discursivo	101
		4.4.	O conhecimento dos inteligíveis e a alma não descida	106
		4.5.	Fontes e problemas da doutrina da alma não descida	115

CAPÍTULO V. O Uno 121
    5.1. O primeiro princípio além do ser 121
    5.2. Potência de todas as coisas 125
    5.3. Indizibilidade e ausência de pensamento 128
    5.4. A causalidade do Uno e a geração do Intelecto 134

CAPÍTULO VI. O mundo físico e a matéria 143
    6.1. Mundo sensível e causas inteligíveis: substância, movimento, tempo 143
    6.2. Alma, *logos*, natureza 154
    6.3. A matéria e o mal 161

CAPÍTULO VII. Ética e mística 167
    7.1. Virtude, felicidade, liberdade 167
    7.2. A união mística 176

CONCLUSÃO 181

ANEXO 185
O debate recente sobre Plotino e a gnose
(RICCARDO CHIARADONNA E MAURICIO PAGOTTO MARSOLA)

CRONOLOGIA DA VIDA E DAS OBRAS 193

BIBLIOGRAFIA 197

ÍNDICE ONOMÁSTICO 211

CAPÍTULO PRIMEIRO

Plotino e as tradições filosóficas

1.1. A *Vida de Plotino* e as *Enéadas*

Os escritos de Plotino, na forma como os conhecemos, foram editados por seu discípulo Porfírio, cerca de trinta anos após a morte do mestre[1]. Porfírio organizou (com diversas artificialidades) os escritos plotinianos em seis grupos de nove tratados (as *Enéadas*), ordenados segundo seus temas. Nas intenções declaradas por Porfírio (*Vita Plot.*, 24-26) a primeira *Enéada* é composta de tratados sobretudo de conteúdo moral, a segunda abrange os escritos de física, a terceira os tratados cosmológicos, a quarta os escritos sobre a alma, a quinta aqueles sobre o Intelecto e a sexta tratados que versam principalmente sobre o inteligível e sobre o Uno (ainda que Porfírio não forneça uma indicação resumida do tema geral da última *Enéada*). Em sua edição, Porfírio faz preceder, conforme o uso já bem estabelecido na Antiguidade, um escrito introdutório contendo a biografia de Plotino e o catálogo ordenado de suas obras[2]. Aqui é indicada

---

1. Permanece ainda debatida a hipótese de que a edição de Plotino fosse ainda precedida de uma edição dos tratados eneádicos preparada por outro discípulo de Plotino, Eustóquio: a existência da assim chamada "edição de Eustóquio" parece ser atestada por um escólio a IV 4 [28], 29.55, cuja interpretação, todavia, é controversa. Para um acurado balanço da questão, cf. ZAMBON, M., Edizione e prima circolazione degli scritti di Plotino: Porfirio ed Eusebio di Cesarea, in: BIANCHETTI, M. (org.), *Plotino e l'ontologia*, Milão, Albo Versorio, 2006, 55-78.

2. À *Vida de Plotino* foi dedicado um estudo completo em dois volumes: BRISSON, L. et al., *Porphyre. La vie de Plotin*, v. I: *Travaux préliminaires et index grec complet*, Paris, Vrin,

escrupulosamente a ordem cronológica de composição dos tratados (*Vita Plot.*, 4-6). Na edição porfiriana, cada tratado é precedido de um título que não provém de Plotino (conforme o testemunho Porfírio, ele não inseria títulos em seus escritos). Nem tudo aquilo que Porfírio relata é completamente fidedigno; os intérpretes esclareceram que a *Vida de Plotino* responde a precisas convenções literárias e é também uma obra de "autocelebração", uma vez que Porfírio, ao escrevê-la, reivindica para si o papel de discípulo predileto. No conjunto, entretanto, trata-se de um documento de grande valor, que permite (caso muito raro para um filósofo antigo) reconstruir a biografia de Plotino com boa precisão.

É oportuno recordar rapidamente alguns pontos da vida de Plotino, necessários para compreender sua obra[3]. Plotino não apreciava falar de si e Porfírio não tinha condições de indicar o local e a data de seu nascimento. Fontes posteriores identificam a cidade natal de Plotino como Lico, ou Licópolis, no Egito. A partir das informações contidas na *Vida de Plotino*, fixa-se sua data de nascimento em 205 d.C. Com 28 anos, Plotino sente-se inclinado à filosofia e se dirige a Alexandria, onde frequenta várias escolas, desiludindo-se[4]. Por sugestão de um amigo, dirige-se então a Amônio Sacas, tendo sido por ele conquistado. Plotino permanece em sua escola por onze anos (232-243). Com 39 anos, segue o imperador Gordiano em sua expedição contra os persas, pois deseja conhecer a filosofia praticada entre os persas e indianos. Após a derrota e a morte

---

1982; BRISSON, L. et al., *Porphyre. La vie de Plotin*, v. II: *Études d'introduction, texte grec et traduction française, notes complémentaires, bibliographie*, Paris, Vrin, 1992. Cf. também, acerca do gênero literário ao qual pertence essa obra porfiriana, MANSFELD, J., *Prolegomena. Questions to Be Settled before the Study of an Author, or a Text*, Leiden, Brill, 1994. O método usual de citação dos escritos plotinianos, que será aqui adotado, considera tanto a ordem cronológica quanto a ordem sistemática e inclui as seguintes informações: o primeiro número (romano) indica a *Enéada*, o segundo número indica o tratado; segue, entre colchetes, a indicação do número que corresponde à ordem cronológica; depois, é indicado o capítulo (a divisão em capítulos remonta a Marsílio Ficino) e, enfim, são reportadas as linhas (a numeração das linhas segue a segunda edição das *Enéadas* preparada por Paul Henry e Hans-Rudolph Schwyzer, publicada em Oxford, a assim chamada *editio minor*, usualmente abreviada como H.-S.²). Por exemplo, VI 1 [42], 1.30 significa: sexta *Enéada*, primeiro tratado, quadragésimo segundo na ordem cronológica, primeiro capítulo, linha 30 na *editio minor* Henry-Schwyzer. Onde não há indicação do contrário, as traduções da Vida de Plotino e dos tratados plotinianos são tomadas (com várias modificações) da edição preparada por M. Casaglia, C. Guidelli, A. Linguiti e F. Moriani (Turim, UTET, 1997, 2 v.).

3. Para maiores detalhes, cf. "Cronologia da vida e das obras", *infra*, p. 193-196.

4. Cf. WHITTAKER, J., Plotinus at Alexandria: Scholastic Experiences in the Second and Third Centuries, *Documenti e studi sulla tradizione filosofica medievale*, 8 (1997) 159-190.

de Gordiano na Mesopotâmia, Plotino encontra refúgio em Antioquia para, em seguida, chegar Roma com a idade de 40 anos (244). Permanece em Roma até os últimos anos de sua vida, quando, doente, se estabelece na Campânia. Morre em 270 d.c. Nos últimos anos de permanência em Roma, fundou um vivaz círculo intelectual que reunia filósofos, literatos, mas também políticos e personalidades influentes. Foi amigo do imperador Galeano e de sua mulher Salonina; graças à sua influência, tentou, sem sucesso, construir uma cidade de filósofos (Platonópolis) na Campânia, que seria dirigida conforme as leis de Platão.

Plotino começou a escrever muito tardiamente (em torno aos 40 anos): por muito tempo, de fato, sentiu-se vinculado ao voto, que unia seus condiscípulos Herênio e Orígenes, de não divulgar por escrito o ensinamento de Amônio Sacas[5]. Quando, em 263 d.C., Porfírio chegou com 30 anos à escola, Plotino contava com 59 anos e havia escrito 21 tratados. Porfírio permanece cinco anos junto a ele, e desse período provém a maior parte da produção plotiniana (ou seja, os tratados 22-45). Os últimos tratados (46-54) foram compostos após Porfírio ter deixado a escola de Plotino, em 268, para ir à Sicília (a fim de combater uma crise depressiva que o havia levado a pensar em suicídio, segundo o relato do próprio Porfírio, mas talvez também por desacordos com o próprio mestre)[6]. Segundo Porfírio (*Vita Plot.*, 6, 30-37), os primeiros 21 tratados de Plotino revelam plena maturidade e completa perfeição, enquanto os nove tratados do último grupo manifestam um progressivo declinar das energias. Esse famoso juízo possui pouco fundamento, sobretudo no que diz respeito à produção do último período, que inclui algumas verdadeiras e próprias obras-primas. A obra de Plotino é unitária e compacta como poucas outras na literatura filosófica antiga, e não poderia ser diferente, dado que começa a escrever quando

---

5. Sobre a questão do "voto de silêncio" dos discípulos de Amônio Sacas, cf. a discussão de O'BRIEN, D., Plotin et le voeu du silence, in: BRISSON et al., *Porphyre...*, v. II, 419-459. A identidade do Orígenes platônico, discípulo de Amônio Sacas, mencionado por Porfírio (*Vita Plot.*, 3.29; 14.20-25) é matéria de debate. Geralmente, exclui-se que se trate do famoso Padre da Igreja (que, como testemunha ainda Porfírio no tratado *Contra os cristãos*, livro III, fr. 39 Harnack, também foi aluno de Amônio). A questão é controversa e a valoração dos testemunhos antigos, muito difícil: cf. GOULET, R., Porphyre, Ammonius, les deux Origène et les autres..., in: ID., *Études sur le Vies de philosophes de l'Antiquité tardive. Diogène Laërce, Porphyre de Tyr, Eunape de Sardes*, Paris, Vrin, 2001, 267-290, com atualizações em Ibid., 394 (ed. orig.: *Revue d'histoire et de philosophie religieuse*, 57 [1977] 471-496).

6. Cf. SAFFREY, H. D., Pourquoi Porphyre a-t-il édité Plotin? Réponse provisoire, in: BRISSON et al., *Porphyre...*, v. II, 31-64.

seu pensamento está já perfeitamente formado e toda sua produção é composta no arco de cerca de quinze anos.

1.2. O ensinamento platônico de Plotino

Plotino foi um intelectual refinado, um pensador plenamente consciente dos debates filosóficos de seu tempo. Porfírio o testemunha de modo explícito ao escrever: "Nas reuniões da escola em geral faziam-se ler os comentários de Severo, de Crônio, de Numênio, de Gaio ou de Ático, ou, ainda, dentre os peripatéticos, de Aspásio, de Alexandre, de Adrasto e de outros, conforme o tema" (*Vita Plot.*, 14, 10-14). Embora Plotino em geral não mencione os nomes de outros filósofos – a única exceção verdadeiramente significativa é Platão –, as alusões e as discussões de teses de outros são numerosas nas *Enéadas*. Naturalmente, ocupam um lugar privilegiado as interpretações de doutrinas platônicas. A leitura de Platão defendida por Plotino, centrada em sua doutrina dos três princípios suprassensíveis (Uno, Intelecto, alma)[7], teve grande fortuna. Segundo uma opinião amplamente compartilhada, Plotino seria o fundador de uma corrente filosófica específica, o "neoplatonismo", que coincide com a forma assumida pelo platonismo na Antiguidade tardia (séculos III-VI d.C.), e da Antiguidade foi transmitida às épocas posteriores. Tal opinião é, em realidade, bastante incorreta, pois tende a nivelar as diversidades que subsistem entre as filosofias que se desenvolveram na época tardo-antiga e não consegue dar conta da tormentosa recepção da filosofia de Plotino já entre seus sucessores imediatos, que corrigiram seu ensinamento sobre alguns pontos relevantes; além disso, o neoplatonismo é com frequência caracterizado com traços (por exemplo, o uso de práticas teúrgicas) que não são tão adequados a Plotino quanto a autores mais tardios, como Jâmblico e Proclo[8]. Com todas essas reservas e precisões, permanece, contudo,

---

7. O uso das maiúsculas para designar os princípios metafísicos de Plotino é, obviamente, fruto de uma convenção e corresponde a uma simples exigência de clareza. Usarei a maiúscula para "Uno" e "Intelecto", a fim de distinguir o significado metafísico desses dois termos em relação a seu sentido trivial (o mesmo vale para "Forma"); no caso de "alma", o risco de confusão é menor e usarei, portanto, geralmente a minúscula.

8. Cf., *infra*, "Conclusão", p. 182-183. Recorde-se a propósito que "neoplatonismo" é uma categoria historiográfica moderna, cunhada no século XVIII sob a influência da *Historia critica philosophiae* de Jakob Brucker (cf. HALFWASSEN, J., *Plotin und der Neuplatonismus*, Munique, Beck, 2004, 12-13). Acerca do platonismo pós-plotiniano, limito-me a remeter aos

inegável que o significado histórico e conceitual do platonismo de Plotino foi muito grande: seu ensinamento influiu profundamente seja nos autores antigos posteriores seja, por vias com frequência complexas e indiretas, na filosofia das épocas posteriores.

Para compreender corretamente a relação entre Plotino e Platão, devem ser consideradas antes de tudo algumas características gerais da filosofia de sua época. No século III d.C. já estava havia tempos consolidado um traço característico que de fato marca a história da filosofia do final do período helenístico (século I a.C.) até o início da época moderna (século XVI): fazer filosofia está estritamente vinculado à exegese e ao comentário de alguns autores, em particular de Platão e Aristóteles[9]. Os intérpretes se interrogaram longamente sobre as razões que levaram, cerca de três séculos antes de Plotino, a essa transformação, cuja posteridade foi imensa; de fato, contudo, falta uma resposta compartilhada com unanimidade. Provavelmente o nascimento de um modo de fazer filosofia estritamente vinculado à interpretação e ao comentário das obras de Platão e Aristóteles, em torno ao século I a.C., pode ser explicado por um conjunto de fatores.

1. As escolas helenísticas (o estoicismo, o epicurismo, a Academia cética de Arcesilau e Carnéades) começaram gradualmente a perder sua posição dominante no panorama filosófico; contemporaneamente, estavam retomando o primeiro plano, após séculos de declínio, outros protagonistas da cena cultural: de um lado, um platonismo dogmático, bem diverso daquele aporético da época helenística, que visava elaborar uma versão unitária e sistemática do ensinamento de Platão (entre seus expoentes de fôlego estavam Antíoco de Ascalona e Eudoro de Alexandria); de outro, um aristotelismo filosoficamente muito elaborado e baseado sobre um conhecimento renovado e aprofundado dos tratados da escola aristotélica pouco conhecidos na época helenística (entre os maiores expoentes do aristotelismo do século I a.C. basta mencionar Andrônico de Rodes e Boeto de Sidone)[10]. Tanto o renascido platonismo dogmático (aquele que, após

---

estudos, fundamentais sob todos os aspectos, recolhidos nos dois volumes de SAFFREY, H. D., *Recherches sur le néoplatonisme après Plotin*, Paris, Vrin, 1990; e ID., *Le néoplatonisme après Plotin*, II, Paris, Vrin, 2000.

9. Cf., a propósito, HADOT, P., Théologie, exégèse, révélation, écriture dans la philosophie grecque, in: ID., *Études de philosophie ancienne*, Paris, Les Belles Lettres, 1998, 27-58 (ed. orig.: TARDIEU, M. (org.), *Les règles de l'interprétation*, Paris, Cerf, 1987, 13-34).

10. Cf. a excelente visão geral traçada por FREDE, M., Epilogue, in: ALGRA, K. et al. (orgs.). *The Cambridge History of Hellenistic Philosophy*, Cambridge, Cambridge University

os estudos de Karl Praechter, usa-se chamar de "médio-platonismo"[11]) quanto o aristotelismo dos primeiros comentadores reivindicavam, contra a filosofia dos "modernos" (as escolas helenísticas), os "antigos" (Platão, Aristóteles e seus primeiros alunos)[12]: é natural que, em tal contexto cultural, a elaboração filosófica se associasse de modo cada vez mais marcado ao comentário e à interpretação das obras dos mestres.

2. As escolas helenísticas, em particular o estoicismo, haviam desenvolvido uma concepção sistemática da filosofia, cujas várias partes (lógica, física, ética) eram concebidas como ligadas por uma adequada conexão recíproca. O platonismo e o aristotelismo do século I a.C., ao reivindicarem para si uma posição dominante no panorama cultural, tiveram que se confrontar com essa exigência conceitual imposta pelas filosofias helenísticas e se empenharam, por assim dizer, para reduzir as filosofias de Platão e Aristóteles a um sistema. A exegese pontual das obras dos mestres constituía um meio privilegiado para atingir esse escopo[13].

Press, 1999, 771-797. O papel, no renascimento do interesse por Aristóteles, da assim chamada "edição" dos tratados preparada por Andrônico de Rodes (século I a.C.) não é simples de definir: a tese tradicional, segundo a qual o conhecimento dos tratados escolares teria ressurgido justamente graças à obra editorial de Andrônico, foi contestada por BARNES, J., Roman Aristotle, in: BARNES, J.; GRIFFIN, M. (orgs.), *Philosophia Togata II. Plato and Aristotle at Rome*, Oxford, Clarendon, 1-69.

11. A expressão "médio-platonismo" é ainda hoje geralmente adotada para indicar o platonismo entre o final da época helenística e Plotino. Trata-se, evidentemente, de uma fórmula totalmente convencional que se expõe a várias críticas (cf., em particular, FREDE, M., Numenius, in: *Aufstieg und Niedergang der römischen Welt*, II 36.2, Berlim-Nova York, De Gruyter, 1987, 1034-1075; e, recentemente, KARAMANOLIS, G., *Plato and Aristotle in Agreement? Platonists on Aristotle from Antiochus to Porphyry*, Oxford, Clarendon, 2006, 27). Em todo caso, ela tem ao menos a vantagem de isolar na história do platonismo (ou, como seria melhor dizer, na história dos vários platonismos antigos, muito diversos e concorrentes entre si) uma fase precisa e em muitos aspectos homogênea, entre o século I a.C. e o final do século II d.C. Para uma defesa da noção de "médio-platonismo", cf. DONINI, P., Medioplatonismo e filosofi medioplatonici. Una raccolta di studi, *Elenchos*, 11 (1990) 79-93.

12. Somente a título de exemplo, pode ser mencionada a remissão aos antigos discípulos de Platão (Espeusipo, Xenócrates, Polêmon, Crantor) por parte de Varrão, o porta-voz de Antíoco de Ascalona, nas *Academica* de Cícero (cf. Cic., *Varro*, 34); na tradição peripatética basta recordar a polêmica antiestoica e a referência às doutrinas dos "antigos" nos testemunhos sobre o *Comentário às Categorias* de Boeto de Sidone conservadas por Simplício (*In Cat.*, p. 38.22; 41.29 Kalbfleisch).

13. Cf., para essa hipótese, DONINI, P., Testi e commenti, manuali e insegnamenti: la forma sistematica e i metodi della filosofia in età postellenistica, in: *Aufstieg und Niedergang der römischen Welt*, II 36.7, Berlim-Nova York, De Gruyter, 1994, 5027-5100.

3. Outro elemento é vinculado a circunstâncias históricas particulares. Entre o final do século II e o século I a.C. Atenas perde o papel de centro filosófico quase exclusivo que havia mantido em toda a época helenística. As tradicionais escolas situadas em Atenas cessam sua atividade no mais tardar após o cerco e o saque de Sila em 86 a.c. A filosofia vai ao encontro de um processo de "descentralização" e novos centros culturais emergem como sede de círculos e escolas filosóficas (Roma, Rodes, Alexandria do Egito)[14]. É plausível supor que vários círculos rivais reivindicassem para si a correta versão das doutrinas que sustentavam (por exemplo, das doutrinas de Platão ou de Epicuro): a exegese dos textos era, mais uma vez, um meio de algum modo natural para dar fundamento às várias pretensões de ortodoxia dos autores e escolas não mais ligados a seus mestres por uma continuidade institucional efetiva[15].

4. É ainda possível que o florescimento de comentários às obras de Platão e Aristóteles estivesse vinculado às dificuldades cada vez maiores de compreensão linguística das obras dos dois mestres, pois o ático clássico havia sido havia muito tempo substituído pela *koinê* helenística[16].

A esses elementos poderiam talvez ser acrescentados outros, mas a conclusão geral não muda: a partir do século I a.C. assiste-se a uma gradual imposição do platonismo e do aristotelismo como filosofias dominantes no panorama cultural em detrimento das filosofias helenísticas, e a forma que, em suas múltiplas versões, assumem o platonismo e o aristotelismo estão estritamente ligadas à exegese das obras dos dois mestres. Esse processo foi lento e gradual; a herança da filosofia helenística certamente não cessou no século I a.C., mas permaneceu ainda viva por muito tempo, e é indispensável considerá-la para compreender os desenvolvimentos da filosofia entre Antíoco de Ascalona e Plotino. Em todo caso, quando Plotino compõe sua obra, o processo que foi há pouco delineado pode ser considerado realizado. Pelo que sabemos, Plotino jamais permaneceu em Atenas, e toda sua atividade se desenvolve nos dois centros mais importantes da filosofia posterior ao período helenístico: Alexandria do Egito e Roma. Além disso, e principalmente, para Plotino, "fazer filosofia" significa em primeiro lugar interpretar Platão e dar conta daquilo que se encontra em suas obras. Com

---

14. Cf. SEDLEY, D., Philodemus and the Decentralisation of Philosophy, *Cronache Ercolanesi*, 33 (2003) 31-41.

15. Cf., para essa interpretação, HADOT, Théologie, exégèse, révélation, écriture dans la philosophie grecque.

16. Essa hipótese foi formulada por SEDLEY, D., Plato's *Auctoritas* and the Rebirth of the Commentary Tradition, in: BARNES; GRIFFIN (org.), *Philosophia Togata II*, 110-129.

isso, demonstra-se herdeiro de uma tradição exegética iniciada *grosso modo* três séculos antes.

Plotino apresenta-se a si mesmo como um exegeta de Platão, que considera sua autoridade filosófica indiscutível. Nos tratados IV 8 [6], *Sobre a descida das almas nos corpos* e V 1 [10], *Sobre as três hipóstases que são princípios*, ele afirma explicitamente que suas doutrinas (a doutrina da descida da alma e a das três hipóstases) foram já formuladas pelos filósofos precedentes (Heráclito, Empédocles, Pitágoras e seus seguidores, e Platão em IV 8 [6]; Platão, Parmênides, Anaxágoras, Heráclito, Empédocles, Aristóteles, Pitágoras e seus seguidores, Ferécides em V 1 [10]). Nem todos, contudo, estão no mesmo planto: somente Platão obteve a verdade de modo "claro" e "exato" (IV 8 [6], 1.23, 26; V 1 [10], 8.24) e é baseando-se expressamente no ensinamento de Platão que Plotino apresenta sua posição:

> De outro lado, esses discursos não são novos nem elaborados somente agora, mas foram já feitos antigamente, embora não de modo explícito; o que agora dizemos é uma interpretação daqueles discursos, uma interpretação que, apoiando-se no testemunho do próprio Platão, confirma a antiguidade de tais opiniões (V 1 [10], 8.10-14).

Como demonstraram estudos recentes, as origens do esquema expositivo seguido em IV 8 [6] e V 1 [10] em realidade já são anteriores a Plotino e talvez possam ser remetidas à obra do platônico pitagorizante Eudoro de Alexandria (I a.C.). A Eudoro (ou, ainda, ao ambiente intelectual do qual Eudoro fazia parte) deve-se o projeto de instaurar uma espécie de sucessão filosófica na qual as doutrinas dos antigos eram inscritas em um quadro geral definível como "platônico-pitagórico"[17]. A tese de que há tal tradição platônico-pitagórica unitária é bem atestada em Plutarco, e (embora com notáveis mudanças) continua a desempenhar um papel muito importante no platonismo pós-plotiniano[18]. Esse não

---

17. Cf. MANSFELD, J., *Heresiography in Context: Hyppolitus' Elenchos as a Source for Greek Philosophy*, Leiden, Brill, 1992, 243-316; DONINI, *Testi e commenti, manuali e insegnamenti...*; BONAZZI, M., Plotino e la tradizione pitagorica, *Acme*, 53 (2000) 38-73.

18. Cf., além dos estudos citados na nota anterior, SAFFREY, H. D., Accorder entre elles les traditions théologiques: une caractéristique du néoplatonisme athénien, in: BOS, E. P.; MEIJER, P. A. (orgs.), *On Proclus and His Influence in Medieval Philosophy*, Leiden, Brill, 1992, 35-50; DONINI, P., Platone e Aristotele nella tradizione pitagorica secondo Plutarco, in: Pérez Jiménez, A.; Aguilar, R. M. (orgs.), *Plucarco, Platon y Aristóteles*, Madri, Ediciones

é o único ponto de evidente contato entre Plotino e a tradição exegética. Plotino, por exemplo, insiste no fato de que as asserções sobre a alma em Platão e em outros filósofos antigos (Empédocles e Heráclito) sobre a descida da alma aos corpos "não se contradizem" (IV 8 [6], 5.1). Plotino apropria-se aqui de um motivo convencional da exegese de Platão e Aristóteles: a ideia de que as teses dos autores interpretados formam um sistema, um *corpus* doutrinal explícito e coerente; as asserções contrastantes de suas obras devem ser interpretadas de modo que resolvam as aparentes discrepâncias[19].

O vínculo entre Plotino e a tradição platônica não foi ignorado pelos antigos. Ainda uma vez, Porfírio fornece um precioso testemunho a esse respeito ao nos informar acerca do fato de que Amélio, discípulo de Plotino, deveria escrever um livro em defesa do próprio mestre, que havia sido acusado de plagiar as doutrinas de Numênio de Apameia (*Vita Plot.*, 17.1-6). Os estudos modernos completaram o quadro das "fontes" de Plotino. Em 1928, Eric R. Dodds demonstrou que a distinção plotiniana entre Uno e Ser funda-se sobre uma peculiar interpretação metafísica da segunda parte do *Parmênides* de Platão, que instaura uma correspondência entre as "hipóteses" relativas ao uno e os princípios da realidade. Com base em um testemunho fornecido pelo comentário à *Física* de Simplício (230.34 ss. Diels), Dodds demonstrou que essa leitura teológica do *Parmênides* tinha um precedente histórico na especulação do neopitagórico Moderato de Gades (século I d.C.)[20]. A questão é, na realidade, extremamente complexa: alguns estudiosos destacaram que o testemunho de Simplício deve ser recebido com cautela, pois não haveria indícios suficientes para atribuir já a Moderato uma leitura teológica do *Parmênides*; outros intérpretes, ao contrário, trouxeram elementos ulteriores em favor das hipóteses de Dodds, sublinhando que elementos de exegese teológica do *Parmênides* podem ser encontrados em vários textos que remetem à tradição pré-plotiniana, não somente

---

Clásicas, 1999, 9-24. Por último, cf. a coletânea Bonazzi, M.; Lévy, C.; Steel, C. (orgs.), *A Platonic Pythagoras: Platonism and Pythagoreanism in the Imperial Age*, Turnhout, Brepols, 2007.

19. Cf. DONINI, Testi e commenti, manuali e insegnamenti...; sobre essas linhas plotinianas, cf. D'ANCONA, C. et al., *Plotino: La discesa dell'anima nei corpi (Enn. IV 8 [6]); Plotiniana arabica (Pseudo-Teologia di Aristotele, capitoli 1 e 7; "Detti del sapiente greco")*, Pádua, Il Poligrafo, 2003, 24.

20. Cf. DODDS, E. R., The *Parmenides* of Plato and the Origin of Neoplatonic One, *The Classical Quarterly*, 22 (1928) 129-142. Sobre a doutrina dos princípios de Moderato, cf. TORNAU, C., Die Prinzipienlehre des Moderatos von Gades. Zu Simplikios *in Ph.* 230, 14-231, 24 Diels, *Rheinisches Museum*, 143 (2000) 197-220.

em Moderato, mas também em Clemente de Alexandria, Alcino e nos textos dos gnósticos platonizantes (os assim chamados "sethianos")[21]. Os problemas continuam em aberto e é difícil formular hipóteses que possam ser acolhidas com unanimidade; em todo caso, a Dodds e aos intérpretes de sua geração deve ser atribuído o mérito incontestável de ter demonstrado como a filosofia de Plotino nasce dos debates que animaram os séculos I a.C.-II d.C.[22].

Contudo, não são muito numerosas as fontes que permitem reconstruir as doutrinas dos platônicos nesse longo período, mas o que sabemos é suficiente para obter algumas conclusões. Como foi mencionado há pouco, desde a Antiguidade foi salientada a analogia entre a filosofia de Plotino e aquela de Numênio de Apameia, cuja doutrina dos princípios metafísicos remete a alguns aspectos da sistematização plotiniana[23]. As fontes antigas (Simplício em particular) também estabelecem um paralelo explícito da discussão crítica plotiniana das categorias de Aristóteles com os argumentos de alguns autores precedentes (Lúcio, Nicóstrato), que, com boa probabilidade, podem ser considerados platônicos. Outros paralelos foram iluminados pelos intérpretes. Em 1990, Pierluigi Donini escreveu que da historiografia sobre o médio-platonismo "parece emergir [...] uma crescente consciência da dívida de Plotino para com o platonismo médio"[24]. Desde então, outros passos foram dados nessa direção por obra sobretudo de Matthias Baltes, que, nos volumes da obra *Der Platonismus in der Antike*, constantemente inseriu as abordagens de Plotino na série de elaborações dos "fundamentos" doutrinais platônicos fornecidos pela tradição antiga[25].

Plotino, contudo, não foi somente mais um dos vários (talvez, para dizer a verdade, bem pedantes e medíocres) exegetas e "professores" de filosofia platônica que povoaram os primeiros séculos de nossa era. De modo indubitável, ele apresenta seu trabalho como o de um exegeta: sua preocupação é mostrar que

---

21. Cf., sobre esse ponto, TURNER, J. D., The Gnostic Sethians and Middle Platonism: Interpretations of the *Timaeus* and *Parmenides*, *Vigiliae Christianae*, 60 (2006) 9-64, em particular 33-34.

22. Ainda fundamentais a esse respeito são os estudos reunidos no volume coletivo de ARMSTRONG, A. H. et al., *Les sources de Plotin*, Vandoeuvres-Genebra, Fondation Hardt, 1960.

23. Para um ótimo quadro sintético do dossiê "Plotino *vs* Numênio", remeto a DONINI, P., *Le scuole, l'anima, l'impero. La filosofia antica da Antioco a Plotino*, Turim, Rosenberg & Sellier, 1982, 140-146.

24. DONINI, Medioplatonismo e filosofi medioplatonici..., 82.

25. Cf. Dörrie, H.; Baltes, M., *Der Platonismus in der Antike*, Stuttgart-Bad Cannstatt, Frommann-Holzboog, 1987-2008, 7 v., 9 t. publicados até agora.

suas próprias concepções não são "novas", mas já foram formuladas, ainda que de forma implícita e alusiva, por Platão. Plotino compartilha a tendência geral de sua época de considerar negativamente as inovações e olhar sua própria reflexão como uma exegese dos textos dos antigos mestres. Dito isso, entretanto, ainda se disse pouco. Com efeito, se é verdade que o material sobre o qual Plotino constrói seu próprio pensamento é bem codificado e encontra numerosos precedentes, é igualmente verdadeiro que a maneira como ele faz uso desse material é distinta e não redutível às suas possíveis fontes. A originalidade de Plotino não está na independência em relação a Platão e ao platonismo, mas no uso peculiar que faz deles, na versão do platonismo que ele elabora[26].

São necessárias, a esse propósito, algumas precisões sobre a relação entre filosofia e exegese em Plotino. Como foi dito, a finalidade dos autores que, de modos diversos, podem ser chamados de "platônicos" a partir do século I d.C. em diante é a de elaborar uma interpretação da filosofia e das obras de Platão. Segundo o autorizado parecer de Pierre Hadot[27], uma semelhante orientação (denominada "filosofia exegética") se desenvolveria em detrimento da coerência sistemática: guiados pelas exigências da exegese textual e movidos pela intenção de dar conta das afirmações dos diálogos de Platão, os autores teriam deixado substancialmente em segundo plano preocupações de coerência conceitual. Para eles, a finalidade da filosofia seria, decididamente anti-intelectualista, chegar, mediante a interpretação das obras das autoridades, a uma espécie de edificação moral; a exegese seria de tal modo concebida como um "exercício espiritual". Essa leitura é interessante, mas não convincente. Deve-se, naturalmente, distinguir de modo acurado entre autor e autor, mas não parece razoável considerar que Plotino seja o expoente de uma "filosofia exegética" descrita do modo há pouco proposto. Para Plotino (e para os outros filósofos de sua época, ao menos para os mais profundos), interpretar Platão não significava somente dar conta daquilo que estava escrito nos diálogos, mas elaborar uma versão coerente das doutrinas e dos problemas conceituais suscitados por Platão. Veremos em seguida como a autoridade de Platão tem um caráter complexo para Plotino: embora se declarando seu fiel exegeta, Plotino não hesita em dar uma versão bastante original da filosofia do próprio mestre, a ponto de revê-la em profundidade em alguns

---

26. Sintetizo aqui aquilo que procurei demonstrar de modo mais amplo em CHIARA-DONNA, R., Esegesi e sistema in Plotino, in: NESCHKE, A. (org.), *Argumenta in dialogos Platonis*, I, Basileia, Schwabe, 2010.

27. Cf. os estudos reunidos em HADOT, *Études de philosophie ancienne*.

assuntos. Por exemplo, Plotino, na exigência de responder às questões deixadas em aberto pela doutrina platônica do conhecimento, redimensiona o papel da reminiscência, desenvolvendo uma elaborada doutrina da intuição intelectual que só parcialmente pode ser encontrada nos diálogos de Platão. Também a teoria da causalidade e das substâncias inteligíveis pode ilustrar essa abordagem: Plotino pretende dar uma versão coerente do ensinamento platônico, capaz de resistir às críticas que eram movidas contra Platão por seus adversários (Aristóteles e os filósofos aristotélicos em primeiro lugar). Ao fazer isso, ele é levado de modo inevitável a enfatizar algumas "linhas" do platonismo em detrimento de outras, elaborando uma versão própria da filosofia do mestre, que sublinha alguns de seus aspectos, coloca outros à margem, amplifica alguns elementos até distanciar-se de fato daquilo que se pode encontrar nos diálogos. Tudo isso não é casual, mas corresponde a exigências conceituais precisas que não é equivocado chamar de "sistemáticas". Exegese e sistema não são, portanto, termos de uma alternativa: o sistema de Plotino se constrói precisamente por meio da exegese de Platão, e, de modo inverso, é de todo impossível compreender qual é a exegese de Platão elaborada por Plotino se não são consideradas com clareza as coordenadas conceituais que a guiam.

Com efeito, quando se inclui Plotino no "platonismo" antigo, deve-se também acrescentar, para não incorrer em simplificações mal fundamentadas, que na Antiguidade não houve um platonismo único: havia diversos, animados por exigências conceituais muito diferentes e por vezes alternativas. Plotino elabora, com grande radicalidade filosófica, um dos múltiplos "platonismos possíveis"[28]. Como veremos ao longo deste trabalho, as coordenadas conceituais que o guiam são claramente identificáveis: trata-se da doutrina das substâncias inteligíveis, de sua causalidade, do modo como deve ser constituído seu conhecimento.

Plotino, de outro lado, era bem consciente de que o filósofo não era um simples leitor e intérprete de textos. Na *Vida de Plotino*, Porfírio esclarece o modo como o mestre desenvolvia seu ensinamento a partir dos "antigos":

> Não se limitava, todavia, a escolher trechos desses livros, mas era original e independente em sua especulação, infundindo nas próprias investigações o

---

28. Cf. a esse respeito as penetrantes observações que, acerca da vertente da tradição peripatética, Marwan Rashed propôs sobre o aristotelismo de Alexandre de Afrodísia: RASHED, M., *Essentialisme. Alexandre d'Aphrodise entre logique, physique et cosmologie*. Berlim-Nova York, De Gruyter, 2007.

espírito de Amônio. Assimilava com rapidez o problema, em poucas palavras dava o significado exato de uma teoria profunda, e colocava-se em pé. Quando lhe foram lidos os escritos de Longino, *Sobre os princípios* e *O amigo da antiguidade*, exclamou: "Longino é certamente um filólogo, mas não verdadeiramente filósofo"[29].

Os intérpretes detiveram-se nessas linhas, não simples de serem interpretadas nos detalhes. O sentido geral daquilo que diz Porfírio é contudo explícito: primeiro informa acerca do fato de que Plotino com frequência fazia com que se lessem nas aulas os comentários dos principais exegetas platônicos e peripatéticos; no entanto, acrescenta que seu ensinamento ia bem além disso, pois Plotino infundia nas investigações um caráter profundo e original, que Porfírio designa como "o espírito (*nous*) de Amônio". Enfim, Porfírio ressalta a peculiaridade do ensinamento de Plotino, reportando seu juízo pouco lisonjeiro sobre Longino (um célebre filósofo platônico, que havia sido mestre de Porfírio antes de sua chegada à escola de Plotino), o qual teria sido filólogo, mas não filósofo. Esse juízo, proferido por Plotino após lhe terem sido lidos os escritos de Longino, não diz respeito às intenções deste último (que bem podia querer ser um filósofo tanto quanto queriam sê-lo Amônio e Plotino), mas os resultados aos quais ele havia chegado. Segundo Plotino, em resumo, a erudição de Longino se associava à superficialidade: quaisquer que fossem suas intenções, Longino não apreendeu o sentido das questões discutidas e não foi além da letra dos textos comentados. Para Plotino, ao contrário, o ensinamento deve se voltar primordialmente para a substância dos problemas, para seu sentido autêntico (o *nous*: cf. *Vita Plot.*, 8.6; 14.17). Porfírio põe, portanto, em evidência um modo comum de investigação de Amônio Sacas e Plotino, que não se detém na exegese pontual, mas chega, por meio da interpretação do texto, a descobrir o centro dos problemas filosóficos investigados: nesse sentido, o texto não é nada além de um auxílio privilegiado para chegar à verdade[30].

---

29. PORFÍRIO, *Vita Plot.*, 14.14-20.
30. Cf. as justas observações de GOULET-CAZÉ, M.-O., L'arrière-plan scolaire de la Vie de Plotin, in: BRISSON et al., *Porphyre...*, v. I, 265.

1.3. A crítica a Aristóteles e ao aristotelismo

Para Plotino, Aristóteles é um autor quase tão importante quanto Platão; o conhecimento direto e aprofundado dos escritos aristotélicos que se encontra nas *Enéadas* é impressionante e, pelo que sabemos, não tem precedentes na tradição platônica[31]. Justamente no conhecimento direto e aprofundado dos tratados de Aristóteles deve ser situado um elemento de virada em relação aos autores platônicos mais antigos, e que permanece nos platônicos posteriores a Plotino. De Porfírio em diante, os filósofos platônicos foram também exegetas de Aristóteles, cujas obras eram comentadas em detalhe com a convicção (compartilhada por todos os neoplatônicos, ainda que com notáveis diversidades de ênfase) de que havia uma substancial harmonia entre as doutrinas de Platão e de Aristóteles[32]. Embora, como veremos, a tese da harmonia entre as filosofias de Platão e de Aristóteles (apropriada por Porfírio talvez também para defender a unidade da filosofia grega contra o cristianismo) não tenha sido sustentada por Plotino (nem se pode dizer de modo algum que Plotino a "prepare"), seu conhecimento detalhado de Aristóteles e da tradição aristotélica mostra, junto com sua leitura teológica do *Parmênides*, uma diferenciação no platonismo antigo. Trata-se de dois elementos caracterizadores do platonismo, cuja introdução (além das antecipações parciais nos autores mais antigos) deve ser atribuída a Plotino.

Aristóteles não era certamente ignorado dos platônicos anteriores a Plotino. No século I a.C., Eudoro de Alexandria, a quem já se fez referência anteriormente, comentou as *Categorias* de Aristóteles e conheceu seguramente o livro I da *Metafísica* (um texto que, em virtude das notícias contidas sobre as doutrinas dos princípios pitagórica e platônica, era particularmente precioso para a construção de seu "platonismo pitagorizante"). É ainda possível que Eudoro conhecesse o livro XII da *Metafísica*, cuja influência foi identificada com bons argumentos em sua concepção dos princípios[33]. Os platônicos entre os séculos

---

31. Cf. CHIARADONNA, R., Plotino e la corrente antiaristotelica del platonismo imperiale: analogie e differenze, in: BONAZZI, M.; CELLUPRICA, V. (org.), *L'eredità platonica: studi sul platonismo da Arcesilao a Proclo*, Nápoles, Bibliopolis, 2005, 235-274.

32. Cf. KARAMANOLIS, G., Porphyry: The First Platonist Commentator on Aristotle, in: ADAMSON, P.; BALTUSSEN, H.; STONE, M. W. F. (orgs.), *Philosophy, Science and Exegesis in Greek, Arabic and Latin Commentaries*, I, Londres, Institute of Classical Studies, 2004, 97-120; SORABJI, R., The Ancient Commentators on Aristotle, in: ID. (org.), *Aristotle Transformed: The Ancient Commentators and Their Influence*, Londres, Duckworth, 1990, 1-30.

33. Os fragmentos de Eudoro de Alexandria foram reunidos por MAZZARELLI, C., Raccolta e interpretazione delle testimonianze e dei frammenti del medioplatonico Eudoro di

I a.C. e II d.C. conheceram com muita probabilidade alguns tratados de Aristóteles, em particular as *Categorias*, que tiveram uma notável fortuna não apenas entre os peripatéticos, mas também entre autores de outras escolas. Todavia, embora alguns estudos recentes tenham sustentado a tese de que Aristóteles era conhecido em detalhe pelos platônicos antes Plotino[34], as provas para chegar a semelhante conclusão não parecem convincentes. É verdade que muitos autores platônicos integravam teses e terminologia aristotélicas em suas doutrinas: é o caso, por exemplo, de Alcino, cujo compêndio de filosofia platônica (o *Didaskalikos*, provavelmente composto no século II d.C.) contém muitas alusões a teorias aristotélicas[35]. Entretanto, não parece que semelhantes alusões demonstrem um conhecimento direto e aprofundado dos tratados de Aristóteles: trata-se de referências muito esquemáticas e não é pouco frequente o caso em que doutrinas especificamente aristotélicas sejam atribuídas a Platão. Mesmo as veementes críticas dirigidas a Aristóteles, que foram formuladas por platônicos como Ático (segunda metade do século II d.C.), hostis à apropriação de teses peripatéticas, não deixem transparecer um conhecimento aprofundado dos tratados e da filosofia de Aristóteles[36]. Trata-se antes de argumentos mais ideológicos que filosóficos, dirigidos contra uma versão vulgarizada do aristotelismo, bem distante da profundidade filosófica própria dos tratados aristotélicos e bem distante das complexas sistematizações doutrinais elaboradas por comentadores peripatéticos de Andrônico de Rodes em diante. Houve, antes de Plotino, autores não aristotélicos que conheceram de modo aprofundado os tratados de Aristóteles: é o caso de Galeno, que compôs numerosos tratados e comentários dedicados a Aristóteles (em particular aos escritos de lógica). De outro lado, Galeno não

---

Alessandria, I, Testo e traduzione dei frammenti sicuri, *Rivista di filosofia neoscolastica*, 77 (1985) 197-209. Para uma discussão atualizada de sua obra, cf. BONAZZI, M., Eudoro di Alessandria alle origini del platonismo imperiale, in: BONAZZI; CELLUPRICA (org.). *L'eredità platonica...*, 115-160.

34. Assim considera KARAMANOLIS, *Plato and Aristoteles in Agreement?*.

35. Do *Didaskalikos*, cf. a edição (com ricas notas e comentários) preparada por WHITTAKER, J., *Alcinoos. Enseignement des doctrines de Platon*, Paris, Les Belles Lettres, 1990; para uma apresentação geral, cf. ZAMBON, M., *Porphyre et le Moyen Platonisme*, Paris, Vrin, 2002, 295-338.

36. Ático foi autor de um tratado intitulado, provavelmente, *Contra aqueles que pretendem interpretar Platão por meio de Aristóteles*, do qual amplos fragmentos estão conservados na *Preparatio Evangelica* de Eusébio (reunidos em PLACES, É. DES., *Atticus. Fragments*. Paris, Les Belles Lettres, 1977). Para uma apresentação atualizada, cf. KARAMANOLIS, *Plato and Aristotle in Agreement?*, 150-190.

pode ser considerado um autor "platônico" e, embora não faltem pontos significativos de contato com o platonismo de sua época, seu interesse por Aristóteles parece determinado por razões internas à sua doutrina do conhecimento e da demonstração, muito diversas daquelas que induziam os platônicos a incorporar esta ou aquela tese aristotélica em sua filosofia[37].

O caso de Plotino é totalmente diverso. Aristóteles, ainda mais que Platão, fornece a Plotino o quadro conceitual no qual ele elabora suas próprias posições. Isso não quer dizer que Plotino se proponha recuperar as teses de Aristóteles, mas que a discussão das doutrinas de Aristóteles é uma etapa fundamental na elaboração do platonismo plotiniano. Isso ocorre, como veremos, principalmente de duas maneiras: de um lado, Plotino procura desenvolver uma versão do platonismo que resista às críticas movidas contra Platão por Aristóteles (em particular as críticas às Ideias e à participação); de outro, ele se esforça por demonstrar que nas teses de Aristóteles há aporias e pontos irresolutos, que recebem uma solução satisfatória somente abandonando o quadro doutrinal aristotélico e aderindo ao platônico. O platonismo é, assim, apresentado por Plotino como o êxito natural ao qual devem se adequar Aristóteles e seus seguidores desde queiram desenvolver de modo consequente as próprias concepções, resolvendo suas dificuldades. A complexa discussão plotiniana sobre as categorias e o estatuto do mundo físico, apresentada nos tratados 42-45 (VI 1-3, *Sobre os gêneros do ser*; III 7, *Sobre a eternidade e o tempo*), corresponde precisamente a essa estrutura e dela constitui o exemplo mais adequado: Plotino critica do interior as concepções aristotélicas, demonstrando que elas comportam aporias não solucionáveis senão postulando causas, diversas daquelas admitidas por Aristóteles, que coincidem com as causas inteligíveis do platonismo plotiniano. Não se trata de um caso isolado: na apresentação das teses que caracterizam seu pensamento (por exemplo, a doutrina do primeiro princípio como superior ao pensamento, ou a tese do estatuto incorpóreo e inteligível da alma), a discussão crítica de Aristóteles desempenha desde os primeiros tratados um papel determinante.

Para formular essa complexa estratégia argumentativa, Plotino baseia-se em uma leitura minuciosa dos escritos aristotélicos e em um conhecimento aprofundado dos debates que eles haviam suscitado entre os exegetas. Esse ponto é de notável importância. Como já se acenou, desde o século I a.C. havia se desenvolvido

---

37. Cf. CHIARADONNA, R., Galen and Middle Platonism, in: GILL, C; WHITMARSH, T.; WILKINS, J. (org.), *Galen and the World of Knowledge*, Cambridge, Cambridge University Press, 2009.

uma riquíssima tradição de exegese e comentário das obras aristotélicas, que havia dado lugar a debates e controvérsias, e havia culminado na sistematização elaborada por Alexandre de Afrodísia (séculos II-III d.C.)[38]. Assim como ocorre em relação ao platonismo, Plotino tem um conhecimento direto e particularizado desses debates. Vários estudos, a começar por dois famosos artigos de Arthur H. Armstrong e Paul Henry, demonstraram, por exemplo, que há importantes analogias entre as teses discutidas por Plotino e as teses que se encontram expressas em Alexandre de Afrodísia (em particular sobre as doutrinas da alma e do Intelecto)[39]. Mas Plotino não se limita a registrar as discussões que lhe são anteriores: delas faz muito mais um uso livre e original, voltado para provar que os debates aos quais havia dado lugar a interpretação de Aristóteles são o "sintoma" de uma inadequação de fundo das doutrinas peripatéticas, que encontra uma solução satisfatória somente aderindo a pressupostos doutrinais diferentes, ou seja, platônicos. Como se verá a seguir, isso emerge com clareza na discussão plotiniana das doutrinas da forma e da essência (VI 1 [42], 1-3; 3 [44], 4-10). Essas eram as teses-chave da ontologia "essencialista" de Alexandre de Afrodísia. Como Marwan Rashed demonstrou recentemente, Alexandre desenvolve sua leitura essencialista de Aristóteles polemizando com outros comentadores de Aristóteles que haviam chegado a conclusões diversas (em particular o comentador do século I a.C., Boeto de Sidone)[40]. Nos tratados *Sobre os gêneros do ser* Plotino parece aludir a esses debates, neles identificando o sinal da inadequação das teses aristotélicas e dos desenvolvimentos aos quais haviam dado lugar[41].

---

38. A história dessa tradição é traçada na obra, indispensável ainda que já datada, de MORAUX, P., *Der Aristotelismus bei den Griechen von Andronikos bis Alexander von Aphrodisias*, Berlim-Nova York, De Gruyter, 1973, 3 v.

39. Cf. ARMSTRONG, A. H., The Background of the Doctrine That the Intelligibles are not outside the Intellect, in: ID. et al., *Les Sources de Plotin*, 391-425; HENRY, P., Une comparaison chez Aristote, Plotin et Alexandre d'Aphrodise, in: ARMSTRONG et al., *Les Sources de Plotin*, 429-449. Continua fundamental, ainda que algumas conclusões particulares tenham sido revistas pelos estudos posteriores, DONINI, P., *Tre studi sull'aristotelismo nel II secolo d.C.*, Turim, Paravia, 1974. Um ótimo *status quaestionis* sobre o dossiê "Plotino vs Alexandre de Afrodísia" encontra-se em SHARPLES, R. W., Alexander of Aphrodisias: Scholasticism and Innovation, in: *Aufstieg und Niedergang der römischen Welt*, II 36.2, 1220-1224. Maiores detalhes em CHIARADONNA, R., Hylémorphisme et causalité des intelligibles. Plotin et Alexandre d'Aphrodise, *Les études philosophiques*, v. 86, n. 3 (2008), 379-397.

40. Cf. RASHED, *Essentialisme*.

41. Maiores detalhes em CHIARADONNA, R., *Sostanza movimento analogia. Plotino critico di Aristotele*, Nápoles, Bibliopolis, 2002.

Após Plotino, os platônicos começaram a comentar Aristóteles: Porfírio, aluno e editor de Plotino, é também o primeiro comentador platônico de Aristóteles, animado pela convicção de que havia uma harmonia (ainda que incompleta) fundamental entre as filosofias dos dois mestres do pensamento grego[42]. Após as críticas de Plotino, a integração de Aristóteles no platonismo buscada por Porfírio devia passar necessariamente pela exegese minuciosa e capilar das obras aristotélicas e do pensamento nelas contido. Para integrá-lo em seu platonismo, os platônicos depois de Plotino deveriam padronizar Aristóteles como antes deles haviam feito os comentadores aristotélicos: o modo esquemático de incorporar teses aristotélicas em um quadro doutrinal platônico, que se encontra em autores como Alcino, já não era suficiente.

A tese da harmonia entre as filosofias de Platão e Aristóteles passou, por Porfírio, aos platônicos posteriores; o significado histórico dessa doutrina foi, além disso, muito relevante, pois a imagem da filosofia de Aristóteles elaborada no neoplatonismo foi transmitida às épocas sucessivas e influiu de modo determinante sobre diversas tradições filosóficas medievais (muitos "aristotelismos" medievais de fato veicularam, muitas vezes de modo não consciente, teses características do neoplatonismo). A posição de Plotino é, desse ponto de vista, mais isolada: sua maneira particular de criticar Aristóteles de modo interno não encontra uma verdadeira continuidade na tradição posterior.

1.4. A herança helenística e seu ocaso

Platão, Aristóteles e as tradições filosóficas que deles se originaram são, sem dúvida, as fontes filosóficas mais importantes nas *Enéadas*, mas não as únicas. Têm grande importância também as filosofias helenísticas, em particular o estoicismo. Plotino empenha, com efeito, muita energia a discutir criticamente as doutrinas estoicas, sobretudo o "corporalismo" que identifica aquilo que é plenamente real com corpos capazes de agir e padecer; os princípios da física estoica

---

42. A tradição antiga transmitiu os títulos de dois tratados de Porfírio, um sobre a unidade da doutrina de Platão e Aristóteles, outro sobre sua diferença: cf. KARAMANOLIS, *Plato and Aristotle in Agreement?*, 245-257. Dos muitos comentários dedicados por Porfírio a Aristóteles resta apenas o breve comentário às *Categorias* elaborado na forma de perguntas e respostas (ed. A. Busse, Berlim, Reimer, 1887 [*Commentaria in Aristotelem Graeca*, IV/1]).

são objeto de discussões muito particularizadas nas *Enéadas*[43]. Desde o tratado IV 7 [2], *Sobre a imortalidade da alma*, Plotino discute de modo crítico a tese estoica segundo a qual a união da alma com o corpo deveria ser concebida como a mescla total de duas realidades igualmente corpóreas (IV 7 [2], 8²). Todo um tratado (II 7 [37]) é dedicado à teoria estoica da mescla total, enquanto uma longa seção dos tratados *Sobre os gêneros do ser* (VI 1 [42], 25-30) examina a assim chamada teoria estoica das "categorias" do mundo físico, submetendo-a a uma crítica cerrada. Não é surpreendente que Plotino considerasse a física estoica um horizonte polêmico; nisso, ele havia sido precedido de uma longa tradição que compreende obras antiestoicas tanto de autores platônicos (Plutarco) quanto aristotélicos (Alexandre de Afrodísia). Plotino apoiava-se certamente em argumentos já formulados pela tradição, ainda que não seja simples estabelecer quais teriam sido suas fontes, pois, como de costume, seu uso de materiais preexistentes é livre e integrado em abordagens fortemente originais, que não podem ser compreendidas senão no interior da estrutura conceitual própria da filosofia de Plotino[44].

De outro lado, em alguns pontos Plotino parece retomar tacitamente posições estoicas: por exemplo, sobre a ética, a providência, a causalidade, as concepções do ato e do movimento. Em alguns casos, são as próprias fontes antigas que o sugerem: por exemplo, Simplício (*In Cat.*, 307.2-5 Kalbfleisch) testemunha o fato de que o neoplatônico Jâmblico atribuía aos estoicos a definição do movimento como "ato completo que tem o ser em si 'de novo e, em seguida, de novo'", apropriada por Plotino no primeiro tratado *Sobre os gêneros do ser* (VI 1 [42], 16.6). Portanto, é razoável supor que a definição plotiniana do movimento físico estaria fundada em um material estoico[45]. Alguns intérpretes, em particular P. Hadot, chegaram a conclusões bem claras sobre a relação entre Plotino e o estoicismo: embora Plotino polemizasse com frequência com a Estoa, retomaria tacitamente alguns de seus elementos filosóficos característicos. Em Plotino haveria, assim, uma transposição metafísica do estoicismo, na qual as teses profundas da Estoa (em particular, o vitalismo e a oposição ao substancialismo aristotélico) seriam integradas em um quadro fundado na metafísica

---

43. Para uma discussão geral, cf. GRAESER, A., *Plotinus and the Stoics. A preliminary Study*, Leiden, Brill, 1972.

44. Cf. CHIARADONNA, R., L'anima e la mistione stoica. *Enn.* IV 7 [2], 8, in: ID. (org.), *Studi sull'anima in Plotino*, Nápoles, Bibliopolis, 2005, 127-147.

45. Maiores detalhes em CHIARADONNA, *Sostanza movimento analogia*, 190-191.

platônica dos inteligíveis[46]. Trata-se de uma leitura interessante, ainda que controversa, que não deixou de suscitar várias reações críticas[47]. De fato, é muito difícil afirmar se as convergências doutrinais com o estoicismo devem ser remetidas a uma "influência" doutrinal estoica sobre Plotino ou se requerem uma explicação diversa. É possível que a versão do platonismo apropriada por Plotino chegue a resultados semelhantes em alguns pontos às teses do estoicismo, sem que isso remeta a uma influência direta de teses estoicas. Ainda que a presença nas *Enéadas* da definição de movimento atribuída por Jâmblico aos estoicos não deva talvez levar a conclusões muito claras sobre uma eventual matriz estoica da reflexão plotiniana.

Que Plotino recebe materiais da tradição precedente é indubitável; que ele pudesse se apropriar também de teses e definições estoicas é muito provável. O ponto, contudo, é estabelecer se a apropriação dessas teses é sinal de uma real influência conceitual do estoicismo sobre Plotino. A esse propósito é preciso usar a máxima prudência: o material tomado da tradição precedente chega imerso em um quadro conceitual característico do pensamento plotiniano e de seu platonismo. Estabelecer a presença desta ou daquela fonte nas *Enéadas* é somente a primeira parte do trabalho do intérprete, que deve também interrogar-se sobre o modo como Plotino se apropria da fonte que usa. Como veremos a seguir, a reflexão sobre o movimento nasce, além do eventual débito para com a definição estoica, de exigências internas ao pensamento de Plotino. Ainda uma vez, é antes a crítica de Aristóteles que ocupa um lugar privilegiado: criticando a definição aristotélica de movimento como "ato incompleto", Plotino defende, em VI 1 [42], 16, a tese "estoicizante" segundo a qual o movimento é um ato realizado e instantâneo, caracterizado de modo recursivo. Essa definição é plenamente integrada na abordagem plotiniana, cuja intenção é demonstrar a necessidade de postular causas incorpóreas, inteligíveis e extrafísicas para dar conta da estrutura do mundo corpóreo. Ora, qualquer que seja a fonte da definição plotiniana do movimento, semelhante intenção tem de fato bem pouco a ver com o estoicismo, sendo mesmo antitética aos princípios da física e da causalidade estoica

---

46. Cf. HADOT, P., Être, vie, pensée chez Plotin et avant Plotin, in: ID., *Plotin, Porphyre. Études néoplatoniciennes*, Paris, Les Belles Lettres, 1999, 127-181 (ed. orig. in: ARMSTRONG et al., *Les sources de Plotin*, 107-157).

47. Por exemplo, cf. as críticas endereçadas a Hadot por SZLEZÁK, T. A., *Platon und Aristoteles in der Nuslehre Plotins*. Basileia-Stuttgart, Schwabe, 1979, 121-123 (trad. bras. *Platão e Aristóteles na doutrina do Nous de Plotino*, São Paulo, Paulus, 2008).

(segundo a qual as causas autênticas são corpos). A união entre Plotino e o estoicismo dá-se antes pelo comum horizonte polêmico (a doutrina aristotélica da substância, da potência e do ato): nesse antiaristotelismo há efetivamente elementos significativos de convergência entre Plotino e a Estoa, não somente no que diz respeito à física, mas também à ética[48]. Todavia a crítica de Aristóteles formulada por Plotino chega a elaborações diametralmente opostas em relação à filosofia estoica e dificilmente pode ser remetida à influência do estoicismo.

Um discurso de algum modo análogo pode ser feito em relação ao ceticismo. Diversamente do que ocorre para o estoicismo, não há muitas referências a argumentos céticos nas *Enéadas*. Todavia Plotino parece fazer-lhes alusão em duas passagens muito importantes relativas ao conhecimento do Intelecto transcendente. A analogia entre os argumentos discutidos nesses capítulos (V 3 [49], 5; V 5 [32], 1) e os argumentos dirigidos pelos céticos contra a possibilidade de conhecimento, reportados por Sexto Empírico, foi já notada por Émile Bréhier e foi examinada de modo acurado em estudos recentes[49]. Se o paralelo conceitual é inegável e muito fecundo, mais difícil, contudo, é estabelecer se Plotino realmente se inspirou em argumentos céticos e, nesse caso, qual poderia ser sua fonte. Com efeito, a discussão de argumentos semelhantes àqueles céticos é incorporada por Plotino em sua abordagem do conhecimento intelectual do *Nous*: trata-se de um aspecto característico do pensamento plotiniano, que certamente não foi tomado da tradição cética. De outro lado, alguns pontos efetivados a partir da época helenística nas várias tradições filosóficas, que, de diversos modos, podem ser definidos como "céticos", tiveram uma importância tão notável para o pensamento posterior (antigo e não), que não é necessário postular a presença de uma fonte cética para explicar sua presença em Plotino. A exigência de justificar a possibilidade de conhecimento respondendo aos argumentos que o colocavam em questão é compartilhada por Plotino com grande parte da tradição filosófica posterior ao helenismo[50]. Não há dúvida de que a teoria plotiniana do *Nous* é desenvolvida de modo que responda a argumentos céticos (ao menos em sentido lato), mas não é fácil estabelecer (assim como era para Galeno somente algumas gerações antes) se o pirronismo e o ceticismo acadêmico faziam efetivamente parte da bagagem filosófica de Plotino.

---

48. Cf. *infra*, cap. VII, p. 170-171.
49. Cf. *infra*, cap. III, p. 67-68.
50. Cf., a esse respeito, BURNYEAT, M., Aristotle on Understanding Knowledge, in: BERTI, E. (org.), *Aristotle on Science. The Posterior Analytics*, Pádua, Antenore, 1981, 97-139.

Tanto em relação ao estoicismo quanto ao ceticismo, sublinhe-se que na época de Plotino se tratava de tradições então em declínio (se não já mortas). A passagem entre o século II e III d.C. marca, nesse sentido, uma importante transição[51]. Enquanto até o século II a herança helenística é ainda bem viva e exerce um papel determinante no panorama filosófico e cultural (tal como o demonstram de modo suficiente personalidades como Marco Aurélio, Sexto Empírico e Galeno, plenamente envolvidas nos debates filosóficos helenísticos sobre a possibilidade do conhecimento, sobre a ética e sobre a providência), o contexto filosófico muda muito rapidamente na primeira metade do século III. Após Marco Aurélio, de fato já não há notícias sobre autores estoicos de algum relevo. Como veremos, no pensamento de Plotino a doutrina da causalidade dos inteligíveis é o centro em torno do qual gira todo o resto: a ética, a cosmologia e a doutrina do conhecimento são compreensíveis somente com base na reflexão sobre o ser, a substância e sua causalidade. Nesse quadro conceitual, Platão e Aristóteles ocupam uma posição absolutamente dominante, enquanto a herança helenística é de fato posta à margem. Isso não quer dizer que se percam seus traços: Alexandre de Afrodísia e Plotino dedicam muita energia à discussão de doutrinas estoicas; também Porfírio se apropria de teses e de noções estoicas (e os comentadores antigos de Aristóteles tinham uma percepção clara desse fato)[52]. Além disso, a terminologia filosófica havia largamente absorvido fórmulas e noções estoicas nos séculos precedentes: essa herança, conceitual além de terminológica, permanece bem além do século III. De outro lado, o deslocamento dos interesses é inegável: as doutrinas do ser, dos princípios e da causalidade elaboradas no platonismo e no aristotelismo determinam o novo quadro filosófico, enquanto doutrinas elaboradas pelas escolas helenísticas ou são transformadas radicalmente e integradas no novo contexto conceitual, ou saem de cena.

1.5. A gnose, Amônio Sacas, o Oriente

Toda a formação de Plotino se desenrola no Egito do século III d.C. Tanto no Egito quanto em Roma, Plotino esteve em contato com as correntes espirituais e religiosas de sua época. Como Porfírio testemunha (*Vita Plot.*, 16), textos

---

51. Cf. FREDE, Epilogue, 793-797.
52. Cf., sobre o uso de doutrinas estoicas na exegese de Porfírio das *Categorias*, SIMPLÍCIO, *In Cat.*, p. 2.8 Kalbfleisch.

gnósticos circulavam nas lições de Plotino, que dedicou muita energia a criticar aqueles que se apropriavam de tais concepções. Em um longo ciclo de tratados, separado na ordem das *Enéadas* estabelecida por Porfírio (III 8 [30], V 8 [31], V 5 [32], II 9 [33]), Plotino discute de modo polêmico as doutrinas gnósticas sobre deus e o mundo. Não é fácil estabelecer a identidade dos gnósticos criticados por Plotino, e a questão foi considerada em numerosos estudos, sem chegar a conclusões compartilhadas de modo unânime. Nos tratados antignósticos, encontram-se, com efeito, algumas das formulações mais complexas e profundas das teorias plotinianas sobre a causalidade e o conhecimento. Subsistem de modo indubitável elementos que assemelham as doutrinas plotinianas a hierarquias teológicas e metafísicas formuladas em textos gnósticos, alguns dos quais manifestam, além disso, uma base cultural platônica ou ao menos platonizante[53]. De outro lado, é muito improvável que isso assinale alguma influência real de doutrinas ou noções gnósticas sobre a filosofia de Plotino[54]. Ao contrário, parece plausível que, além de alguns pontos de contato superficiais, os gnósticos representassem para Plotino um importante horizonte polêmico, pois seu pensamento religioso – que concebia a causalidade divina de modo quase antropomórfico – contrastava com a temática principal de sua filosofia (a doutrina da causalidade dos inteligíveis)[55].

Há, além disso, aquele que talvez seja o mais importante, mas certamente o mais obscuro, dentre os vários "componentes" dos quais se origina a especulação plotiniana, ou seja, o magistério de Amônio Sacas. Porfírio (*Vita Plot.*, 14.14-16 e 21-25) sublinha a afinidade do ensinamento de Plotino em relação ao do próprio mestre. O texto, entretanto, não é claro: segundo Porfírio, Plotino infundia o *"nous* de Amônio" em suas lições. Não é simples estabelecer se Porfírio aqui alude a conteúdos doutrinais específicos ou, antes, se limita a sugerir que Plotino possuía uma afinidade com Amônio em relação ao método de ensino e de leitura dos textos. A questão está destinada a permanecer em aberto, mesmo porque pouco ou nada sabemos das doutrinas elaboradas por Amônio.

---

53. Cf. TURNER, The Gnostic Sethians...
54. Cf. a esse respeito as observações de BEIERWALTES, W., *Pensare l'Uno. Studi sulla filosofia neoplatonica e sulla storia dei suoi influssi*, Milão, Vita e Pensiero, 1992, 92, nota 62 (contra a leitura de Plotino em sentido gnóstico proposta por Hans Jonas).
55. Cf. HADOT, P., Plotin et les Gnostiques, in: ID., *Plotin, Porphyre*, 211-213 (ed. orig.: *Annuaire de l'École Pratique des Hautes Études*, Ve. section, 1971-1972, 55-58; 1973-1974, 64-65; 1974-1975, 67-69; 1975-1976, 75-77). Por último, FATTAL, M., *Plotino gli Gnostici e Agostino*, Nápoles, Loffredo, 2008.

Ele nada escreveu e os poucos testemunhos de que dispomos dependem de fontes posteriores, cuja confiabilidade é no mínimo discutível. Na falta de dados suplementares que dificilmente poderão ser oferecidos por pesquisas futuras, a influência de Amônio Sacas sobre o pensamento plotiniano permanece impossível de determinar em seus contornos precisos[56].

Igual prudência, se não talvez maior, deve ser guardada ao examinar a relação entre Plotino e as filosofias orientais. Como já se recordou, Porfírio testemunha o fato de que Plotino viajou ao Oriente com a corte do imperador Gordiano, com o desejo de conhecer as filosofias dos persas e dos indianos. Na época de Plotino, os contatos entre o mundo mediterrâneo e o Oriente eram intensos: por esse fato, e pela notícia transmitida por Porfírio, torna-se plausível concluir que houvesse uma presença efetiva do pensamento oriental em Plotino. Com efeito, insignes estudiosos (em particular Émile Bréhier) chamaram a atenção para alguns aspectos da reflexão plotiniana que mostrariam uma decisiva influência oriental: seria o caso da doutrina da união direta (sem necessidade de intermediários) da alma singular ao ser universal e ao Uno. Semelhantes elementos místicos marcariam uma ruptura real de Plotino com o racionalismo filosófico grego, assinalando sua proximidade ao pensamento religioso da Índia[57]. Os argumentos de Bréhier são de fato muito discutíveis e suas conclusões em geral não foram recebidas com aprovação. Contudo, também algumas críticas endereçadas às suas hipóteses não se destacam por lucidez e perspicácia, parecendo datadas sobretudo pela preocupação de defender, de modo preconcebido e mesmo ideológico, o caráter helênico do pensamento de Plotino, preservando-o de qualquer influência oriental[58]. A questão, na realidade, é complexa: se, de um lado, é possível e muito interessante traçar paralelos entre a filosofia de Plotino e o pensamento indiano (desde que isso seja feito com competência e respeito aos

---

56. Uma visão geral atualizada acerca de Amônio (que, contudo, a meu ver excede na tendência a formular hipóteses com base em escassos testemunhos que possuímos) encontra-se em KARAMANOLIS, *Plato and Aristotle in Agreement?*, 191-215 (para maiores detalhes, remeto à minha recensão publicada em *Archiv für Geschichte der Philosophie*, 90 [2008] 229-234).

57. Cf. BRÉHIER, É., *La philosophie de Plotin*, Paris, Boivin et Cie., 1928 (diversas reimpressões), 107-133 (L'orientalisme de Plotin).

58. Cf. a reunião de juízos críticos em WOLTERS, A., A Survey of Modern Scholarly Opinion on Plotinus and Indian Thought, in: BAINE HARRIS, R. (org.), *Neoplatonism and Indian Thought*, Albany (NY), State University of New York Press, 1982, 293-308.

textos)⁵⁹, muito mais difícil é estabelecer a existência de relações diretas; enquanto, de fato, as alusões de Plotino à tradição filosófica grega são contínuas, a existência de remissões identificáveis de modo preciso ao pensamento oriental é extremamente controvertida. Além disso, não é seguro que aqueles aspectos para os quais Bréhier chamava a atenção devam ser explicados pela influência de doutrinas orientais: é também possível, como se tentará demonstrar neste estudo, que o "misticismo" de Plotino (cuja existência parece inegável) esteja vinculado à sua específica interpretação da filosofia de Platão e dos principais problemas filosóficos por ela suscitados (em particular, a doutrina dos inteligíveis e de seu adequado conhecimento).

---

59. Cf., em particular, os estudos reunidos em BAINE HARRIS (org.), *Neoplatonism and Indian Thought*.

CAPÍTULO SEGUNDO

A investigação das causas

2.1. Conhecer os inteligíveis a partir de princípios adequados

É provável que nenhum escrito platônico seja tão importante para conhecer o pensamento de Plotino quanto o *Parmênides*. Isso vale tanto para a segunda parte desse diálogo, que fornece a Plotino a estrutura na qual é construída a distinção dos princípios metafísicos, quanto para a primeira parte (130a-135c), na qual são formuladas as famosas aporias sobre a participação das Ideias. Um longo tratado, dividido em duas partes por Porfírio em sua edição das *Enéadas* (VI 4-5 [22-23]), traz como título próprio uma citação do *Parmênides* (131b 1-2): "Sobre o fato de que o ser, uno e idêntico, é todo em tudo"[1]. No diálogo platônico, essa frase é pronunciada por Parmênides, que objeta a Sócrates que, se uma Ideia é inteira em cada um dos muitos que dela participam, então ela será separada de si mesma. A objeção pressupõe que uma Ideia, ou seja, uma natureza incorpórea ou inteligível, seja governada pelas mesmas leis que governam o mundo dos corpos[2]. Não é possível pensar que um corpo esteja inteiro

---

1. Desse tratado bipartido há um excelente comentário, ao qual remeto para quaisquer aprofundamentos: TORNAU, C., *Plotin, Enneaden VI 4-5. Ein Kommentar*, Stuttgart-Leipzig, Teubner, 1998.
2. Cf. MIGLIORI, M., *Dialettica e verità. Commentario filosofico al "Parmenide" di Platone*, Milão, Vita e Pensiero, 1990, 138; FERRARI, F., *Platone. Parmenide*, Milão, Rizzoli, 2004, 61-62, com remissões à bibliografia.

em dois lugares diversos: por que, então, no caso de uma Ideia haveria exceção? Algumas críticas dirigidas por Aristóteles contra a doutrina das Ideias de Platão são baseadas em um pressuposto análogo: as Ideias são vistas, com efeito, como uma inútil duplicação dos objetos sensíveis:

> Quanto àqueles que afirmam as Ideias como causas, buscam em primeiro lugar apreender as causas das coisas que estão aqui, introduzindo coisas diversas das coisas daqui, mas iguais a essas em número, como se alguém, querendo contar as coisas, e crendo não poder fazê-lo porque são poucas, as contasse após ter aumentado seu número (Aristóteles. *Metaph.*, I 9, 990b 1-4)[3].

Frank Regen e Cristina D'Ancona demonstraram que Plotino, com uma consciência desconhecida dos exegetas platônicos que o precederam, adverte ser uma de suas principais tarefas a de defender a filosofia de Platão de objeções similares[4]. Todo o tratado VI 4-5 [22-23] é dedicado a refutar os erros que surgem de uma concepção insatisfatória do inteligível que não está em condições de apreender sua natureza peculiar, e esse tema é várias vezes recorrente nos tratados plotinianos. Isso faz com que a doutrina dos inteligíveis não seja um simples "dogma" platônico em Plotino, mas uma complexa teoria que compreende os fundamentos da ontologia, da psicologia e da gnosiologia. Pode-se dizer que a doutrina dos inteligíveis, de sua causalidade e do tipo de conhecimento apropriado a ela é o núcleo em torno do qual se organiza toda a reflexão de Plotino, da metafísica à filosofia da natureza, à ética e à antropologia.

O programa da ontologia plotiniana consiste precisamente em refutar o erro daqueles que não sabem conceber outros objetos além dos corpóreos e que, portanto, não compreendem as substâncias inteligíveis do modo como são, mas aplicam a elas categorias válidas para as realidades sensíveis. Como Plotino sustenta em um texto de tom explicitamente programático, tal confusão de planos deve ser evitada, e é necessário tratar os inteligíveis segundo os princípios apropriados a eles, sem transferir-lhes de modo indevido os princípios apropriados para a consideração do mundo corpóreo.

---

3. Cito de ARISTÓTELES, *Metafísica*, org. C. A. Viano, Turim, UTET, 1996 (ed. orig. 1974), 212.
4. REGEN, F., *Formlose Formen. Plotins Philosophie als Versuch, die Regressprobleme des Platonischen* Parmenides *zu lösen*, Göttingen, Vandenhoek & Ruprecht, 1988; D'ANCONA, C., AMORPHON KAI ANEIDEON. Causalité des formes et causalité de l'Un chez Plotin, *Revue de Philosophie Ancienne*, 10 (1992) 71-113.

Dado que, por um lado, temos o que é submetido a translação, que recebe mudanças de todo tipo e é sempre disperso em todos os lugares, ao qual seria, portanto, conveniente dar o nome de geração (*genesis*), mas não de essência (*ousia*), mas, por outro lado, temos o que sempre é, idêntico a si mesmo, não gerado e imperecível, sem região nem lugar nem sede, que não provém de nenhum lugar nem, ainda, entra em nada, e, em vez disso, é estável em si mesmo; então, quando se fala daquelas coisas [*scil*. do primeiro tipo], se deveria concluir o raciocínio a partir daquela natureza e das coisas consideradas verdadeiras a seu respeito, tornando verossímeis, de modo verossímil por meio de coisas verossímeis, também os raciocínios. Quando, de outro lado, são feitas afirmações sobre as coisas inteligíveis, os princípios do raciocínio seriam construídos de modo adequado tomando a natureza da essência a que se refere, sem desviar, como por esquecimento, para uma outra natureza, mas conduzindo a reflexão sobre ela sob o influxo dela mesma (VI 5 [23], 2.9-23).

A passagem citada contém claras alusões platônicas relativas à distinção dos "dois mundos" e à contraposição entre o plano da *ousia* e o plano da *genesis* (Platão, *Soph.*, 248a; *Tim.*, 27d ss.; 52a-b; *Symp.*, 211a). Do *Timeu*, Plotino tomava também a distinção entre os dois tipos de abordagem ilustrada nessa passagem: segundo Platão (*Tim.*, 29b-c), os "discursos" (*logoi*) são "congêneres" (*suggeneis*) a seus objetos. Por tal razão, os discursos sobre a verdadeira essência inteligível, estável e evidente ao pensamento, devem também ser estáveis, irrefutáveis, ao menos na medida em que tais características possam convir a esses discursos. De outro lado, os discursos que versam sobre aquilo que é uma imitação da verdadeira substância serão somente verossímeis: "o ser (*ousia*) é em relação ao devir aquilo que a verdade é em relação à crença"[5] (*Tim.*, 29c). A matriz platônica do texto plotiniano é, portanto, evidente; todavia, em Plotino deve-se observar uma radicalização da tese platônica, radicalização que se compreende considerando ainda uma outra alusão contida em VI 5 [23], 2. Poucas linhas antes das citadas há pouco, Plotino sublinha que a razão (*logos*) divide de modo indevido o ser inteligível, não apreendendo sua unidade, uma vez que, ao abordá-lo, não se vale "dos princípios apropriados" (*ex archôn tôn oikeiôn*: VI 5 [23], 2.5-6). A referência é à célebre passagem dos *Segundos analíticos* (I 2, 71b 23 e 72a 6), na qual Aristóteles sustenta que a ciência de um objeto deve mover-se por princípios a ele adequados; a partir desses princípios,

---

5. PLATÃO, *Timeo*, trad. e coment. F. Fronterotta, Milão, Rizzoli, 2003, 183.

que são constituídos de modo completo e preliminar, é possível realizar a demonstração dos teoremas de uma certa disciplina.

Para Platão, a abordagem do ser é um "discurso", um *logos* verdadeiro e estável, ao menos "na medida em que, para os discursos, é possível e conveniente serem irrefutáveis e invencíveis"[6] (*Tim.*, 29b). Sabe-se que o termo grego *logos* admite uma grande variedade de significados, e se deve ter muita prudência ao comparar dois textos nos quais ele está presente[7]. De outro lado, não é possível deixar de apreender a diferença que separa Plotino de sua autoridade a esse respeito: para Plotino, com efeito, o "discurso" (*logos*) obscurece a natureza do ser inteligível, divide-a de modo inevitável, não apreende seu tipo particular de unidade, diversa daquela das realidades corpóreas. Em síntese: o uso do logos na abordagem dos inteligíveis traz precisamente aquelas dificuldades trazidas à luz na primeira parte do *Parmênides* e aprofundadas por Aristóteles. Nos capítulos VI 5 [23], 1 e 2, Plotino enuncia por duas vezes esta tese: o exame discursivo (*logoi exetazein*: VI 5 [23], 1.5; *logos* [...] *epicheirêsas exetasin poieisthai*: 2.1) conduz quem investiga a separar-se da compreensão do ser inteligível e a não admitir que, em virtude de sua natureza particular, ele pode permanecer uno e idêntico em número, embora encontrando-se inteiro em todo lugar.

O caráter peculiar da leitura de Platão defendida por Plotino começa, assim, a se delinear. O fato de Plotino considerar que o *logos* não apreende a natureza das substâncias inteligíveis não indica que elas sejam objeto de uma experiência extraintelectual. Antes, segundo Plotino, o conhecimento apropriado das substâncias inteligíveis é, sim, intelectual, mas requer um tipo de pensamento caracterizado de modo diferente do pensamento que se exprime adequadamente em discursos e proposições; trata-se, portanto, de um pensamento não discursivo. É crucial sublinhar até aqui como a doutrina plotiniana do conhecimento é baseada na distinção entre um pensamento discursivo, voltado para o mundo sensível, e um pensamento não discursivo, voltado para os inteligíveis, os quais são objetos internos ao pensamento que os pensa, e em cuja estrutura unidade e multiplicidade são perfeitamente interligadas. A alma humana tem, segundo Plotino, acesso a ambos os tipos de pensamento: o primeiro representa sua condição cognitiva habitual, o segundo é a condição da alma que de novo se apropria de sua natureza autêntica retirando sua atividade dos corpos e dirigindo-a

---

6. Ibid.
7. Cf. FATTAL, M., *Ricerche sul* logos *da Omero a Plotino*, Milão, Vita e Pensiero, 2005 (ed. orig.: Logos *et image chez Plotin*, Paris, Harmattan, 1998).

para o mundo da substância autêntica. Em um contexto similar, a investigação filosófica progressiva por meio do *logos*, um dos aspectos centrais do pensamento socrático e platônico, é inevitavelmente posta à margem. A filosofia de Plotino se apresenta com efeito como a apropriação de um saber intelectual, mas não discursivo, que já possuímos plenamente, embora dele não sendo em geral conscientes. As implicações éticas e antropológicas dessa posição são muito relevantes e serão examinadas na sequência deste trabalho[8].

Essas primeiras observações conduzem ao exame da referência plotiniana aos *Segundos analíticos*. Trata-se, obviamente, de uma referência descontextualizada: Aristóteles não considerava que o conhecimento dos princípios adequados às substâncias transcendentes platônicas pudesse ser o pressuposto para a ciência que as assume como objeto; justamente nos *Segundos analíticos* encontram-se algumas das críticas mais ásperas às Ideias de Platão, que são assimiladas a sons sem sentido (I 22, 83a 32-35). A estratégia argumentativa de Plotino consiste em aplicar ao conhecimento das substâncias inteligíveis "platônicas" uma instância conceitual que Aristóteles validou em relação aos objetos de qualquer ciência demonstrativa, ou seja, a exigência de se mover pelo conhecimento adequado dos princípios próprios e pela substância daquilo que é investigado, derivando os teoremas desses conhecimentos preliminares. Tal transposição não é desprovida de consequências. Platão distingue os *logoi* verdadeiros e estáveis, que têm o ser por objeto, dos discursos verossímeis, que examinam o mundo do devir. De outro lado, em *Tim.*, 29b-c, assim como em outros lugares, Platão é prudente acerca da possibilidade de alcançar uma abordagem completamente adequada do ser inteligível: ele especifica que os discursos serão irrefutáveis e invencíveis na medida em que convém sê-lo aos discursos. A passagem platônica não sugere que o discurso que examina o ser tenha o valor de uma ciência demonstrativa derivada de axiomas. O capítulo plotiniano é, ao contrário, muito mais claro em suas afirmações: o conhecimento dos inteligíveis não é apenas verdadeiro, mas também conforme e plenamente adequado a seu objeto. Segundo Plotino, nossa reflexão (*katanoêsis*) deve ser exercida acerca da natureza inteligível "porque a essência (*to ti estin*) é sempre o princípio" (VI 5 [23], 2.24). Mais uma vez, essas palavras aludem não tanto a Platão, mas a Aristóteles (cf. *Metaph.*, XIII 4, 1078b 24-25).

Pode-se concluir este exame de VI 5 [23], 2 obtendo uma conclusão preliminar sobre o programa da ontologia plotiniana: Plotino faz sua, defendendo-a

---

8. Cf. *infra*, cap. IV, p. 106-114.

contra os argumentos que pretendem colocá-la em questão, a distinção platônica dos "dois mundos"[9]. O mundo das substâncias inteligíveis é distinto do mundo dos corpos, que é privado de um princípio essencial intrínseco. As objeções dirigidas às substâncias inteligíveis não indicam o caráter insatisfatório dessa teoria, mas o modo inapropriado como ela é concebida, já que o mundo das Ideias é considerado sem que sua natureza peculiar seja considerada. Muito mais do que fizera Platão, Plotino insiste no fato de que o conhecimento pleno e adequado da natureza das substâncias inteligíveis é possível, e é antes necessário se não se quer incorrer nas aporias que levaram a negar sua existência. Nisso, Plotino aplica ao conhecimento das substâncias inteligíveis, extrafísicas, um princípio empregado por Aristóteles em relação às ciências demonstrativas: elas devem assumir como ponto de partida princípios apropriados ao objeto a ser demonstrado. O caráter do objeto da ciência do inteligível é tal que sua compreensão adequada não pode ser obtida pelo *logos*. Plotino sugere assim que o pensamento das substâncias inteligíveis é caracterizado de modo não discursivo, isto é, de modo que não acolhe em si as características do pensamento que diz respeito aos corpos e suas propriedades.

2.2. As causas inteligíveis e os corpos

Plotino serve-se da terminologia dos *Segundos analíticos* de Aristóteles[10] também em relação à caracterização das substâncias inteligíveis como causas. Em VI 7 [38], 2 e VI 8 [39], 14, é sublinhado que para as Formas inteligíveis o "que" (*hoti*) e o "porquê" (*dia ti*), a "coisa" e sua razão de ser, coincidem. Não há, portanto, nenhuma distinção entre as substâncias inteligíveis e suas causas essenciais: essa distinção tem lugar, ao contrário, em relação aos corpos que, segundo Plotino, não têm em si sua própria causa[11]. O raciocínio de Plotino em

---

9. A hipótese segundo a qual há em Platão um dualismo ontológico conforme o qual as Ideias são separadas dos entes sensíveis foi submetida à crítica; cf., por exemplo, FINE, G., Separation, *Oxford Studies in Ancient Philosophy*, 2 (1984) 31-87. Não é possível dar conta aqui dessas leituras, conceitualmente muito refinadas, e dos problemas que colocam. De qualquer forma, o dualismo entre mundo inteligível e mundo sensível é parte integrante do modo como Plotino entende a filosofia de Platão. Sobre o dualismo de Plotino, cf., *infra*, cap. VI, p. 154-155.
10. Cf. ARISTÓTELES., *An. Post.*, I 13, 78a 23 ss.; II 2, 89b 36 ss.
11. Cf. HADOT, P., *Plotin. Traité 38 (VI, 7)*, Paris, Cerf, 1988, 88-99 e 200-201; D'ANCONA, AMORPHON KAI ANEIDEON, 89-91.

VI 7 [38], 2 é muito mais intrincado, mas pode-se admitir a seguinte reconstrução. No mundo dos corpos, estamos diante de entidades privadas de coesão interna, de modo que suas partes são separadas umas das outras (2.9). Isso vale também no caso dos organismos, como o homem (considerado em sua constituição corpórea) (cf. 2.5): com efeito, Plotino sugere que todos os corpos são, como tais, meros agregados privados de coesão intrínseca[12]. Isso não significa que todos os corpos estejam no mesmo plano (Plotino não pretende sugerir que o corpo de um organismo seja privado de coesão na mesma medida em que falta coesão em um mero agregado como, por exemplo, um punhado de areia)[13]: todavia, se os corpos manifestam graus diversos de coesão, a causa disso não pode ser atribuída à sua natureza de corpos, mas a causas de ordem diversa; a falta de coesão intrínseca às realidades corpóreas é um sinal preciso do fato de não terem *como tais* um "porquê" interno. Plotino não se apropria da hipótese segundo a qual o "porquê" de algo é identificado em sua estrutura ou em uma forma imanente, análoga *grosso modo* à forma hilemórfica postulada por Aristóteles. Se isso fosse verdadeiro, a causa que explica por que um corpo é uma certa substância seria buscada não nas partes como tais, mas em sua organização recíproca. Plotino alude a essa hipótese em VI 7 [38], 2.17, quando, seguindo muito de perto a terminologia de Aristóteles (*Metaph.*, VII 17, 1041b 26), considera a eventualidade de que a forma intrínseca a cada coisa seja a causa de seu ser (*aition tou einai*). Tanto em VI 7 [38] quanto no tratado imediatamente precedente II 7 [37], 3, Plotino não subscreve essa solução. A forma é, de modo indubitável, substância e causa do ser de cada coisa, mas tal forma não é entendida como um princípio hilemórfico intrínseco àquilo que ela determina; Plotino distingue de modo acurado o princípio formal, entendido como o "o que é" de algo (II 7 [37], 3.9), em relação ao verdadeiro princípio formal (o *logos*)[14], que é ontologicamente separado do mundo dos corpos e não pode de nenhum modo ser considerado algo pertencente a ele (nem mesmo do modo como uma estrutura ou uma forma imanente pertence à realidade que ela determina). O ponto que Plotino faz valer em VI 7 [38], 2 e em outros lugares é que a verdadeira eficácia causal pode ser atribuída somente à substância inteligível e integralmente separada dos corpos: "[...] tendo tudo, tem a beleza ao mesmo

---

12. Cf. *infra*, cap. VI, p. 151.
13. Sobre a distinção entre vários graus de unidade no mundo sensível, cf. VI 9 [9], 1.4-17; 26-28.
14. Cf., sobre o *logos* plotiniano como princípio formador, *infra*, cap. VI, p. 156-157.

tempo da causa. Assim também nas coisas que dele participam, o Intelecto doa de modo que elas tenham o porquê" (VI 7 [38], 2.28-30).

É importante notar que o modo como Plotino desenvolve a investigação sobre a causa é muito diferente do modo aristotélico e é somente em parte comparável ao platônico. O uso de uma terminologia comum não deve levar a conclusões apressadas acerca da afinidade das posições. A distinção entre o "que" e o "porquê" em Aristóteles é funcional em relação à investigação da razão que explica por que algo é aquilo que é propriamente e não algo diverso: a doutrina das formas e da definição é destinada a responder do modo mais completo a essa pergunta. Sobre a doutrina aristotélica das causas (*aitiai*)[15], os intérpretes repetidamente observaram que se deveria falar não tanto de "causas", no sentido moderno desse termo, mas de "razões" ou "explicações": dado algo, as causas são os vários modos de responder à pergunta sobre o "porquê" da realidade considerada[16]. Como é sabido, para Aristóteles uma pergunta desse tipo pode admitir respostas de diferentes tipos que correspondem às assim chamadas "quatro causas" (material, formal, motriz, final: cf. *Phys.*, II 3, 194b 22-195a 3; II 7, 198a 14-21)[17]; a causa formal indica a substância (*ousia*) de cada coisa, o objeto da definição, ou seja, aquilo que é, para cada coisa, ser aquilo que é e não outro (cf. *Metaph.*, I 3, 983a 27-28). Estudos importantes (em particular os de Michael Frede) destacaram que a doutrina segundo a qual a causa é "algo" intrinsecamente ativo, que com a própria ação *gera* algo diverso (seu efeito), não caracteriza tanto a doutrina aristotélica da causalidade quanto a estoica, à

---

15. Sobre os termos gregos *aitia* e *aitios* (que indicam originalmente "acusação", "responsabilidade", "responsável") e sobre seu uso na linguagem filosófica de Platão e de Aristóteles, em relação à doutrina da causa, existe uma ampla bibliografia; limito-me a mencionar, para um claro desenvolvimento, NATALI, C., La forma platonica è una causa formale?, in: Damschen, G. (org.), *Platon und Aristoteles – sub ratione veritas. Festschrift W. Wieland*, I, Göttingen, Vandenhoeck & Ruprecht, 2003, 158-173.

16. Para uma exposição clássica dessa tese, na qual o conceito aristotélico de "causa" como "modo de explicação" é distinto de modo acurado do sentido moderno (causa como "condição suficiente para exigir seu efeito" ou "parte de um conjunto de condições necessárias"), cf. SORABJI, R., *Necessity, Cause and Blame. Perspectives on Aristotle's Theory*, Londres, Duckworth, 1981, 26-44. O debate entre os estudiosos está longe de ser concluído: cf. Natali, C., *Aitia* in Aristotele: causa o spiegazione?, in: GÜNTHER, H.-C.; RENGAKOS, A., *Beiträge zur antiken Philosophie. Festschrift W. Kullmann*, Stuttgart, Steiner, 1997, 113-214.

17. Cf., a esse respeito, o que observa Quarantotto, D., *Causa finale sostanza essenza in Aristotele. Saggio sulla struttura dei processi teologici naturali e sulla funzione dell'eidos*, Nápoles, Bibliopolis, 2005, 15.

qual (mais que à tradição aristotélica) seria atribuída a teorização da assim chamada "causa eficiente"[18].

É muito difícil estabelecer a) se Plotino é de algum modo devedor da teoria estoica da causalidade; b) se assumia instâncias avançadas pelo estoicismo e depois tornadas correntes na reflexão filosófica pós-helenística; ou ainda c) se a convergência com o estoicismo não remete a nenhuma influência (mediada ou imediata), mas somente ao modo como Plotino elabora a teoria da causalidade a partir de Platão[19]. Em todo caso, a relação que em Plotino vincula os corpos às suas causas inteligíveis é diferente daquela que vincula um "fato" a seu "porquê". As causas inteligíveis são explicitamente descritas por Plotino como forças e potências causais eficazes, que sustentam aquilo que delas depende. Em virtude desse princípio Plotino afasta a opinião segundo a qual as substâncias inteligíveis são providas de uma massa como o são os corpos (VI 4 [22], 5). Com efeito, não é verdadeiro, nota Plotino, que aquilo que tem uma massa maior é por isso provido de uma potência causal mais eficaz. Plotino ilustra essa conclusão mediante uma analogia: uma mão é capaz de sustentar um corpo muito maior que ela por meio de sua própria força; para compreender o tipo de causalidade inteligível, deve-se imaginar que se subtrai a massa corpórea da mão, deixando intacta sua força (*dunamis*); esta última, sendo indivisa, estará presente do mesmo modo em tudo, em todas as partes (VI 4 [22], 7.18-22).

As causas inteligíveis de Plotino não são, portanto, modos de explicação do mundo físico, mas forças e potências causais eficazes das quais dependem seus "efeitos"; segundo um sentido que deverá ser ulteriormente especificado, pode-se dizer que as causas inteligíveis "geram" o mundo dos corpos. Sem as causas incorpóreas e inteligíveis das quais são conteúdos, os corpos perderiam toda coesão: aquilo que neles há de unitário, coeso e essencial deve-se, portanto, à ação de causas incorpóreas e extrafísicas. Plotino recorre à noção de "vida" para caracterizar a potência causal das substâncias inteligíveis, e a vida dos inteligíveis é expressamente mencionada na discussão da causalidade de VI 7 [38], 2 (ll. 18-21).

Tal concepção não se propõe remontar de uma realidade dada às causas que a explicam, mas sim passar de uma realidade desprovida de potência e privada

---

18. Cf. FREDE, M., The Original Notion of Cause, in: ID., *Essays in Ancient Philosophy*, Oxford, Clarendon Press, 1987, 125-150 (ed. orig.: SCHOFIELD, M.; BURNYEAT, M.; BARNES, J. [org.], *Doubt and Dogmatism: Studies in Hellenistic Epistemology*, Oxford, Clarendon Press, 1980, 217-249).

19. Cf. o que foi observado *supra*, cap. I, p. 30-31.

de coesão interna, incapaz de ter em si mesma o princípio da própria identidade essencial, às causas inteligíveis de gênero diverso que a sustentam e a contêm com sua ação eficaz. As causas inteligíveis são conhecidas em si mesmas, compreendendo de modo adequado sua estrutura ontológica particular na qual o *hoti* e o *dia ti* coincidem perfeitamente. De modo indubitável, a ascensão do mundo dos corpos à consideração de suas causas inteligíveis é um tema doutrinal platônico, teorizado no célebre *excursus* sobre a causalidade do *Fédon* (96a-105c)[20]. *Grosso modo*, nessa célebre e controvertida passagem, o Sócrates platônico contrapõe a uma concepção materialista e mecanicista das causas, da qual nem mesmo Anaxágoras, com sua teoria do Intelecto, teria conseguido libertar-se, uma posição diferente, segundo a qual são causas aquelas às quais se chega buscando refúgio nos *logoi* e investigando nos *logoi* a verdade das coisas que são (*Phaed.*, 99e)[21]. Trata-se das Ideias, cujo papel causal em relação às realidades que delas participam é caracterizado da seguinte maneira:

> Nada torna tal coisa bela senão a presença ou comunhão dessa beleza ou de qualquer outro modo e meio pelo qual possa atuar essa relação. Porque sobre esse ponto não insisto mais, mas sobre o fato de que todas as coisas belas são belas pelo belo (*Phaed.*, 100d)[22].

Essa doutrina é usualmente designada como "causalidade epônima", a partir de uma passagem imediatamente seguinte na qual Fédon resume a tese de Sócrates: "estamos de acordo que cada uma das Ideias existe realmente e que as outras coisas, uma vez que participam (*metalambanonta*) das Ideias, recebem seu nome (*epônumian*) por causa disso" (*Phaed.*, 102b)[23].

A concepção plotiniana das causas inteligíveis pode ser considerada um desenvolvimento da concepção platônica? A resposta não é imediata. Em primeiro lugar, é muito controversa a interpretação da teoria do *Fédon*. Entre os

---

20. Acerca dessas linhas a bibliografia é interminável; para uma análise de seu significado e do sentido a ser atribuído à chamada "segunda navegação" (*Phaed.*, 99c-d) teorizada por Platão, remeto a Trabatonni, F., *Platone*, Roma, Carocci, 1998, 136-138 (trad. bras. *Platão*, São Paulo, Annablume, 2008).

21. O significado de *logos* nessas linhas do *Fédon* é matéria de um amplo debate: cf. PLATÃO, *Fedone*, trad. M. Valgimigli, introd. e notas atualizadas B. Centrone, Roma-Bari, Laterza, 2000, 223, nota 145.

22. Cito de PLATÃO, *Fedone*, trad. A. Lami, Milão, Rizzoli, 1996, 315.

23. Ibid., 321.

estudiosos contemporâneos não falta quem, como Gregory Vlastos, interprete as "causas" ideais teorizadas por Platão como meras razões lógicas, negando que elas tenham qualquer eficácia causal[24]. A investigação de Platão se resolveria na busca do *por que* algo tem uma certa propriedade: não se trata da busca de uma causa física ou metafísica; se algo é causa de outra coisa, isso significaria simplesmente que podemos classificar a coisa causada com base em um critério fornecido pela causa. Pelas razões expostas acima, é evidente que as causas inteligíveis de Plotino assumem uma função muito diferente dessas "razões". De outro lado, a leitura de Vlastos não foi aceita de modo unânime e, por exemplo, David Sedley formulou contra ela algumas objeções interessantes[25]. Segundo Sedley, a investigação platônica da causa verdadeira não coincide com a busca de uma descrição apropriada, mas com a busca da coisa verdadeiramente responsável por este ou aquele "efeito". A causa platônica é uma noção não tanto epistemológica, mas ontológica: o procedimento adotado por Sócrates no *Fédon* consiste em avaliar os elementos (*items*) que exercem um papel no evento considerado e questionar qual deles tem aquela característica que o tornou em todo tempo capaz de realizar o efeito em questão. Essa interpretação, atualmente defendida e desenvolvida por várias contribuições[26], recupera uma dimensão eficaz para as causas ideais teorizadas por Platão e é muito mais próxima da posição de Plotino, que pode efetivamente ser considerada, sob esse aspecto, um desenvolvimento da tese platônica.

Todavia, ainda que a leitura de Sedley seja apropriada, permanecem alguns elementos acerca dos quais a relação entre Plotino e Platão revela-se muito mais complexa. Em primeiro lugar, mesmo que o caráter eficaz não seja excluído das causas platônicas, ele é notavelmente acentuado por Plotino, para quem as causas inteligíveis são forças não extensas e incorpóreas que contêm os corpos com a própria ação. Além disso, enquanto Platão sustenta no *Fédon* (66e) que a alma chega à sabedoria e ao conhecimento direto das coisas em si somente quando separada do corpo após a morte, Plotino considera ser possível já nesta

---

24. Cf. Vlastos, G., Reasons and Causes in the *Phaedo*, in: ID., *Platonic Studies*, Princenton, Princeton University Press, 1973, 76-110 (ed. orig.: *Philosophical Review*, 78 [1969] 291-325).
25. Cf. Sedley, D., Platonic Causes, *Phronesis*, 43 (1998) 114-132.
26. Cf., por exemplo, FRONTEROTTA, F., Methexis. *La teoria platonica delle idee e la partecipazione delle cose empiriche. Dai dialoghi giovanili al* Parmenide, Pisa, Scuola Normale Superiore, 2001. Um balanço do debate pode ser lido em NATALI, La forma platonica è una causa?.

vida conceber as causas inteligíveis de modo apropriado, a partir de princípios adequados a elas. Somente tal concepção (intelectual, mas não discursiva) induz a atribuir às substâncias inteligíveis um tipo de unidade particular, não extensa, heterogênea em relação àquele dos corpos e livre do condicionamento espacial imposto pela matéria; o ser inteligível é tal que pode estar unido em número (e não somente segundo a espécie ou o gênero) e, portanto, maximamente determinado, e ao mesmo tempo estar em toda parte como um todo. Essa tese tem uma importância central para Plotino, tanto que, em VI 5 [23], 1.8, ele aplica a ela a expressão "o mais adequado de todos os princípios" (*bebaiotatê archê*). A fórmula é um perfeito decalque daquela que Aristóteles reserva ao princípio de não contradição em *Metaph.*, IV 3, 1005b 11-12 e 17-18. Plotino efetua, assim, uma inversão de perspectiva similar à já encontrado no uso das teorias aristotélicas dos princípios da ciência e da distinção entre *hoti* e *dia ti*: teses e fórmulas aristotélicas são transpostas para um quadro conceitual diferente que modifica profundamente sua intenção original. Com efeito, o "princípio mais adequado" da ontologia plotiniana estabelece que uma entidade (a substância inteligível) é "una" no sentido mais forte (a unidade numérica, que exprime a identidade de algo consigo mesmo), embora estando presente em muitos lugares simultaneamente: tal princípio parece violar o princípio de não contradição, pois atribui ao mesmo tempo a um mesmo objeto propriedades mutuamente incompatíveis. Justamente a esse princípio "contraditório" Plotino reserva a fórmula *archê bebaiotatê*[27].

Essa inversão tem um significado conceitual preciso. A tese segundo a qual a Ideia deve ser una e idêntica em muitos lugares separados é apresentada no *Parmênides* como uma objeção contra a teoria das Ideias: o fato de ter essas características contraditórias depõe contra a plausibilidade da hipótese das Ideias. À objeção de Parmênides, Sócrates responde comparando a presença da Ideia à presença do dia, que é uno e idêntico ao mesmo tempo em muitos lugares (131b), mas essa hipótese não é aprofundada. De fato, Parmênides, respondendo a Sócrates, assimila a presença da Ideia à de um véu que recobre muitos homens; donde uma série inevitável de dificuldades: a Ideia, estando presente em muitos objetos simultaneamente, será de modo inevitável dividida em partes. É significativo que aquilo que no *Parmênides* é apresentado como paradoxo contra a hipótese das Ideias torne-se em Plotino um traço distintivo da doutrina

---

27. A esse propósito, cf. as observações de TORNAU, *Plotin. Enneaden VI 4-5...*, 325.

dos inteligíveis e de sua estrutura metafísica específica, dado que sua natureza é concebida de modo apropriado e sem basear-se nas realidades corpóreas[28]. Diferentemente do que ocorre com um véu corpóreo e extenso, as substâncias imateriais não perdem sua unidade e não se dividem em partes, pelo fato de estarem presentes nas muitas coisas que delas participam (VI 5 [23], 3.15-32). Se não se considera isso, atribuindo aos inteligíveis as mesmas características que qualificam os corpos e são adequadas a seu modo de ser, é inevitável incorrer em dificuldades insuperáveis. As causas inteligíveis são de um gênero diferente em relação aos corpos que delas dependem; sua estrutura é apreendida mediante um tipo de pensamento diferente do discursivo, que é apto a analisar os corpos e suas propriedades.

Essas últimas considerações conduzem a um outro elemento da teoria plotiniana da causalidade. Aristóteles menciona na *Metafísica* (I 9, 990b 17), e em outros lugares, uma objeção contra a teoria das Ideias denominada "argumento do terceiro homem". Embora as reconstruções dos intérpretes sejam muito complexas e nem sempre unânimes, considera-se que essa objeção (discutida por Aristóteles em seu tratado perdido *Sobre as Ideias*)[29] seja fundamentalmente a mesma ilustrada em duas passagens da primeira parte do *Parmênides* (132a-b; 132d-133a). De modo resumido: se as coisas grandes têm algo em comum (o Grande), será necessário que o Grande e as outras coisas grandes tenham algo em comum, em virtude do que serão todas grandes. Isso dá lugar a um "terceiro grande", para o qual se apresentará a mesma dificuldade, e assim por diante, ao infinito. O pressuposto de todo esse raciocínio é que a Ideia e aquilo que dela participa sejam qualificados pela *mesma* característica (por exemplo, que a Ideia do Grande seja grande assim como são grandes as muitas coisas grandes). É matéria de debate se essa tese (dita "autopredicação das Formas") foi efetivamente assumida por Platão; em todo caso, ela não parece ser compartilhada por Plotino[30]. As Ideias são paradigmas das realidades sensíveis, mas Plotino parece excluir que o paradigma e sua imagem sejam caracterizados pelos mesmos predicados. Esse tema emerge com certa clareza no primeiro capítulo do

---

28. Ibid., 34-40.
29. Os fragmentos desse tratado, transmitidos por Alexandre de Afrodísia, são reunidos e comentados em LESZL, W., *Il De Ideis di Aristotele e la teoria platonica delle idee*, Florença, Olschki, 1975; FINE, G., *On Ideas. Aristotle's Criticism of Plato's Theory of Forms*, Oxford, Clarendon Press, 1993.
30. Cf., sobre a recusa da autopredicação em Plotino, a discussão de D'ANCONA, AMORPHON KAI ANEIDEON, 88 ss.

tratado I 2 [19], *Sobre as virtudes*, quando Plotino discute acerca da possibilidade de as virtudes que pertencem à alma caracterizarem (de modo conatural e não adquirido) também o deus inteligível. Essa conclusão é afastada, pois

> Seria preciso [...] falar assim se aquilo de que a alma participa fosse idêntico à causa da qual ela participa; ora, ao contrário, trata-se de duas coisas diversas. Nem mesmo a causa sensível é idêntica à inteligível, embora tenha sido assimilada a ela: a causa sensível participa tanto de regularidades quanto de ordem, e [em vez disso] lá, em sua razão ideal, não há nem regularidade, nem ordem, nem simetria (I 2 [19], 1.40-45)[31].

Vale reportar o que, em relação a essas linhas, notou Giovanni Catapano: "Aquilo de que a própria cópia participa é uma propriedade comum a todas as cópias que imitam aquele modelo. O modelo, a Forma, não é aquela propriedade, mas é a causa da participação das cópias na propriedade em si"[32]. A esse propósito, Plotino distingue duas diferentes relações de semelhança (I 2 [19], 2.1-10). A primeira vincula objetos homogêneos, que são similares em virtude da presença neles de uma mesma forma (por exemplo, várias imagens de um mesmo modelo). Nesse caso, se x será semelhante a y em virtude da propriedade F, igualmente y será semelhante a x em virtude da mesma propriedade. A segunda relação de semelhança relaciona, ao contrário, um objeto àquilo que é *causa* da presença nele de uma certa forma (por exemplo, uma imagem e o modelo com base no qual ela é constituída). Nesse caso, enquanto se pode sustentar que o objeto é similar à sua causa em virtude da forma nele presente, não é, contudo, lícito sustentar que a causa da presença daquela forma no objeto é, por sua vez, caracterizada pela forma da qual é causa: aquilo a que o objeto se torna similar é primeiro em relação a ele e não tem uma forma idêntica, mas diferente. Por essa razão, Plotino pode afirmar que as cópias são similares ao arquétipo, mas que o arquétipo não é similar às suas cópias.

As Formas não devem, portanto, ser concebidas como características abstratos dos corpos, isolados e separados daquilo de que são derivados. Plotino distingue, com efeito, de modo muito acurado as Formas dos atributos das realidades

---

31. PLOTINO. *Sulle virtù (I 2 [19])*, trad. G. Catapano, Pisa, Plus, 2006, 57.
32. CATAPANO, G., La teoria dei due tipi di assimilazione nel trattato 19 (*Enn.* I 2): la soluzione plotiniana dell'aporia di *Parm.* 132d-133a, in: Bianchetti, M. (org.), *Plotino e l'ontologia. Sostanza, assimilazione, bellezza*, Milão, Albo Versorio, 2006, 36. Cfr. também PLOTINO, *Sulle virtù (I 2 [19])*, trad. Catapano, 34-37.

que dela participam, sublinhando que as Formas não pertencem àquilo que dela participa, não são seus predicados (VI 4 [22], 3.15 ss.). As causas inteligíveis são realidades de gênero diverso em relação às características empíricas que delas dependem (VI 4 [22], 13.15-16); retomando a terminologia do *Timeu* platônico (42e), em que o verbo "permanecer" (*menein*) caracteriza a condição do intelecto demiúrgico, Plotino sublinha que as Formas não passam à matéria, mas exercem sua ação causal permanecendo em si mesmas (VI 5 [23], 8.20-22)[33].

As causas inteligíveis plotinianas são heterogêneas em relação aos corpos que delas dependem: não são extensas, não são compostas de partes externas umas às outras (cf. VI 4 [22], 13.14-18; VI 5 [23], 3.1-8). Ora, há dois modos substancialmente diferentes de desenvolver essa posição. Segundo uma primeira tese, as causas inteligíveis permanecem incognoscíveis para nós: podemos no máximo postular sua existência, mas, como são de tipo diferente em relação aos corpos, e como nosso conhecimento terreno não pode deixar de algum modo de se referir aos corpos, elas escapam daquilo que podemos conhecer; no máximo, poderemos chegar a elas de maneira apenas indireta e mediada, necessariamente imperfeita, por meio de seus "efeitos". Teses desse tipo serão retomadas no pensamento medieval para caracterizar o tipo parcial e inadequado de conhecimento que o ser humano encarnado pode obter da causa divina: por exemplo, pelo fato de haver uma escala de perfeições empíricas, podemos postular a existência de um ente perfeitíssimo, que represente o grau máximo dessa escala, sem que contudo possamos ter qualquer conhecimento direto dele (trata-se da famosa *via eminentiae*). Em relação a tais posições, a doutrina de Plotino é diferente: a tese da heterogeneidade das causas inteligíveis nele se associa à exigência de obter já nesta vida, enquanto nossa alma está ligada a um corpo, seu conhecimento direto e adequado.

Além disso, deve ficar claro a razão de Plotino ser muito prudente em usar o conhecimento dos corpos como uma via para ascender (mesmo indiretamente) às suas causas inteligíveis. Ascender aos inteligíveis tomando os corpos como ponto de partida nos condena a não apreender em si mesma a natureza das substâncias inteligíveis e nos expõe concretamente ao risco de fazer delas de modo equívoco uma espécie de substâncias sensíveis idealizadas (incorrendo, portanto, de modo inevitável nas aporias relativas à participação). O texto programático de VI 5

---

33. Cf. D'ANCONA, C., Plotinus and Later Platonic Philosophers on the Causality of the First Principle, in: GERSON, L. (org.), *The Cambridge Companion to Plotinus*, Cambridge, Cambridge University Press, 1996, 356-385, em particular 360.

[23], 2 aponta, ao contrário, para outra direção: é preciso fazer a abstração dos corpos para obter o conhecimento das causas inteligíveis de acordo com princípios adequados a sua natureza. Chega-se ao conhecimento das causas abstraindo daquilo que é mais próximo, purificando o conhecimento e compreendendo assim a natureza distintiva do mundo inteligível, o qual é isento da condição de dispersão pela qual o mundo dos corpos é caracterizado: "Lá, o mundo é muito mais Uno; de outro modo haveria dois mundos sensíveis divididos do mesmo modo, e a esfera inteligível, se é una deste modo, será como esta daqui" (VI 5 [23], 10.42-44). Embora nosso raciocínio seja em geral voltado para o mundo dos corpos, isso não implica que o conhecimento adequado dos inteligíveis não nos seja acessível: segundo Plotino, nossas próprias condições inatas confirmam a existência de uma unidade inteligível, capaz de ser una e idêntica em número em toda parte, pois todos, de um modo natural, falam do deus em cada um de nós como um e o mesmo (VI 5 [23], 1.1-4)[34].

Os problemas abertos por tal posição são manifestos e muito complexos; abordaremos alguns deles nos próximos capítulos. No capítulo III se procurará compreender de modo preciso como a natureza inteligível é constituída "de acordo com os princípios apropriados a ela" e como ela realiza sua ação causal. No capítulo IV, acerca da antropologia de Plotino, se discutirá uma questão diferente (e talvez ainda mais obscura): a compreensão adequada do ser inteligível não pertence à bagagem de conhecimentos habituais de cada um; deve-se, então, explicar como é possível obtê-la.

---

34. Cf. CHIARADONNA, R., Platonismo e teoria della conoscenza stoica tra II e III secolo d.C., in: BONAZZI, M.; HELMIG, C. (org.), *Platonic Stoicism – Stoic Platonism*, Leuven, Leuven University Press, 2007, 209-241.

CAPÍTULO TERCEIRO

O mundo inteligível

3.1. A alma e seu estatuto ontológico

Quando Plotino propõe distinguir a condição dos corpos daquela de suas causas inteligíveis, ele tende a associar essas últimas, por serem diferentes dos corpos e heterogêneas em relação a eles. Todavia a substância inteligível plotiniana não é uma entidade indiferenciada, mas se articula em dois princípios (ou "hipóstases", termo com o qual com frequência se denominam os princípios metafísicos plotinianos, mas que nas *Enéadas* geralmente não é usado nessa acepção)[1], ou seja, a alma e o Intelecto, cada um dos quais é, por sua vez, fortemente diferenciado em seu interior. Com a doutrina dos princípios inteligíveis Plotino integra, como lhe é usual, doutrinas codificadas por uma tradição secular no interior de um projeto filosófico unitário. No médio-platonismo, *psuchê* e *Nous* figuram em algumas hierarquias de princípios divinos, nas quais são distinguidos um primeiro Intelecto, um segundo Intelecto e a alma[2]; célebres

---

1. Com efeito, o uso difuso de "hipóstases" para indicar os princípios metafísicos segundo Plotino baseia-se principalmente nos títulos (não plotinianos) de alguns tratados: cf. V 1 [10], *Sobre as três hipóstases que são princípios*; V 3 [49], *Sobre as hipóstases que conhecem e sobre o que está além*. Sobre o significado de *hupostasis* em Plotino, cf. HORN, C., *Plotin über Sein, Zahl und Einheit*, Stuttgart-Leipzig, Teubner, 1995, 15-29.
2. Prefigurações da hierarquia plotiniana dos princípios podem ser encontradas em Apuleio, Alcino, Numênio: cf. DONINI, P., *Le scuole, l'anima, l'impero. La filosofia antica da Antioco a Plotino*, Turim, Rosenberg & Sellier, 1982, 106-111.

passagens de Platão e Aristóteles serviam tradicionalmente de base para a elaboração dessas distinções. De outro lado, a distinção plotiniana dos dois princípios inteligíveis responde a exigências conceituais precisas e não se limita a reiterar doutrinas convencionais.

A investigação da natureza da alma é um dos principais motivos condutores das *Enéadas*. No tratado IV 2 [4], Plotino apresenta uma divisão esquemática dos entes. A divisão estabelece quatro níveis, distinguindo, antes de tudo, os dois polos opostos, para depois fixar dois níveis intermediários; a lista começa sempre pelo grau mais "baixo" (parte-se, portanto, do grau 1, depois passa-se ao 4, daí ao 2 e, enfim, ao 3). Na base da hierarquia estão os corpos sujeitos a divisão e a dispersão. No vértice, contraposta à natureza corpórea, há a substância inteligível, não sujeita a divisão, privada de partes e não extensa. Plotino sustenta que ela é sempre idêntica a si mesma e semelhante ao centro de um círculo do qual dependem todos os raios dirigidos à circunferência (IV 2 [4], 1.24-25)[3]. Entre o mundo do ser inteligível e o mundo dos corpos Plotino coloca, como foi dito, dois graus intermediários. O nível inferior pertence ao cosmos sensível e é composto das formas e das qualidades incorpóreas, mas inerentes aos corpos, os quais acolhem de modo mediado as características das coisas materiais, sensíveis e extensas a que são inerentes[4]. Bem diversa é a condição da alma (IV 2 [4], 1.41 ss.). Ela é uma natureza inteligível imediatamente sucessiva ao ser supremo e indivisível; deste a alma recebe a indivisibilidade e, todavia, essa se situa "no meio" das duas naturezas, a inteligível, à qual pertence por sua essência, e a corpórea, para a qual dirige sua própria atividade.

A página do *Timeu* em que Platão descreve a geração da alma do mundo por obra do demiurgo é evocada repetidamente por Plotino (cf., em particular, IV 1 [21]), que se detém na frase platônica que afirma que a alma é um ser intermédio composto "do indivisível e daquilo que é divisível nos corpos" (*Tim.*, 35a)[5]. Isso, nota Plotino, significa que a alma é composta de uma parte que

---

3. A imagem do centro e de seu círculo é usada com frequência por Plotino a fim de exprimir a relação entre os princípios e aquilo que deles depende: cf. *infra*, cap. VII, p. 176.

4. A doutrina das qualidades incorpóreas imanentes, apropriada por Plotino, é bem atestada na tradição precedente e desempenhará um papel importante na ontologia de Porfírio: cf. CHIARADONNA, R., Porphyry's Views on the Immanent Incorporeals, in: KARAMANOLIS, G.; SHEPPARD, A. (org.), *Studies on Porphyry*, Londres, Institute of Classical Studies, 2007, 35-49.

5. Cf. o estudo de SCHWYZER, H.-R., Plotins Interpretation von *Timaios* 35a, *Rheinisches Museum*, 74 (1935) 360-368.

tem origem no inteligível e de outra que procede do inteligível para chegar ao mundo dos corpos. A alma é divisível porque está em todas as partes daquilo em que se encontra (IV 2 [4], 1.65). Todavia a alma não se divide entre os corpos acolhendo suas características, como ocorre com as qualidades e as formas sensíveis. Desde o tratado IV 7 [2], *Sobre a imortalidade da alma*, Plotino tem a preocupação de refutar as teses daqueles (peripatéticos e estoicos sobretudo) que a seus olhos haviam, de modo indevido, feito da alma um corpo ou "acidente", uma qualidade do corpo, não apreendendo sua natureza peculiar de substância inteligível.

A presença da alma nos corpos é aquela própria das naturezas inteligíveis, cujas características foram delineadas no capítulo precedente: por esse motivo, a alma é indivisível e presente, una, idêntica e inteira em todas as partes. Todavia, o fato de a alma sempre estar *no* corpo não pode deixar de recordar modelos físicos de inerência, como a presença de uma cor em uma superfície. Plotino está consciente dessa dificuldade, que ele resolve distinguindo a presença peculiar da alma no corpo em relação a uma presença de tipo local (VI 4 [22], 16.10-22); a da alma, com efeito, é a presença de um princípio causal em relação àquilo que dele depende em seu ser. Se é assim, contudo, o próprio dizer que a alma está *no* corpo mostra-se uma maneira imprópria de exprimir-se. Exprimir-se de tal maneira imprópria é, de fato, inevitável, e há nas *Enéadas* várias passagens nas quais se afirma que a alma está ou entra no corpo (cf. IV 3 [27], 4.3; 9.5): isso indica que a alma está associada a um corpo e é responsável por algumas de suas funções próprias. Todavia em alguns contextos Plotino especifica que semelhantes formulações não correspondem de modo adequado à realidade e devem, portanto, ser alteradas. Em realidade, não se deveria dizer que a alma está no corpo, mas, antes, que o corpo está *na alma*, no sentido de que "estar *em* algo" indica o fato de ser contido pela potência causal deste: no mais importante reside aquilo que não é importante, no continente o conteúdo e naquilo que não escoa aquilo que escoa (IV 3 [27], 20.41-51)[6].

Os problemas, todavia, persistem, de modo que Plotino acaba por apresentar corpo e alma como duas entidades de algum modo independentes. Nos tratados VI 4-5 [22-23], por exemplo, ele se exprime como se os corpos "se aproximassem" da alma, acolhendo-a conforme sua capacidade (VI 4 [22], 2.48ss.); no mesmo tratado é tematizado de modo explícito o conceito de "capacidade"

---

6. Para maiores detalhes, cf. *infra*, cap. VI, p. 154-157.

(*epitêdeiotês*), a fim de explicar como o inteligível (que está em toda parte presente de modo inteiro) é acolhido de modo diferente por aquilo que dele participa (VI 4 [22], 11.4). Formulações desse tipo evitam dois tipos de dificuldades. Em primeiro lugar, permitem resolver os equívocos que derivam da sustentação de que a alma está "no corpo" de modo quase local. Em segundo lugar, bloqueiam as conclusões mais arriscadas às quais poderia estar exposta a doutrina plotiniana da participação. Se as substâncias inteligíveis são "unas e idênticas em toda parte de modo inteiro", parece estar aberto o caminho para a conclusão de que tudo acaba por participar indistintamente de tudo. A ideia segundo a qual os corpos são diversamente "capazes" de acolher os inteligíveis dos quais participam parece resolver, ao menos em parte, essa dificuldade, associando a participação dos inteligíveis a caracteres distintivos precisos. Todavia surgem outros graves problemas: é difícil compreender como um corpo pode receber a alma *conforme sua capacidade*, se o corpo não é um objeto autossubsistente e independente da alma. A capacidade que o corpo tem de receber a alma não pode derivar, por sua vez, da ação da alma que fez o corpo de modo que ele possa recebê-la de determinada maneira; assim, volta-se ao ponto de partida.

Como prova do modo indiviso de presença da alma nos corpos, Plotino aduz a unidade da percepção: quando, por exemplo, um dedo sofre uma afecção, a totalidade do vivente a percebe e não somente a alma particular que se encontra no dedo, como se fosse uma parte distinta e independente da alma que governa cada um. Se a alma fosse divisível em partes, cada um seria composto de muitas almas, e no universo não haveria uma alma única, mas infinitas, todas separadas entre si (IV 2 [4], 2.4-11). O argumento mencionado nos coloca diante da distinção entre a alma de cada ente singular e a alma do universo. Trata-se de uma diferença introduzida com frequência por Plotino, que identifica vários "níveis" da alma. Como Henry Blumenthal mostrou, há boas razões para distinguir três "níveis" principais.

1. A alma em si mesma, o princípio metafísico universal, que deriva do Intelecto.
2. A alma do mundo.
3. As almas dos indivíduos, que olham para intelectos singulares (IV 3 [27], 6.10 ss.)[7].

---

7. Cf. BLUMENTHAL, H., Soul, World Soul and Individual Soul in Plotinus, in: Schuhl, P.-M.; Hadot, P. (org.), *Le Néoplatonisme*, Paris, CNRS, 1971, 55-66.

Plotino faz a distinção entre alma individual e alma do mundo em diversas passagens. No tratado IV 8 [6], *A descida da alma aos corpos*, ele denuncia uma aparente contradição nas teses de Platão: no *Fedro* (246c ss.) a descida da alma ao corpo e sua vinda ao sensível são narradas; no *Timeu*, ao contrário, o cosmos é louvado por sua bondade e se afirma que a alma – tanto a alma do mundo quanto a alma de cada um de nós – foi dada pelo artífice ao universo para que ele fosse perfeito (30b; 39e; 92c). Plotino se mobiliza para resolver a aparente contradição das observações platônicas e distingue dois modos pelos quais a alma pode ocupar-se do corpo (IV 8 [6], 2.26-30): a variedade das posições de Platão a esse respeito pode ser explicada pelos diversos tipos de relação entre alma e corpo aos quais ele se refere em momentos distintos.

A alma do mundo comanda sem ser impedida por condicionamentos corpóreos, sem fadiga, desejos ou paixões de nenhum tipo (IV 8 [6], 2.31 ss.). A alma do indivíduo, ao contrário, nem sempre é capaz de ocupar-se com o corpo sem se deixar dominar por ele, mas, submergindo no corpo, acaba por perder contato com sua natureza autêntica (IV 8 [6], 3.1 ss.). Esse tipo de descida ao corpo corresponde à perda das asas da alma, que Platão narra no *Fedro*. Todavia a própria alma do indivíduo pode subtrair-se, mesmo nesta vida, aos condicionamentos corpóreos, recolher-se em si mesma e alcançar também a condição melhor da alma do universo (IV 8 [6], 2.20-21). Plotino designa como "anfíbia" tal condição dupla da alma, capaz de conduzir ora a vida inteligível, ora a vida do mundo "daqui" (IV 8 [6], 4.32)[8].

Tudo isso sugere claramente a presença de diversos graus e modos de vida da alma, e os intérpretes dedicaram muita acuidade para ordenar essa doutrina, separando de modo cuidadoso partes e faculdades da alma e procurando esclarecer a quais dessas partes e faculdades Plotino se refere de modo particular em seus vários argumentos. Os resultados, contudo, nem sempre são muito convincentes e com frequência se tem a impressão de que Plotino não estava interessado em introduzir distinções e separações rígidas. O próprio tratado IV 2 [4], ao qual se fez referência acima, que está entre os mais breves e esquemáticos das *Enéadas* e longe da complexidade dos tratados maduros sobre a alma, mostra bem o contínuo deslocamento de Plotino de um ao outro dos níveis psíquicos. No primeiro capítulo, a alma é descrita a partir das palavras com as quais Platão trata a gênese da alma do mundo. Seria possível, portanto, pensar com

---

8. Para mais detalhes, remeto-me ao comentário de D'ANCONA et al., *Plotino: La discesa dell'anima nei corpi*...

legitimidade que Plotino pretende falar ou da alma como princípio metafísico universal ou da alma do mundo, mas, poucas linhas depois, ele usa, para descrever seu tipo particular de unidade e presença no corpo, o exemplo do dedo e de sua afecção, que remete à alma de cada indivíduo; de outro lado, na frase imediatamente seguinte ele se desloca de novo para o nível da alma do universo.

Para compreender a razão dessa dificuldade, deve-se recordar o modo peculiar de existência das substâncias inteligíveis, que não são divididas entre si como são os corpos. Seria, portanto, inútil pensar em várias "partes" separadas da alma que se ordenam segundo planos hierárquicos. Desde o tratado IV 9 [8] Plotino se indaga se as almas são "uma", e o tema é novamente abordado no início do grande tratado *Aporias acerca da alma* (IV 3-5 [27-29]). Plotino (IV 3 [27], 2.5 ss.) distingue a alma considerada em si mesma como princípio, a qual não pertence a nada (ou seja, não está a cargo do governo de nenhum corpo, nem do universo ou do indivíduo), das almas que pertencem a outro (a alma do mundo e as almas individuais). Segue-se um longo *excursus* sobre a possibilidade de aplicar a distinção entre todo e partes à multiplicidade das almas. Não apenas não há "partes" da alma como há partes dos próprios corpos, mas não se pode sequer dizer que há partes dela que são não corpóreas, mas quantitativas, como ocorre com os números e as figuras geométricas. De modo diferente do que ocorre em relação à quantidade, não podemos sustentar que uma "parte" de alma é menor que o todo (IV 3 [27], 2.39 ss.).

Segundo Plotino, a relação entre "a alma" e "as almas" implica uma total interpenetração de unidade e multiplicidade, de modo que a parte não é menor que o todo. Para exprimir esse tipo de multiplicidade inteligível, no qual todo e parte são completamente compenetrados, Plotino serve-se repetidamente (tanto a propósito da alma quanto a propósito do Intelecto) da analogia com a ciência e seus teoremas particulares (IV 3 [27], 2.50 ss.; IV 9 [8], 5.7 ss.; VI 2 [43], 20.15-16 etc.)[9]. Cada teorema singular é dito parte da ciência como um todo, mas contém em potência seu todo, enquanto a ciência contém em si a multiplicidade dos teoremas embora permaneça inteira, íntegra e não fracionada em partes. A finalidade da analogia é mostrar como nas substâncias inteligíveis o todo e as partes são coextensivos e contidos uns nos outros. Por essa razão, a alma do universo e as almas individuais são todas "partes" congêneres de uma única alma total, e

---

9. Cf., a esse respeito, TORNAU, C., Wissenschaft, Seele, Geist. Zur Bedeutung einer Analogie bei Plotin (*Enn.* IV 9, 5 und VI 2, 20), *Göttinger forum für Altertumswissenschaft*, I (1998) 87-111.

cada alma é ao mesmo tempo ela própria e "toda" a alma. A distinção dos três níveis psíquicos (a alma em si, a alma do mundo e as almas individuais) não é concebida como uma classificação rígida: Plotino não parece muito interessado em estabelecer as demarcações desse tipo de classificação. Está, de outro lado, muito mais interessado em sublinhar que, em cada divisão que introduzimos na alma, há na verdade uma única alma, que está presente inteira em cada uma daquelas que nós chamamos de modo impróprio de suas "partes".

3.2. O Intelecto

No início do tratado V 1 [10] Plotino ilustra a condição em que nossa alma se encontra quando é imersa no sensível e esquece sua autêntica natureza inteligível. A tarefa do discurso filosófico é desviar a alma da dispersão naquilo que lhe é inferior, levando-a a se apropriar de si mesma. A alma revela-se assim como verdadeiramente é, um ser precioso e divino, sendo capaz de ascender ao ser supremo, "após o qual e do qual" ela provém (V 1 [10], 3.5-6). Tal princípio anterior à alma, e do qual ela é imagem, é o Intelecto divino. O Intelecto ou o Ser é a realidade mais alta na hierarquia plotiniana (o Uno, que lhe é superior, não pode ser definido senão de modo impróprio como uma "realidade"). No Intelecto encontram-se as Formas inteligíveis platônicas, que são interpretadas por Plotino como os atos de pensamento que constituem o Intelecto divino.

As possíveis "fontes" da teoria plotiniana são múltiplas[10]. Plotino (V 1 [10], 8.17-18) cita o fragmento de Parmênides segundo o qual "ser e o pensar é a mesma coisa" (fr. 3 Diels-Kranz), do qual ele considera exprimir o sentido autêntico com sua doutrina do Intelecto. São, contudo, sobretudo célebres teses formuladas por Platão e Aristóteles que constituem o suporte da concepção plotiniana. No que diz respeito a Platão, o diálogo mais importante para a concepção do *Nous* em Plotino é o *Sofista*. Do *Sofista* provêm duas exigências: em primeiro lugar, a de estabelecer uma conexão entre as formas que constituem o mundo inteligível identificando os princípios que regulam suas relações recíprocas (a doutrina dos gêneros supremos do *Sofista* está na base da estrutura do *Nous* plotiniano); em segundo lugar, a de atribuir ao ser supremo movimento, vida, alma e pensamento afastando a hipótese de que ele possa ser privado de

---

10. Cf. a identificação feita em LINGUITI, A., *La felicità e il tempo. Plotino*, Enneadi, *I 4-I 5*, introd., trad. e coment., Milão, LED, 2000, 43 ss.

intelecto (Platão, *Soph.*, 248e-249 a). Tal concepção de algum modo "vitalista" do ser é encontrada no *Timeu*, no qual Platão (30c ss.) apresenta o cosmo ideal como um vivente perfeito que contém os paradigmas inteligíveis. Quanto a Aristóteles, Plotino é profundamente devedor da teologia de *Metafísica* XII, na qual deus é concebido como pensamento do pensamento, ato e vida, todas qualificações características do *Nous* plotiniano. Tanto a tradição platônica quanto a tradição aristotélica, nesse sentido, haviam elaborado antes de Plotino concepções pressupostas por sua doutrina do Intelecto. Do médio-platonismo, em particular pela exegese do nexo entre Ideias e demiurgo estabelecido no *Timeu*, provém a tendência a relacionar de modo estreito a atividade inteligível e os paradigmas ideais: a doutrina segundo a qual as Ideias são pensamentos de deus (cf. Alcino, *Did.*, IX, 163 Hermann) é um antecedente com o qual Plotino indubitavelmente se confronta[11]. Também a noética de Aristóteles na leitura de Alexandre de Afrodísia, com a unificação estabelecida entre o deus "pensamento do pensamento" de *Metafísica* XII e o intelecto agente do *De anima* III, seguramente exerceu uma influência significativa sobre o modo como Plotino concebe as Formas inteligíveis como completamente internas ao pensamento de *Nous* divino[12].

Plotino insiste no fato de que o Intelecto compartilha as mesmas características da alma, mas em um grau superior (V 9 [5], 6.1-10). Se, portanto, a alma é uma substância inteligível na qual a unidade e a multiplicidade se compenetram de um modo que excede a divisão do que é corpóreo e quantitativo, isso vale ainda mais para o Intelecto, que é ontologicamente superior à alma. O Intelecto representa a forma suprema de realidade e conhecimento, na qual multiplicidade

---

11. Longino, o primeiro mestre de Porfírio, considerava que as Ideias eram externas ao intelecto que as pensa, e o próprio Porfírio defendeu essa posição que, como ele atesta na *Vida de Plotino*, abandonou apenas após a repetida refutação da qual Plotino encarregou seu discípulo Amélio (cf. *Vita Plot.*, 18). Segundo Plotino, as Ideias são interiores à atividade do Intelecto; isso aproxima sua doutrina daquela médio-platônica segundo a qual as Ideias são pensamentos de deus, sem que, contudo, Plotino subscreva totalmente essa tese (cf. V 9 [5], 7-8): cf. HADOT, P. La concepction plotinienne de l'identité entre l'intellect et son objet. Plotin et le *De anima* d'Aristote, in: ID., *Plotin, Porphyre*, 267-278 (ed. orig.: ROMEYER-DHERBEY, G., *Corps et âme. Sur le* De anima *d'Aristote*, Paris, Vrin, 1996, 367-376).

12. Cf., a propósito, os estudos citados *supra*, cap. I, p. 27, nota 39, aos quais se acrescenta ao menos MERLAN, P., *Monopsychism, Musticism, Metaconsciousness: Problems of the Soul in the Neo-Aristotelian and Neoplatonic Tradition*, Haia, Martinus Nijhoff, ²1969, que continua esclarecedor em muitas análises particulares, ainda que já esteja largamente superada sua abordagem geral, que tende a apresentar Alexandre de Afrodísia como uma espécie de neoplatônico *ante litteram*.

e unidade são interconectadas do modo mais estreito possível; ele é "todas as coisas em conjunto" (*homou panta*), e sua estrutura representa o máximo grau possível de unificação (III 6 [26], 6.23; IV 2 [2], 2.44; V 3 [49], 15.21; 17.10; VI 4 [22], 14.4-6; VI 7 [38], 33.8 etc.)[13]. Também na alma uno e múltiplo se compenetram, mas o conhecimento e a atividade próprios da alma não satisfazem os mesmos requisitos, pois implicam uma sucessão em seus conteúdos: de modo significativo, a alma é definida em III 7 [45], 11.15 como uma "natureza inquieta" (*phusis polupragmôn*). O conhecimento próprio do Intelecto divino é, ao contrário, originário, voltado para si mesmo e privado de sucessão. Em V 1 [10], 8.23-27 Plotino exprime as diferentes estruturas do Intelecto e da alma fazendo referência às "hipóteses" distintas na segunda parte do *Parmênides* de Platão. Elas são interpretadas como se indicassem graus de unidade que correspondem aos graus da hierarquia metafísica: o Intelecto é "uno-múltiplo", enquanto a alma é "uno e múltiplo"; acima da alma e do Intelecto está, como se verá em seguida, o primeiro princípio absolutamente simples.

3.3. Unidade e multiplicidade no Intelecto

Para dar expressão conceitual à relação entre unidade e multiplicidade no *Nous*, Plotino recorre por vezes à analogia com a matéria. Em alguns tratados ele formula a doutrina segundo a qual existiria uma "matéria inteligível" que constitui o substrato das Formas ideais. A pluralidade das Ideias não é outra coisa senão a determinação desse substrato indeterminado. Supor que as muitas Formas ideais resultem da determinação de um substrato comum corre o risco de sugerir que a composição do cosmo inteligível seja de algum modo *análoga* à composição hilemórfica dos corpos: essa posição emerge sobretudo no tratado II 4, *As duas matérias* (cf. II 4 [12], 4)[14]. Todavia, segundo Plotino, a estrutura do mundo inteligível é privada de extensão e não é composta de partes exteriores uma em relação à outra; a ela não podem ser, portanto, aplicadas de modo

---

13. Cf., a esse respeito, a discussão de BEIERWALTES, W., *Pensare l'Uno. Studi sulla filosofia neoplatonica e sulla storia dei suoi influssi*, Milão, Vita e Pensiero, 1992 (ed. orig.: *Denken des Einen. Studien zum Neuplatonismus un dessen Wirkungsgeschichte*, Frankurt a.M., Klostermann, 1985), 60 ss.

14. Sobre esse tratado, cf. Narbonne, J.-M., *Plotin. Les deux matières [Ennéade II, 4 (12)]*, Paris, Vrin, 1993.

algum as categorias de pensamento adequadas a apreender a estrutura daquilo que é extenso e corpóreo. Por essa razão, provavelmente, a doutrina da matéria inteligível, própria dos primeiros tratados plotinianos, não encontra grande continuação nos escritos posteriores, nos quais a ideia de que se deve conceber o mundo inteligível por analogia a partir dos corpos é abandonada definitivamente, prevalecendo a exigência de compreender o inteligível com base nos princípios a ele apropriados (cf. VI 5 [23], 2).

Muito mais reduzida é também a presença em Plotino da doutrina dos princípios da tradição platônico-acadêmica. Há, com efeito, algumas referências em Plotino à noção de "díade indefinida", conceito que desempenha um papel central nas "doutrinas não escritas", atribuídas a Platão por Aristóteles e outras fontes, cujo núcleo é constituído por uma metafísica de tipo matematizante segundo a qual a díade é um princípio de multiplicidade e indeterminação submetido à ação limitante do Uno nos vários graus da realidade[15]. A paternidade platônica dessas teses é ainda hoje objeto de acaloradas discussões; igualmente discutida é a relação delas com a tradição pitagórica (em particular com o pensamento de Filolau de Crotona e Arquitas de Taranto), tradição que foi progressivamente assimilada ao interior da Academia a partir dos primeiros discípulos de Platão (Xenócrates, Espeusipo). Na época helenística, a Academia assume uma prevalente orientação aporético-cética, alheia a especulações metafísicas; é razoável supor que a isso tenha se associado um relativo declínio da tradição pitagórica, mas a questão é controversa: as características do pitagorismo na época helenística são com efeito extremamente difíceis de reconstruir. Em todo caso, a apropriação da tradição "pitagórica" por parte do platonismo foi um dos traços característicos da filosofia posterior ao helenismo a partir do século I a.C., quando houve, ao menos sob esse aspecto, uma espécie de retorno à antiga Academia e um verdadeiro

---

15. Os testemunhos foram reunidos, recentemente, por ISNARDI PARENTE, M., *Testimonia Platonica*. Per una raccolta dei principali passi della tradizione indiretta riguardante i *logomena agrapha dogmata*. Le testimonianze di Aristotele, *Memorie dell'Accademia Nazionale dei Lincei*, Roma, série IX, v. 8, fasc. 3 (1997) 371-487; ID., *Testimonia Platonica*. Per una raccolta dei principali passi della tradizione indiretta riguardante i *logomena agrapha dogmata*. Testimonianze di età ellenistica e di età imperiale, *Memorie dell'Accademia Nazionale dei Lincei*, Roma, série X, v. 10, fasc. 1 (1998) 1-120. Nesses trabalhos é defendida uma postura fortemente polêmica em relação à interpretação de Platão centrada nas doutrinas não escritas. Em sentido oposto estão os estudos da "escola de Tubingen": cf., em particular a obra ainda fundamental de GAISER, K., *Platons ungeschriebene Lehre. Studien zur systematischen und geschichtlichen Begründung der Wissenschaften in der platonischen Schule*, Stuttgart, Klett, 1963.

renascimento do pitagorismo. Pitagorismo e platonismo foram, de fato, estreitamente unidos na época imperial, e os mesmos autores (por exemplo, Moderato de Gades ou Numênio de Apameia) foram considerados, conforme o ponto de vista adotado, platônicos ou "neopitagóricos"[16]. Dadas essas premissas, é natural que Uno e Díade compareçam em várias hierarquias metafísicas atribuíveis de modo variado ao médio-platonismo. Em Eudoro de Alexandria, um dos primeiros expoentes, se não propriamente o fundador, do platonismo pitagorizante da época pós-helenística, Uno e Díade são ambos subordinados ao Uno supremo; o dualismo dos princípios é atribuído a Platão também por outros autores da época imperial, em particular por Plutarco (*De Is. et Or.*, 48, 370 D-F), e a imagem pitagorizante da filosofia de Platão teve grande fortuna no platonismo posterior a Plotino (particularmente em Jâmblico, Siriano e Proclo)[17]. Não surpreende que Plotino faça menção à doutrina da díade indefinida. Todavia as raras ocorrências do conceito de "díade" em Plotino não parecem suficientes para incluí-lo na tradição do platonismo pitagorizante, nem para pensar que Plotino prosseguisse quanto a esses pontos um ensinamento de escola originado na antiga Academia. Como Thomas Alexander Szlezák demonstrou, as referências plotinianas à "díade indefinida" e à teoria dos princípios dependem integralmente das exposições de Aristóteles, lidas junto com os diálogos de Platão (em particular o Sofista) e interpretadas por Plotino no interior de sua peculiar metafísica do *Nous*; não há elementos para supor que Plotino seguisse acerca desses problemas uma tradição escolar interna e oral, diretamente provinda da antiga Academia[18].

Além disso, também as passagens nas quais Plotino, fundamentando-se principalmente em Platão e Aristóteles, leva em consideração uma teoria quase

---

16. Para uma análise de todas essas intrincadas questões, limito-me a remeter a CENTRONE, B., Cosa vuole dire essere pitagórico in età imperiale. Per una riconsiderazione della categoria storiografica di "neopitagorismo", in: BRANCACCI, A., *La filosofia in età imperiale. Le scuole e le tradizioni filosofiche*, Nápoles, Bibliopolis, 2000, 137-168, que propõe argumentos válidos contra a hipótese de que tenha havido um pitagorismo de algum modo independente do platonismo na época imperial (donde a sugestão de evitar a categoria historiográfica de "neopitagorismo").

17. Sobre tudo isso, cf. os estudos citados *supra*, cap. I, p. 18, nota 18. Sobre a doutrina dos princípios em Eudoro, cf. BONAZZI, Eudoro di Alessandria alle origini del platonismo imperiale, 115-160.

18. Cf. SZLEZÁK, *Platon und Aristoteles in der Nuslehre Plotins*, 113-119, que discute criticamente a reconstrução de KRÄMER, H. J., *Der Ursprung der Geistmetaphysik. Untersuchungen zur Geschichte des Platonismus zwischen Platon und Plotin*, Amsterdam, Schippers, 1964.

matematizante dos princípios na verdade não fazem emergir uma influência significativa dessa doutrina sobre seu pensamento. Plotino se propõe interpretar e integrar em sua doutrina metafísica os testemunhos que atribuíam a Platão uma teoria matematizante dos princípios e as passagens platônicas que iam nessa direção. Segundo Plotino, a extensão quantitativa composta de partes exteriores umas às outras é um elemento estranho à multiplicidade das substâncias inteligíveis (nas quais todo e partes são perfeitamente compenetrados). Não surpreende, portanto, que ele exclua a presença da quantidade e da grandeza do mundo inteligível (VI 2 [43], 13). Com efeito, no tratado VI 6 [34], *Sobre os números*, Plotino defende uma teoria realista dos números, mas o faz à custa de subtrair dos números ideais qualquer caráter (mesmo de modo mediato e analogamente) quantitativo. Aristóteles e outras fontes testemunham que a distinção entre números ideais e números matemáticos era parte da doutrina platônico-acadêmica dos princípios; é, portanto, razoável pensar que Plotino tomasse da tradição precedente a sua doutrina do número essencial. De outro lado, ele confere a essa teoria um caráter estranho a qualquer metafísica matematizante. Não apenas, com efeito, o número essencial é rigorosamente distinto do número monádico (ou seja, o número matemático composto de unidade e suscetível de operações): Plotino chega de fato a identificar o número essencial com as múltiplas Formas unificadas no Intelecto proveniente do Uno (o primeiro princípio superior ao Intelecto e ao ser):

> A partir do momento em que também o ser proveio do Uno, como o Uno era um, é preciso que assim também este seja número. Donde também as Formas se dizem hênades e números. E este é o número essencial. Outro é aquele que é dito monádico, imagem deste (VI 6 [34], 9.31-35).

O fato de o número quantitativo ser "imagem" daquele ideal não deve conduzir ao engano. Para Plotino os exemplares inteligíveis e as cópias são heterogêneos e não são caracterizados pelas mesmas propriedades. Se, portanto, o número quantitativo é imagem do número essencial, nem por isso o número essencial será "de algum modo" quantitativo. Para Plotino, vale exatamente o inverso: a quantidade, que caracteriza a imagem, não é de modo algum própria do exemplar. No tratado VI 6 [34] esse conceito é expresso com a máxima clareza em relação às formas geométricas: elas existem no *Nous*, mas "sem forma" (*aschêmatista*: VI 6 [34], 17.25), não figuradas: "não são de fato formas em outro, mas são elas mesmas e por si mesmas, sem necessidade de se estenderem. Aquelas que são extensas são de outro" (17.26-28). Se é verdade, portanto, que Plotino caracteriza o mundo inteligível como um "número" essencial, é igualmente verdadeiro que isso indica somente a perfeita determinação e delimitação de sua multiplicidade, sem que esteja presente nenhuma concepção matematizante das Formas.

No que diz respeito à "díade indefinida", Plotino a menciona sobretudo em dois de seus primeiros tratados (V 1 [10] e V 4 [7]), nos quais ela é identificada com o "substrato indeterminado" do Intelecto que é limitado pela ação do Uno a fim de dar lugar ao Intelecto como multiplicidade determinada do ser e das Formas:

> antes da díade está o Uno, e a díade, segunda e derivada do Uno, tem o Uno como seu determinante, sendo por si indeterminada; uma vez determinada é número, mas número como essência (V 1 [10], 5-6; cf. 5.14-15; V 4 [7], 2.6-7).

O sentido dessas teses emergirá em seguida, quando será considerado o problema da geração do Intelecto pelo Uno. Por ora, bastará notar como a alusão à díade é de fato descontextualizada e englobada em um tema especificamente plotiniano. A "díade" não designa de modo algum um princípio de indeterminação subsistente por si e distinto do Uno, mas é um momento na gênese do Intelecto a partir do Uno (ela representa a condição ainda informe e indeterminada do *Nous*); se a díade é vista como princípio dos números, ela o é somente no sentido antes identificado segundo o qual as Formas inteligíveis são números essenciais. Mesmo nas raras passagens em que Plotino faz menção à díade indefinida, não se pode identificar uma verdadeira adesão à teoria matematizante dos princípios de origem antigo-acadêmica.

Nas substâncias inteligíveis, unidade e multiplicidade são coligadas de modo muito mais estreito do que ocorre nas substâncias corpóreas ou, mesmo, quantitativas, e a relação entre o Intelecto e seus pensamentos, ou seja, as Formas inteligíveis, deverá, portanto, ser tal que satisfaça a total compenetração de unidade e multiplicidade, inteiro e partes, que Plotino exprime mediante a analogia da ciência e de seus teoremas. Uma realidade cujos componentes sejam externos um ao outro, e cuja organização consista na relação recíproca de tais elementos extrínsecos, não é de fato capaz de dar razão de si mesma; ou seja, não pode encontrar em si mesma o próprio princípio organizador, e pressupõe necessariamente um critério exterior que justifique sua estrutura factual (cf. VI 7 [38], 2.8-9). Não se pode, contudo, encontrar um critério externo ao Intelecto que regule a maneira como a multiplicidade inteligível é organizada, pois não há uma realidade superior a ele. É o mundo das Formas inteligíveis que fornece o critério último para tudo aquilo que é real, e seria absurdo buscar um modelo ulterior ao qual ele seja remetido (o Uno não pode ser considerado senão de modo muito impróprio o "modelo" dos paradigmas ideais); no Intelecto o *hoti* e o *dia ti* coincidem (VI 7 [38], 2.10-11).

3.4. O pensamento não discursivo do Intelecto

No *De anima* (III 4, 430a 2-5, 5, 430a 19-20; 7, 431b 17) Aristóteles sustenta que o intelecto humano se identifica com o objeto de seu conhecimento (ou seja, a forma abstrata da matéria). Em muitos lugares eneádicos, Plotino se refere a essas afirmações aristotélicas (cf. V 4 [7], 2.45-48; V 9 [5], 5.29-31; VI 6 [34], 19-20), aplicando-as, todavia, ao conhecimento das Formas por parte do Intelecto divino. A retomada literal das fórmulas aristotélicas não deve obscurecer uma diferença importante no modo como Plotino as interpreta, já que a identidade entre o pensamento e seu objeto, postulada por Plotino para o Intelecto divino, é muito mais estreita do que aquela que Aristóteles havia postulado para o intelecto humano: segundo Plotino, com efeito, no Intelecto divino o pensamento e o pensado coincidem, no sentido de que o próprio pensado, ou seja, cada Ideia, é por sua vez intelecto (o que, evidentemente, Aristóteles não afirma de modo algum em relação à forma abstraída da matéria): "[...] a própria coisa, sendo inteligível, não será outra coisa senão intelecto e ciência" (VI 6 [34], 6.25-26; cf. também V 8 [5], 8). Por essa razão, a concepção plotiniana do Intelecto divino é profundamente diferente daquela apresentada por Aristóteles em *Metafísica* XII. Como é sabido, o deus aristotélico não pensa uma multiplicidade de conteúdos, mas é "pensamento do pensamento" (*Metaph.*, XII, 1074b 33-35). O Intelecto divino plotiniano, ao contrário, pode pensar uma multiplicidade de conteúdos sem ter, em consequência disso, relação com algo exterior a si. Isso ocorre porque não somente o pensamento e a essência daquilo que é pensado são exatamente o mesmo. Os veículos do pensamento do *Nous* não são, portanto, representações das coisas sobre as quais versa o pensamento; o pensamento do *Nous* não é "de outro", mas perfeitamente autorreflexivo.

Essa complexa concepção é desenvolvida nos grandes tratados da quinta *Enéada*: V 3 [49], *Sobre as hipóstases que conhecem e sobre o que está além*; V 5 [32], *Sobre o fato de que os inteligíveis não são externos ao Intelecto, e sobre o Bem*; V 8 [31], *Sobre o belo inteligível*. No *Nous* cada coisa possui todas as outras coisas em si mesma e vê cada coisa no outro, de modo que tudo está em toda parte (V 8 [31], 4.6-8). O ato com o qual o Intelecto conhece a si mesmo e o ato com o qual conhece os inteligíveis coincidem. De modo muito eficaz, Plotino compara a visão das Formas por parte do Intelecto a uma luz que vê através de outra luz, sem que lhe haja um meio externo de visão. O verdadeiro inteligível é simultaneamente pensamento e pensado, objeto de visão para si mesmo e não carente de outro para ver (V 3 [49], 8.15 ss.).

Em dois textos Plotino ilustra as razões que induzem a postular um Intelecto provido de conhecimento perfeito, autorreflexivo (porque não se refere a um objeto externo a si) e autovalidador (porque não obtém a verdade do ser conforme a um objeto diverso de si): V 3 [49], 5.1-48 e V 5 [32], 1.12-19. Na primeira dessas duas passagens, Plotino considera um argumento que encontra um paralelo em Sexto Empírico (*Adversus Mathematicos*, VII, 310-312)[19] e diz respeito à impossibilidade do conhecimento de si. Sexto Empírico nota que o intelecto que conhece a si mesmo deveria fazê-lo ou como todo ou como parte, mas nenhuma das duas alternativas é possível: caso se conheça como todo, o intelecto inteiro e indiviso será um todo e não haverá objeto distinto que possa ser conhecido; se conhece a si mesmo por meio de uma parte (ou seja, se o intelecto é dividido nas partes A e B e, por exemplo, conhece a si mesmo por meio de A), então se deve perguntar como, por sua vez, a parte pode conhecer-se a si mesma, o que reporta à primeira dificuldade. A posição contestada por Plotino em V 3 [49], 5 não é de todo idêntica àquela defendida por Sexto Empírico, e a argumentação plotiniana é muito tortuosa[20]. De qualquer modo, sua conclusão geral é clara e consiste em recusar que no Intelecto as funções de sujeito e objeto sejam divididas segundo a distinção do todo e das partes; intelecção e inteligível são "o mesmo" (cf. V 3 [49], 5.21-23). Resta compreender o que isso quer dizer exatamente. O segundo texto (V 5 [32], 1.12-19) conduz ao centro do problema. Plotino parece reportar a objeção cética à possibilidade de que a

---

19. Cf. BRÉHIER, É., *Plotin. Ennéades*, V, Paris, Les Belles Lettres, 1931, 37. Mais recentemente, cf. O'MEARA, D. J., Scepticisme et ineffabilité chez Plotin, in: DIXSAUT, M. (org.), *La connaissance de soi. Études sur le traité 49 de Plotin*, colab. P.-M. Morel e K. Tordo-Rombaut, Paris, Vrin, 2002, 91-103. Os textos relevantes encontram-se traduzidos e comentados em SORABJI, R., *The Philosophy of the Commentators, I. Psycology (With Ethics and Religion)*, Londres, Duckworth, 2004, 139-142 (4[a] 12-16).

20. Cf. Kühn, W., Comment il ne faut pas expliquer la connaissance de soi-même (*Ennéade* V,3 [49], 5,1-17), in: DIXSAUT (org.), *La connaissance de soi*, 229-266.

percepção apreenda os objetos externos a ela: aquilo que a percepção apreende é somente a imagem (*eidôlon*: I.18) dos objetos, enquanto a coisa em si (*auto to pragma*: 1.18-19) permanece externa àquela[21]; donde a necessidade de postular que o conhecimento do Intelecto transcendente não diz respeito aos objetos *externos*, mas internos a si. Os inteligíveis (ou seja, as Ideias) são, portanto, internos ao Intelecto que os conhece. Todavia a interpretação dessas linhas é controversa: Eyjólfur Emilsson contestou com bons argumentos que o termo *eidôlon* em V 5 [32], 1.18 indica a impressão subjetiva de objetos externos; ao contrário, o termo "imagem" seria tomado em sentido ontológico e indicaria a forma sensível e não substancial, que, segundo Plotino, é imagem da essência real de um objeto[22]. Com base nessa interpretação, se deveria concluir que em V 5 [32], 1.15-19 Plotino não está fazendo alusão à diferença entre impressões subjetivas e objetos externos, mas à diferença entre as imagens sensíveis e suas essências. Ele sustentaria que a percepção não apreende a essência dos objetos, mas somente sua forma externa e não substancial, imanente aos corpos. Plotino parece pressupor aqui sua distinção entre uma atividade "interna" e uma "externa"; a atividade interna é a coisa real, a atividade externa que procede da coisa em si mesma, ao contrário, é uma sua imagem. A sensação não diz respeito àquilo que uma coisa é, ou seja, o *logos*, o princípio essencial de natureza inteligível, mas somente à atividade externa de tal princípio formativo. Na base do argumento plotiniano está a distinção de dois tipos de conhecimento. O primeiro não possui a atividade interna dos objetos apreendidos: é o modo de conhecimento da percepção, que não possui acesso àquilo que os objetos realmente são (já que a faculdade do sentido não possui as causas inteligíveis dos objetos sensíveis), mas se limita a colher sua atividade externa, ou seja, suas imagens (em sentido ontológico). O outro tipo de conhecimento é, por sua vez, aquele que em V 5 [32], 1 Plotino atribui ao Intelecto universal: ele é tal que a atividade que constitui o objeto do conhecimento e a atividade que constitui o sujeito do conhecimento são uma única e idêntica atividade. Por tal razão, no Intelecto não há veículos de conhecimento (as representações) distintos dos objetos conhecidos mediante tais intermediários: de qualquer modo, no Intelecto os veículos dos

---

21. Cf., ainda, Bréhier, *Plotin. Ennéades*, V, 85, que remete a Sexto Empírico, *Pyrr. Hyp.*, I 13-15 (também I 94; II 51 e 72). Discussão em O'Meara, Scepticisme et ineffabilité chez Plotin, 95-96.

22. Cf. Emilsson, E. K., Cognition and its Object, in: Gerson (org.), *The Cambridge Companion on Plotinus* 217-249, em particular 222.

pensamentos e as coisas que são objeto do pensamento devem ser tomados como uma única e idêntica coisa. Portanto, a verdade de um tipo similar de conhecimento não é dada por sua conformidade em relação ao um objeto exterior: os pensamentos do Intelecto, efetivamente, são verdadeiros na medida em que por seu intermédio algo é conhecido, ou seja, *esses mesmos pensamentos*. Em consequência, o Intelecto não tem necessidade de demonstrações ou confirmações externas a si, mas é manifesto a si mesmo; sua verdade não possui adequação a algo externo, mas a si mesma (V 5 [32], 2.15-20).

O modo de pensar do Intelecto não é "discursivo"; ele (1) é não inferencial; (2) é "todo de uma só vez"; (3) é pensamento de seus objetos todos conjuntamente; (4) é verídico e certo; (5) não busca seu objeto, mas o possui[23]. Sublinhe-se que tal modo de pensar não é simples e privado de multiplicidade: com efeito, Plotino insiste muitas vezes no fato de que o Intelecto é uma natureza intrinsecamente complexa e múltipla; além disso, para Plotino, o pensamento implica, como tal, multiplicidade e complexidade[24]. Todavia a complexidade e a multiplicidade próprias do Intelecto são de tipo diferente daquelas que encontram expressão adequada no pensamento de tipo discursivo e proposicional[25]. Em uma proposição, com efeito, são postos em relação um sujeito e predicado extrínsecos um ao outro. Se dizemos, por exemplo, que B se predica de A, colocamos em relação dois conteúdos distintos; um pertence ao outro, mas não podemos certamente dizer que um *é* o outro permanecendo ele mesmo. Isso, contudo, não é válido senão para os atos do pensamento noético, cada um dos quais sendo ele mesmo, mas contendo em si todos os outros, espelhando, de tal

---

23. Cf. Id., *Plotinus on Intellect*, Oxford, Clarendon Press, 2007, 177-185. A presente abordagem sintética é amplamente tributária do estudo de Emilsson, que, a meu ver, fornece a melhor discussão disponível sobre o Intelecto plotiniano.

24. Isso foi muito bem esclarecido por REMES, P., *Plotinus on Self. The Philosophy of the "We"*, Cambridge, Cambridge University Press, 2007, 129-134 ("Complex Intellect").

25. A possibilidade de caracterizar o pensamento do *Nous* como "não proposicional" foi objeto de debate: cf., a favor da hipótese de que o pensamento do Intelecto é não proposicional, LLOYD, A. C., Non-propositional Thought – An Enigma for Greek Philosophy, *Proceedings of the Aristotelian Society*, 70 (1970) 261-274; ID., Non-propositional Thought in Plotinus, *Phronesis*, 31 (1986) 258-265; contra, cf. SORABJI, R., Myths about Non-propositional Thought, in: SCHOFIELD, M.; NUSSBAUM, M. C. (org.), *Language and Logos*, Cambridge, Cambridge University Press, 1982, 295-314; ID., *Time, Creation and the Continuum*, Londres, Duckworth, 1983, 152-156. Cf. agora a excelente discussão em EMILSSON, *Plotinus on Intellect*, 185-191, cujas conclusões (o pensamento do *Nous* plotiniano é ao mesmo tempo complexo e não proposicional) parecem totalmente aceitáveis.

modo, a totalidade do Intelecto. É igualmente errado sustentar que a estrutura do Intelecto possa ser expressa mediante um juízo de identidade do tipo A = A. Se, com efeito, é verdadeiro que o Intelecto divino é idêntico a si mesmo e vê a si mesmo em sua intelecção, é igualmente verdadeiro que tal identidade não é simples e unitária, já que o Intelecto vê a si mesmo na medida em que vê os atos singulares de pensamento que constituem a multiplicidade das Ideias.

Em VI 2 [43], 20, Plotino apropria-se da terminologia aristotélica do gênero e das espécies para descrever a relação entre Intelecto universal e intelectos particulares no *Nous*, introduzindo algumas modificações significativas que permitem exprimir a total compenetração entre todo e partes. Um gênero "aristotélico" é "inteiramente" em cada espécie, mas apenas na medida em que cada espécie satisfaz a definição própria do gênero: ao se ver um homem, vê-se um exemplar do gênero "animal". Todavia jamais é possível ver *todo* o gênero: o gênero não existe *em ato* como tal (o gênero "animal" não pode ser encontrado como tal: no plano da experiência, encontramos somente tipos de animais, ou seja, homens, cavalos, bois etc.); esse é sempre o "aspecto genérico" de uma espécie determinada[26]. A unificação de todo e partes que Plotino estabelece para o Intelecto é muito mais forte: como é ilustrado pela analogia da ciência e seus teoremas (VI 2 [43], 20.1-16), no *Nous* os intelectos particulares são contidos no universal e, *vice versa*, o todo é contido no particular. O gênero, portanto, não apenas é contido em potência por cada espécie (na medida em que cada espécie é ela mesma em ato, e dela se predica o gênero ao qual pertence, cf. 20.8-9), mas simultaneamente é também em ato como todo e universal (20.22; 27). Desse modo, o Intelecto universal é também *potência* em relação à espécie, pois as contém todas em si mesmo: ainda que não seja nenhuma das espécies em ato, todas as espécies "repousam" (isto é, são pré-contidas) nele (20.25-27)[27]. A partir do momento em que contém o gênero em potência, a espécie de algum modo compreende em si também todas as outras espécies contidas nele; vendo uma espécie, não somente se apreenderia a definição de seu gênero, mas seria possível apreender também as outras espécies. Cada Forma inteligível é, portanto, uma perspectiva da totalidade perfeitamente coesa à qual pertence; embora

---

26. De modo significativo, Aristóteles considera a relação entre gênero e espécie como análoga à relação entre matéria e forma: cf. ARISTÓTELES, *Metaph.*, VII 12, 1038a 6. Cf., a propósito, as observações de Patzig, G., Bemerkungen über den Begriff der Form, *Archiv für Philosophie*, 9 (1960) 93-111, em particular 103.

27. Sobre esse significado de "potência" em Plotino, cf. *infra*, cap. V, p. 125.

cada um dos inteligíveis seja distinto dos outros, de qualquer modo "cada um é todos" (V 8 [31], 9.16).

Os intérpretes sublinharam que Plotino não foi o primeiro autor antigo a elaborar uma doutrina do pensamento autorreflexivo. O paralelo mais notável, já mencionado antes, é aquele com o pensamento do pensamento aristotélico, teorizado em *Metafísica* XII. De outro lado, algumas diferenças devem ser destacadas. Em primeiro lugar, o pensamento do pensamento aristotélico não pensa uma multiplicidade de conteúdos internos a si, e por essa razão é diverso do Intelecto plotiniano. Além disso, o primeiro princípio aristotélico é apresentado de maneira "objetiva": trata-se de uma entidade que pensa e cujo objeto de pensamento não é outro além do próprio pensamento. Esse caráter aplica-se também ao Intelecto de Plotino, para o qual, como já foi observado, é válido o princípio (de origem aristotélica) que estabelece a identidade do pensamento com seu objeto. De outro lado, em algumas passagens (V 3 [49], 10.31-44; VI 7 [38], 38.10-22) Plotino parece apresentar o pensamento do Intelecto como um verdadeiro ato de autoconsciência reflexiva, um pensamento que, se expresso de modo discursivo, corresponderia a um enunciado em primeira pessoa do tipo "Eu sou isto"[28]. Os pensamentos do Intelecto são, portanto, no sentido mais próprio, seus pensamentos sobre aquilo que ele mesmo é, e não seus pensamentos sobre um objeto qualquer. Se isso é verdadeiro, segue-se que o pensamento de si do Intelecto plotiniano é reflexivo de um modo diverso daquele do pensamento do pensamento aristotélico, pois o Intelecto é simultaneamente consciente de seus pensamentos e dirigido para si, na medida em que os pensamentos são concebidos imediatamente como pensamentos relativos à identidade do Intelecto. No caso do Intelecto, o pensamento em primeira pessoa "Eu sou F" é, portanto, equivalente ao pensamento "Eu penso-me como F"; o sujeito é parte do próprio objeto do pensamento autorreflexivo. Embora essa reconstrução seja parcialmente hipotética e não encontre um correspondente completo nos textos plotinianos, tem o mérito de explicar por que Plotino faz derivar em V 3 [49], 10 a multiplicidade do objeto pensado do Intelecto da dualidade de sujeito e objeto implícita no pensamento autorreflexivo "Eu sou isto"[29].

Se resumirmos os caracteres ilustrados nesta seção, pode-se concluir que o pensamento do Intelecto é caracterizado pelo fato de seus objetos serem

---

28. Essa interpretação foi recentemente proposta por EMILSSON, *Plotinus on Intellect*, 109-123.
29. Cf. Ibid., 80-90.

perfeitamente internos a ele; além disso, o conhecimento do Intelecto é um conhecimento em primeira pessoa, no qual os pensamentos são, diretamente, pensamentos que dizem respeito à identidade do Intelecto. O objeto do pensamento inteligível é, de tal modo, definido em termos de pensamento; além disso, uma vez que aquilo que é inteligível é, segundo Plotino, aquilo que é ontologicamente primeiro, sua posição pode ser caracterizada como "idealista".

3.5. Os gêneros supremos

O tratado VI 2 [43], o segundo da trilogia *Sobre os gêneros do ser*, é particularmente importante para compreender a estrutura do Intelecto plotiniano. Aqui Plotino fornece uma complexa exegese do *Sofista* de Platão, interpretando a "conexão" (*sumplokê*) das Formas inteligíveis (cf. Platão, *Soph.*, 259e; 262c) no contexto da própria metafísica do Intelecto, segundo a qual as Formas são atos de pensamento que constituem um todo perfeitamente interconectado. Ser, movimento, repouso, mesmo, outro – os cinco "gêneros supremos" (*megista genê*) apresentados no *Sofista* (254d)[30] – tornam-se, nas *Enéadas*, os conceitos fundamentais conforme os quais se articula a peculiar estrutura autorreflexiva do mundo noético (cf., em particular, VI 2 [43], 7-8)[31]. Falar de "conceitos fundamentais" não deve obscurecer o fato de que os cinco gêneros são Formas inteligíveis pensadas no Intelecto divino e, por sua vez, atos de pensamento que lhe são constitutivos. É, contudo, importante esclarecer o papel peculiar que ser, movimento, repouso, mesmo e outro assumem nas *Enéadas*. Seria uma incompreensão supor que os gêneros supremos seriam, para Plotino, simplesmente as Formas "mais universais" sob as quais são hierarquicamente ordenadas as outras, já que a total interconexão entre universalidade e particularidade, todo e partes, própria do mundo inteligível não é redutível a uma classificação trivial de gêneros e espécies. Plotino não pretende apenas dizer que ser, repouso, movimento, mesmo e outro pertencem a todas as Formas inteligíveis, pois isso é válido em realidade para *qualquer* Ideia: no cosmo inteligível plotiniano, com efeito, cada

---

30. A interpretação dos *megista genê* é ainda hoje objeto de controvérsia: veja-se, para uma discussão sintética, CENTRONE, B., *Platone. Sofista*, Turim, Einaudi, 2008, XLV-L.

31. Os intérpretes sublinharam muitas vezes como essa leitura altera fortemente o significado da doutrina de Platão: cf. CORNFORD, F. M., *Plato's Theory of Knowledge*, Londres, Routledge, 1935, 274.

Forma, sendo ela mesma, contém em si a totalidade à qual pertence ("cada um é todos"). Os gêneros supremos são antes teorizados por Plotino como a condição necessária da vida e da atividade de pensamento do Intelecto; eles explicam sua capacidade de pensar a multiplicidade estruturada das Formas[32]. Por tal razão, os gêneros supremos foram corretamente definidos como "a infraestrutura do mundo noético" de Plotino[33].

Por meio dos gêneros supremos, Plotino pretende dar expressão à estrutura autorreflexiva e não discursiva do Intelecto, na qual o ser e o pensamento, embora não perdendo sua distinção recíproca, são unificados e "transparentes" um ao outro. O movimento e o ser indicam, respectivamente, a atividade do Intelecto e aquilo *a partir de que* essa atividade se move e *para o que* é dirigida (VI 2 [43], 8.12-16). O fato de o movimento inteligível *simultaneamente* provir do ser e ser dirigido para ele indica que a atividade noética não tem o caráter de um processo que move de um início para um fim separados um do outro. O repouso, no mundo inteligível plotiniano, tem precisamente a função de exprimir o fato de que início e fim são dados de modo conjunto já que tudo é simultaneamente presente a si mesmo (VI 2 [43], 8.18-24; cf. também VI 3 [44], 27). O tratamento do mesmo e do outro é particularmente interessante e é de algum modo sintomático da maneira como Plotino interpreta a doutrina platônica. No *Sofista*, o Estrangeiro de Eleia introduz os gêneros do mesmo e do outro observando que cada um dos três gêneros, ser, repouso e movimento, é idêntico a si e diferente dos outros dois (*Soph.*, 254d). Essa asserção é modificada por Plotino, para quem os gêneros ser, repouso e movimento são diferentes uns dos outros, mas, juntos, são idênticos entre si (e não cada um a si mesmo, como queria Platão), pois são reunidos em uma multiplicidade perfeitamente unificada:

> Não disse talvez [*scil.* aquele que contempla o *Nous*] que são diferentes um do outro [*scil.* ser, repouso, movimento], e os distinguiu na diversidade, e viu a diversidade no ser para estabelecer três gêneros, cada qual uno em si; e ainda quando viu que confluíam para um, em um, todos um, e lhes reduz ao mesmo, não vê que a identidade (*tautotêta*) se gerou e é? (VI 2 [43], 8.34-38).

---

32. Cf. REMES, *Plotinus on Self*, 135. Há uma ampla bibliografia sobre a interpretação plotiniana do *Sofista*; continua fundamental WURM, K., *Substanz und Qualität. Ein Beitrag zur Interpretation der plotinischen Traktate VI 1, 2 und 3*, Berlim-Nova York, De Gruyter, 1973, 221-240.

33. Cf. CHARRUE, J.-M., *Plotin lecteur de Platon*. Paris, Les Belles Lettres, 1978, 223.

A diversidade indica a multiplicidade de conteúdos distintos interna ao Intelecto de Plotino. Como Platão, Plotino considera, portanto, que o gênero do diferente é identificado com o "não ser", não tomando não ser em sentido absoluto, mas como "diferente do ser" (cf. I 8 [51], 3.6-7)[34]. O ponto é importante, e será novamente retomado na abordagem do Uno: segundo Plotino, o ser e o pensamento, como tais, implicam a multiplicidade e, portanto, implicam tanto a identidade quanto a diferença e o não ser (no sentido de "alteridade"). De outro lado, aquilo que é perfeitamente simples é, por esse mesmo motivo, além do ser. Contudo, é na abordagem do idêntico que emerge plenamente a diferença em relação a Platão: a identidade no Intelecto de Plotino, com efeito, existe não porque cada gênero é idêntico a si, mas porque os gêneros múltiplos são reunidos em unidade. A identidade exprime, portanto, o fato de que a multiplicidade inteligível é perfeitamente interconectada e interpenetrada, sem que seja composta de elementos exteriores um ao outro. Em suma: a identidade caracteriza o tipo não discursivo de multiplicidade do Intelecto. Por mais que seja forçado, esse modo de ler Platão não é arbitrário nem é uma mera contradição exegética. A exegese depende antes de um pressuposto conceitual preciso, que leva Plotino a sublinhar como o cosmo inteligível não é composto de elementos exteriores um ao outro, mas de uma multiplicidade perfeitamente coesa (o máximo grau possível de unificação do múltiplo) em que todas as coisas são uma só: *panta hen* (VI 2 [43], 8.36-37).

3.6. Eternidade, beleza, vida

A doutrina plotiniana da eternidade também está destinada a exprimir a condição de completude e simultaneidade própria do mundo inteligível. Tal como em relação aos cinco gêneros, também nesse caso há uma evidente fonte platônica, qual seja, *Timeu* 37b, em que Platão opõe o *aiôn* do mundo inteligível ao tempo, que é sua imagem[35]. Já antes de Plotino, alguns exegetas de Platão haviam proposto uma exegese de Platão dirigida a apresentar, sem nenhuma ambiguidade possível, a eternidade não a partir de um modo de duração (ou

---

34. Cf., sobre essas linhas difíceis, O'BRIEN, D., Le non-être dans la philosophie grecque: Parménide, Platon, Plotin, in: Aubenque, P., *Études sur le Sophiste de Platon*, Nápoles, Bibliopolis, 1991, 317-364, em particular 340-342.

35. Sobre a concepção de tempo em Plotino, cf. *infra*, cap. VI, p. 153.

seja, não como uma duração perpétua, mas como uma pontualidade exterior a qualquer sucessão)[36]. Esse aspecto foi apropriado e elaborado por Plotino que, no tratado III 7 [45], *Sobre a eternidade e o tempo*, oferece uma rigorosa apresentação da eternidade como simultaneidade *externa* ao tempo e tal que exclui qualquer duração, incompletude, variação ou passagem (III 7 [45], 6)[37]. A eternidade é, portanto, concebida como um aspecto fundamental do Intelecto que exprime essencialmente seu modo de ser, sua "vida" que permanece no idêntico e tem o todo presente em um "sempre" exterior ao tempo e à duração (3.16-17). Desse modo, a eternidade manifesta a peculiar estrutura ontológica do Intelecto caracterizada por uma pluralidade perfeitamente coesa e pela ausência de qualquer extensão. O tratado *Sobre a eternidade e o tempo* (III 7 [45]) segue imediatamente, segundo a ordem cronológica, os tratados *Sobre os gêneros do ser* (VI 1-3 [42-44]), e não é por acaso que a apresentação da eternidade se funda sobre a teoria dos gêneros inteligíveis ilustrada por Plotino em VI 2 [43], 7-8. Como Plotino explica em III 7 [45], 3, apreender a natureza do Intelecto significa apreendê-la na unidade dos cinco gêneros que a constituem. Contemplando os cinco gêneros, e em particular contemplando a identidade que reúne a multiplicidade no Intelecto e um todo perfeitamente coeso, vê-se a eternidade que "resplandece" (3.25 *eklampon*) do substrato da substância inteligível.

Afim ao conceito de eternidade é o conceito de beleza, que caracteriza a perfeição autorreflexiva do *Nous* (V 8 [31]). Plotino, muito mais do que haviam feito os platônicos anteriores a ele, aprofunda e desenvolve a reflexão platônica sobre o belo, exposta no *Fedro* e no *Banquete*, associando o belo à perfeição do mundo ideal. Além disso, a intrínseca beleza "ontológica" do mundo inteligível é o fundamento para reavaliar o próprio cosmo físico, no qual a beleza deriva do fato de ser uma imagem do inteligível. Não é por acaso que Plotino aborda o tema do belo em dois tratados, que se situam no início (I 6 [1]) e na plena maturidade (V 8 [31]) de sua produção; sua concepção foi então caracterizada

---

36. Cf. PLUTARCO, *De E ap. Delph.* 393 A, acerca do qual cf. WHITTAKER, J., Ammonius on the Delphic E, *Classical Quarterly*, 19 (1969) 185-192, e a discussão em FERRARI, F., *Dio idee e materia. La struttura del cosmo in Plutarco di Cheronea*, Nápoles, D'Auria, 1995, 57-58.

37. O estudo de referência sobre esse tratado continua sendo BEIERWALTES, W., *Eternità e tempo. Plotino*, Enneade *III 7*, Milão, Vita e Pensiero, 1995 (ed. orig. *Plotin. Über Ewigkeit und Zeit*, Enneade *III 7*, Frankfurt a.M., Klostermann, [4]1995). Também é útil uma tradução italiana comentada: FERRARI, F.; VEGETTI, M., *Plotino. L'eternità e il tempo*, Milão, Egea, 1991.

como uma verdadeira "metafísica do belo"³⁸. Não faltam interpretações dirigidas a sublinhar a presença de uma elaborada reflexão estética em Plotino³⁹. A respeito disso impõe-se a máxima prudência; a questão é de fato suscetível de diversas interpretações, sobretudo porque não é de todo claro se o belo delimita para Plotino um aspecto de algum modo autônomo do real (ou mesmo uma "perspectiva sobre a realidade" de modo que possa ser abordada e considerada como tal em suas características próprias e distintivas)⁴⁰. É indubitável que algumas passagens plotinianas têm um notável significado para a história da estética antiga. Trata-se, por exemplo, de I 6 [1], 1.20-54, em que Plotino critica a concepção que identifica o belo com a proporção das partes: a essa concepção fisicalista do belo sensível, Plotino opõe a ideia de que o belo exprime a participação do sensível no inteligível, considerada como participação do múltiplo na unidade da Forma. Igualmente importante é V 8 [31], 1.36-40, em que Plotino tacitamente se distancia da célebre condenação platônica da arte mimética (*Resp.*, X): o escultor Fídias, nota Plotino, criou a estátua de Zeus sem seguir nenhum modelo sensível, mas apreendendo-o como teria sido se quisesse ter aparecido para nós (V 8 [31], 1.38-40). A razão disso é que as artes não imitam simplesmente aquilo que se vê, mas remontam aos princípios formativos inteligíveis dos quais deriva a natureza visível. De outro lado, não devem ser descuidados alguns pontos que tornam pelo menos problemático supor a existência de uma estética plotiniana. Em primeiro lugar, o conceito de "belo" não parece remeter a uma Forma (a "Forma do belo") distinta das outras. A beleza sensível (tanto artística quanto natural) é, ao contrário, concebida como um efeito da ação causal geral das Formas inteligíveis (de qualquer Forma inteligível e não de uma "Forma do belo" distinta das outras), sem que isso remeta a uma autonomia real da esfera estética (I 6 [1], 2.18-24)⁴¹. Além disso, não se pode atribuir a Plotino uma distinção clara entre as "belas-artes" e as outras técnicas (cf. V 9 [5], 3.11-14).

---

38. Remeto a dois estudos nos quais é muito bem esclarecida a conexão entre a reflexão sobre o belo em Plotino e os temas centrais de sua metafísica: cf. GUIDELLI, C., *Dall'ordine alla vita: Mutamenti del bello nel platonismo antico*, Bolonha, Clueb, 1999; e FERRETTI, S., Bellezza sensibile e intelligibile, in: ID., *Antichi e moderni: L'elaborazione del passato*, Pisa, ETS, 2005, 59-84.

39. Destaco, em particular, CARCHIA, G., *L'estetica antica*, Roma-Bari, Laterza, 1999.

40. A esse respeito, cf. STERN-GILLET, S., Le Principe du Beau chez Plotin: Réflexions sur *Ennéas* VI.7.32, *Phronesis*, 45 (2000) 38-63.

41. Cf. Ibid., 60-61.

De todos os conceitos empregados por Plotino para caracterizar o mundo inteligível, o mais complexo e rico de implicações é, provavelmente, o de "vida". Estabelecer quais são as "fontes" dessa doutrina é particularmente difícil: faz-se primeiramente referência ao *Sofista*, ao *Timeu* e ao livro XII da *Metafísica*, mas o caráter vital e dinâmico do mundo inteligível plotiniano remete também à teologia estoica e à teoria do "movimento intenso"[42]. Em realidade, a noção de vida assume em Plotino funções que encontram explicação adequada no interior de seu modo peculiar de compreender a metafísica platônica. A vida corresponde a uma exigência de algum modo complementar aos conceitos de repouso e eternidade: essa caracteriza o mundo inteligível uma vez que se trata de uma realidade não apenas perfeitamente estável e coesa, mas também causalmente ativa e superabundante de ser: "[...] lá não há pobreza nem indigência, mas todas as coisas são repletas de vida, como que superabundam. Há como um emergir de vida de uma única fonte" (VI 7 [38], 12.22-24).

Para Plotino, a vida é um aspecto constitutivo do Intelecto, que a possui em forma originária; ela exprime a potência causal associada ao ser completo e perfeito. Não surpreende que Plotino apresente então a hierarquia da realidade como uma hierarquia dos graus de vida:

> Muitas vezes foi dito que a vida perfeita, verdadeira, real, reside naquela natureza inteligível, e que as outras vidas são imperfeitas, pálidos fantasmas de vida, vidas nem puras nem perfeitas nem mais vidas que seu contrário. E agora deixai-nos dizer, de modo breve, que, na medida em que todos os viventes derivam de um único princípio, sem, todavia, viver no mesmo grau que aquele, é necessário que o princípio seja a primeira e mais perfeita vida (I 4 [46], 3.33-40)[43].

O conceito plotiniano de ser, associado ao de vida, portanto, é o de uma realidade causalmente ativa e suscetível de admitir variações de potência que correspondem aos diversos níveis da hierarquia metafísica. Plotino muitas vezes recorre à analogia da luz para formular a diferença entre os graus da realidade. Essa analogia desempenha um papel tão significativo que a filosofia de Plotino

---

42. Cf. HADOT, P., Être, vie, pensée chez Plotin et avant Plotin, 127-181 (ed. orig., 107-157).
43. Cito a tradução de LINGUITI, *La felicità e il tempo*, 106. Sobre o conceito de "vida" na hierarquia metafísica de Plotino, cf. KALLIGAS, P., Living Body, Soul and Virtue in the Philosophy of Plotinus, *Dionysios*, 18 (2000) 25-37.

já foi definida como uma "metafísica da luz"⁴⁴. Também nesse caso, podem ser encontrados vários textos platônicos na base da concepção plotiniana⁴⁵. De outro lado, o fato de Plotino fazer os graus da realidade corresponderem a graus de vida (da vida perfeita do Intelecto à "morte" daquilo que é corpóreo e privado de eficácia causal) e a graus de luminosidade (da perfeita luz do Intelecto à obscuridade dos graus mais baixos da realidade até a matéria) assinala a presença de uma concepção unitária, que não se encontra como tal em sua fonte platônica. Pode-se resumir essa concepção na tese segundo a qual a realidade de algo corresponde a seu grau de potência ou força causal (sua vida)⁴⁶. O Intelecto, concebido por Plotino como ser no grau mais elevado, é, portanto, perfeitamente luminoso e o conhecimento adequado de sua estrutura permite compreender que a multiplicidade inteligível é totalmente compatível com a completa "transparência" (cf. V 8 [31], 4.4) dos termos que a compõem.

A doutrina do pensamento autorreflexivo tem características que, para o pensamento discursivo, parecem mutuamente excludentes: o *Nous*, que é a realidade mais intensamente unida, é também aquela em que a variedade, a vida e a potência causal têm sua expressão mais alta e intensa (cf. VI 7 [38], 13). No extremo oposto da realidade, a forma visível e perceptível é o ser em seu grau mais baixo e obscuro, privado de real eficácia causal. Como afirma Plotino, a forma visível é "morta" (III 8 [30], 2.32; cf. também II 4 [12], 5.18). De outro lado, a noção de realidade como suscetível de variações de grau permite incluir a forma sensível, e até mesmo a matéria (V 8 [31], 7.21 ss.) em uma hierarquia contínua que tem sua origem no ser supremo e inteligível (e, em última análise, no Uno superior ao ser, princípio de tudo por não ser nada daquilo que dele deriva).

3.7. A teoria dos dois atos e a derivação

Plotino afirma repetidamente que os princípios metafísicos "geram", "agem", "realizam". A alma, por exemplo, "produz" a forma na matéria (*poiei*: IV 3 [27],

---

44. Cf. BEIERWALTES, W., Plotins Metaphysik des Lichtes, *Zeitschrift für Philosophische Forschung*, 15 (1961) 334-362.

45. As principais "fontes" estão no uso de conceitos que remetem à luz e à claridade feito por Platão nas célebres analogias do sol, da linha e da caverna: cf. *Resp.*, VI 508a ss.; 509d; 511e; VII 532a ss.

46. Maiores detalhes em CHIARADONNA, R., Connaissance des intelligibles et degrés de la substance – Plotin et Aristote, *Les Études Platoniciennes*, 3 (2006) 57-85.

20.38-39). As próprias Formas inteligíveis não são, com efeito, simples causas paradigmáticas, modelos e critérios explicativos das coisas da experiência: Plotino sublinha repetidas vezes a capacidade produtiva do Intelecto divino, do qual descende a alma; as Ideias são viventes ativos e dotados de poder causal intrínseco (cf., por exemplo, VI 7 [38], 1). O mesmo vale, em grau supremo, para o Uno, de cuja infinita potência gera-se toda realidade.

Tais fórmulas não devem de modo algum sugerir que Plotino se aproprie de qualquer forma de criacionismo: a geração dos vários planos da realidade não ocorre em um momento temporal, mas corresponde a relações causais que valem *ab aeterno*; totalmente estranha a Plotino (como a qualquer filósofo grego não cristão) é, de qualquer forma, a possibilidade de admitir uma criação *ex nihilo*: a produção do corpo será, portanto, identificada com a introdução da forma na matéria por parte da alma e não como uma criação do nada. Estabelecido isso, resta esclarecer como é concebida a atividade geradora dos princípios metafísicos.

Deve-se explicar, em primeiro lugar, como as causas inteligíveis *não* operam. As almas encarnadas raciocinam e agem com base em sua deliberação; elas escolhem entre diversas alternativas e de acordo com o próprio "cálculo" racional, portanto conforme seu próprio propósito. Segundo Plotino, esse modo de agir é sinal de imperfeição e é específico das almas encarnadas, visto que dirigem suas atividades para os corpos sem terem consciência de sua natureza inteligível. Já a alma do mundo não age assim, mas governa o cosmo sem nenhum esforço e não escolhendo entre alternativas diversas (IV 4 [28], 12.38 ss.). No caso da alma tomada como princípio inteligível universal e dos princípios superiores a ela, a hipótese de que sejam causas "artesanais" (ou seja, que explicam sua ação causal com base em uma decisão e em um projeto) é decisivamente excluída por Plotino em VI 7 [38], 1.29 ss., em que é proposta uma interpretação bastante original do *Timeu*. Platão atribui explicitamente ao demiurgo o raciocínio (*logismos*):

> Tais são, portanto, a causa e o raciocínio segundo os quais ele construiu esse único todo a partir de todas as suas partes inteiras, perfeito, estranho ao envelhecimento e à doença [...]. Esse foi no todo o raciocínio do deus que sempre é em relação ao deus que deveria ter nascido um dia (*Tim.*, 33a; 34b)[47].

Plotino inverte a letra do texto platônico dado que sustenta que o raciocínio não é próprio da causa inteligível, mas somente do modo como nós

---

47. PLATÃO, *Timeo*, trad. Fronterotta, 195 e 197.

compreendemos (de modo inadequado) sua natureza a partir daquilo que dele depende. Em suma: o mundo sensível nos aparece ordenado como se dependesse de uma causa provida de raciocínio, mas isso não significa que a causa seja por sua vez provida daquele raciocínio discursivo que de modo errôneo tendemos a atribuir-lhe com base em seus efeitos:

> Portanto, a providência do vivente e em geral desse universo não provém de raciocínio. Além disso, em geral, lá não há sequer raciocínio, mas fala-se de raciocínio a fim de mostrar que todas as coisas são tais como seriam, posteriormente, como resultado de um raciocínio; e se fala de previsão para dizer que as coisas estão deste modo, como se um sábio lhes tivesse previsto (VI 7 [38], 1.28-32)[48].

A leitura plotiniana deriva com plena coerência da exigência, muitas vezes requerida, de conceber as substâncias inteligíveis segundo os princípios adequados a elas. O fato de o resultado da causalidade dos inteligíveis nos aparecer como provido de ordem não deve levar a pensar que eles tenham agido com base em uma deliberação racional (cf. III 2 [47], 1.18; 2.8; 3.4-6; 14.1-6). Plotino elabora uma complexa teoria que vincula a capacidade de produzir outro de si à própria natureza dos princípios. Trata-se da assim chamada doutrina da "dupla atividade (*energeia*)", conforme a qual se articula conceitualmente o processo de derivação causal que é em geral designado (não sem alguns equívocos) como "emanação", e que parte do Uno para chegar à matéria, o último e mais baixo grau na hierarquia plotiniana da realidade[49]. Existem uma atividade própria da essência de algo e uma que deriva da essência; a atividade da essência é a própria coisa em ato, enquanto a atividade derivada é distinta da coisa e provém de sua natureza. O segundo ato procede do primeiro como uma consequência,

---

48. Cf., sobre essa passagem, HADOT, *Plotin. Traité 38. VI, 7*, 195-200. Cf. também, sobre a discussão plotiniana da causalidade demiúrgica, *infra*, cap. VI, p. 155-156.

49. O termo "emanação" é empregado com prudência, pois sugere que a derivação é um processo quase material de "escoamento" a partir de uma fonte: embora em alguns lugares o próprio Plotino empregue uma terminologia semelhante (cf. III 4 [15], 3.25: *aporroia*), ele, contudo, distingue de modo acurado a derivação causal dos princípios imateriais daquela de processos de tipo corpóreo. Precisamente, O'MEARA, D. J., *Plotin. Une introduction aux Ennéades*, Fribourg/Paris, Academic Press/Cerf, ²2004 (ed. orig.: *Plotinus: An Introduction to the Enneads*, Oxford, Clarendon Press, 1992), 80, sugere usar no lugar de "emanação" o termo genérico "derivação".

e, mediante o segundo ato, aquilo que é causa é capaz de deixar em um outro seu traço (V 3 [49], 7.24-25). Assim, a eficácia causal deriva simplesmente da natureza das realidades que são causas.

Para esclarecer essa doutrina, Plotino recorre ao exemplo do fogo: há um calor que constitui sua substância e um calor derivado do primeiro, que se propaga para o exterior e mediante o qual o fogo exerce sua atividade (cf. V 1 [10], 3.10-12; 6.30-39; V 3 [49], 7.21-25; V 4 [7], 2.26-33). A teoria dos dois atos compreende cinco aspectos principais[50].

1. A dupla atividade é transversal e é exemplificada em cada nível da hierarquia plotiniana do Uno até as formas sensíveis.
2. O ato interno e o externo são equiparados respectivamente ao paradigma e à sua imagem.
3. O ato externo depende constantemente do interno, do qual jamais é separado.
4. O ato interno permanece privado de afecção, apesar de ele dar origem ao ato externo.
5. O ato interno é também uma potência.

Como se verá com mais detalhe na análise do processo de geração do Intelecto pelo Uno, a doutrina da "emanação" expressada na dupla atividade é associada à "conversão", que é o momento complementar no qual o produto derivado do primeiro ato se volta para a própria causa e, "vendo-a", toma sua forma completa. Assim Plotino ilustra a geração do Intelecto pelo Uno e da alma pelo Intelecto.

> O estar dirigido ao Uno criou o Ser, enquanto a visão do Uno criou o Intelecto. E, porque estava dirigido para o uno para poder vê-lo, torna-se simultaneamente Ser e Intelecto. Semelhante ao Uno, cria do mesmo modo, projetando fora de si uma potência múltipla – também ela reflexo do Uno, como já faz o princípio que precede o Intelecto. E aquela que provém da substância do Intelecto é a atividade da alma, a qual devém enquanto o Intelecto permanece imóvel; também o Intelecto devém enquanto aquilo que o precede permanece imóvel (V 2 [11], 1.12-18).

---

50. Sigo EMILSSON, *Plotinus on Intellect*, 22-68, que também se refere à vasta bibliografia sobre o assunto.

Diversa é a situação no caso da geração da matéria por parte da alma, já que a matéria é inerte e incapaz de se voltar para seu próprio princípio: a informação da matéria não ocorrerá, portanto, em virtude de seu voltar-se para a alma, mas em virtude de uma segunda ação da alma, sucessiva àquela com a qual gerou a matéria (cf. III 9 [13], 3.7-16; III 4 [15], 1.5-17)[51].

A doutrina da dupla atividade reúne em si características próprias tanto da causalidade paradigmática quanto da causalidade demiúrgica, embora não coincida propriamente com nenhuma das duas. É afim à causalidade paradigmática porque as causas são tais em virtude da essência que as caracteriza, essência que não sofre nenhuma afecção no processo causal. Todavia, a natureza das causas não é somente aquela de modelos aos quais outras realidades se conformam: na própria definição de uma causa está, segundo Plotino, a origem de seu gerar algo "fora" de si mediante a atividade que procede e transborda de sua essência. Essa segunda atividade pode recordar a atividade demiúrgica, mas exclui qualquer tipo de deliberação ou decisão, e descende somente da essência daquilo que age (como o calor que se propaga descende da natureza do fogo).

Os estudiosos com frequência procuraram identificar quais poderiam ser as fontes da doutrina plotiniana da dupla atividade. As tentativas, embora muito interessantes, de encontrar as origens em Aristóteles (Rutten, Lloyd) ou na filosofia estoica (Armstrong, Hadot, Narbonne, Aubry, com ênfases diversas conforme o autor) não chegaram a resultados de todo convincentes[52]. Foram também postas em evidência algumas passagens platônicas que Plotino poderia ter considerado ao formular sua doutrina. Em particular, Lloyd P. Gerson chamou a atenção para três textos. O primeiro é a célebre seção sobre a Ideia do Bem na *República* (VI 509b); o segundo é o texto do *Timeu* (29e) no qual Platão descreve a natureza boa e sem inveja do Demiurgo; o terceiro é a parte do discurso de Diotima no

---

51. Nessas passagens deteve-se muitas vezes Denis O'Brien; entre suas muitas contribuições, cf. O'BRIEN, D., La matière chez Plotin: Son origine, sa nature, *Phronesis*, 44 (1999) 45-71.

52. Cf. ARMSTRONG, A. H., Emanation in Plotinus, *Mind*, 46 (1937) 61-66; HADOT, P., *Porfirio e Vittorino*, Milão, Vita e Pensiero, 1993, 196-203; NARBONNE, J.-M., *La métaphysique de Plotin*, Paris, Vrin, ²2001 (trad. bras. *A metafísica de Plotino*, São Paulo, Paulus, 2016); AUBRY, G., *Dieu sans la puissance. Dunamis et Energeia chez Aristote et chez Plotin*, Paris, Vrin, 2006, 230; RUTTEN, C., La doctrine des deux actes dans la philosophie de Plotin, *Revue philosophique de la France et de l'étranger*, 146 (1956) 100-106; LLOYD, A. C., *The Anatomy of Neoplatonism*, Oxford, Clarendon Press, 1990, 98-105. Discussão em EMILSSON, *Plotinus on Intellect*, 52-60.

Banquete (212a-b) em que é enunciado o princípio segundo o qual a posse do Belo em si produz a beleza nas outras coisas[53]. São paralelos muito úteis para compreender a gênese da doutrina plotiniana, que, contudo, dificilmente pode ser explicada como se fosse o simples resultado da interpretação dessas passagens. Emilsson também chamou a atenção para o *Fedro* (245c-d), em que o movimento da alma é descrito como a fonte e o princípio de qualquer outro movimento. O estudioso, contudo, também propôs uma convincente hipótese sobre a gênese da teoria plotiniana que se propõe afastar duas posições opostas e igualmente simplistas. Segundo a primeira posição, haveria passagens em Aristóteles, nos estoicos ou em Platão (ou em algum outro) que teriam dado a Plotino a ideia da teoria da dupla atividade; tal busca mecânica e ingênua das "fontes de Plotino" mostra-se inevitavelmente parcial e desviante. Segundo a posição contrária (e igualmente simplista), Plotino teria elaborado sua teoria de modo independente de qualquer fonte possível e teria em seguida buscado alguma justificação nos textos platônicos. Emilsson propõe, ao contrário, considerar a teoria plotiniana como uma *interpretação* original de Platão, voltada para explicar em detalhe como agem os inteligíveis[54]. Platão, como é sabido, exprime a relação entre as Ideias e aquilo que delas depende em termos de participação ou imitação. Plotino retoma tais noções, mas busca aprofundá-las e, desse modo, supera o quadro conceitual no qual haviam se originado. Tanto participação quanto imitação são noções que consideram a causalidade a partir de baixo, ou seja, do ponto de vista daquilo que é causado pela Ideia. Segundo Plotino, contudo, os participantes têm um papel secundário: é, ao contrário, a causa, ou seja, aquilo que é participado, que tem a maior responsabilidade no resultado do processo causal. Ora, em Platão não há muitas indicações de como esse processo ocorre *do ponto de vista da causa*; textos famosos sobre a doutrina da causalidade do *Fédon*, da *República* e do *Timeu* podem fornecer elementos importantes para a discussão de tais questões, mas não uma doutrina plenamente desenvolvida. A doutrina plotiniana da dupla atividade, ao contrário, se propõe a satisfazer a esse requisito, isto é, a dar conta das causas platônicas do ponto de vista da causa e não do causado.

Por essa razão, a derivação plotiniana nada mais é do que a participação descrita a partir da causa. Trata-se de uma leitura amplamente compartilhada

---

53. Cf. GERSON, L. P., *Plotinus*, Londres, Routledge, 1994, 24-25.
54. Cf. EMILSSON, *Plotinus on Intellect*, 66-67.

(ainda que, como veremos, no caso da aplicação ao Uno da teoria da dupla atividade surjam problemas suplementares). Além disso, ela permite a emergência, mais uma vez, de uma notável coerência na composição do platonismo de Plotino, que, como já foi notado a propósito do capítulo programático de VI 5 [23], 2, pode ser definido em sua generalidade como um platonismo construído do ponto de vista das causas, ponto de vista que, para o filósofo, é plenamente apreensível em virtude de pressupostos epistemológicos precisos, que constituem o objeto do próximo capítulo.

CAPÍTULO QUARTO

A antropologia e a alma não descida

4.1. A descida da alma no corpo

No início do tratado I 3 [20], *Sobre a dialética*, Plotino especifica algumas etapas na ascensão do mundo sensível para o mundo inteligível. Os três tipos humanos (I 3 [20], 1.19 ss.) do músico, do amante e do filósofo, distinguidos por Platão no *Fedro* (248d), marcam três modos na subida para o mundo ideal[1]. A composição do argumento plotiniano é, à primeira vista, bem convencional. O músico, nota Plotino, deverá mover-se a partir dos sons e dos ritmos sensíveis ao belo inteligível; o amante deverá ascender das belezas sensíveis ao belo inteligível; o filósofo, enfim, é mais do que todos levado a separar-se do sensível e a elevar-se para o inteligível: a matemática constitui um primeiro passo de sua ascensão e é uma propedêutica à dialética, método fundado na análise e na divisão, que é o conhecimento realizado do mundo ideal. Os paralelos das teses plotinianas em célebres diálogos platônicos como o *Fedro*, o *Banquete* e a *República* são evidentes; não por acaso, o tratado I 3 [20] foi muitas vezes usado (junto com o tratado V 1 [20], *Sobre as três hipóstases que são princípios*) como

---

1. Uma discussão aprofundada dessas passagens encontra-se em TAORMINA, D. P., Plotino lettore dei "dialoghi giovanili" di Platone, in: BRANCACCI, A. (org.), *Antichi e moderni nella filosofia di età imperiale*, Nápoles, Bibliopolis, 2001, 135-196, em particular 189-193. De modo geral, sobre o tratado I 3 [19], cf. VERRA, V., *Dialettica e filosofia in Plotino*, Milão, Vita e Pensiero, ²1992.

uma introdução à filosofia de Plotino. Todavia, ao acompanhar de perto a argumentação plotiniana, pode-se constatar que o paralelo com Platão é mais complexo e fugidio do que parece em um primeiro exame. Considere-se, por exemplo, a descrição que Plotino propõe da ascensão do amante:

> É preciso, por isso, ensinar-lhe a não se deixar apaixonar por aquele único corpo no qual se envolveu, mas conduzi-lo com o raciocínio a considerar todos os corpos, mostrar-lhe que em todos há uma mesma beleza, que é diferente dos próprios corpos (*heteron tôn sômatôn*); beleza que provém de outro lugar (I 3 [20], 2.5-8).

Na base dessas linhas está a célebre passagem do discurso de Sócrates no *Banquete*, em que Diotima ilustra os graus de ascensão do belo dos corpos ao belo ideal (210a ss.). Plotino confere uma inflexão de todo peculiar à autoridade platônica, e as características distintivas do modo como Plotino compreende as teses de Platão conduzem diretamente aos pressupostos do sistema plotiniano. Em relação a Platão, o que falta em Plotino é justamente a ideia de que há uma ascensão progressiva dos corpos às Ideias. A ascensão que Plotino atribui ao amante é, com efeito, de tipo diferente: não é preciso conduzi-lo ao belo inteligível a partir do belo sensível, mas conduzi-lo pelo raciocínio a considerar todos os corpos, mostrando-lhe que em todos há uma mesma beleza, que é diferente dos próprios corpos e deve dizer-se provir de um outro lugar (*allothen*) (2.6-8). Pode-se notar o mesmo a propósito da ascensão do músico (e, *a fortiori*, daquela do filósofo, que, mais do que todos, é inclinado a separar-se do sensível). Em suma, no tratado I 3 [20] a ascensão se apresenta como a simples subtração dos corpos de qualquer elemento sensível, e não como a subida ao inteligível por meio das perfeições manifestadas pelos corpos. Portanto, não é a observação daquilo que é sensível que conduz ao inteligível. Antes, é o ensinamento de quem já conhece o inteligível que dirige a observação do sensível permitindo-lhe reconhecer a presença das causas reais e *diferentes* do sensível no qual se manifestam. Não se trata tanto de ascender ao inteligível por meio do sensível, mas de guiar por intermédio do inteligível a observação do sensível, não se deixando desviar por este último, mas descobrindo nele a presença dos princípios heterogêneos e essenciais.

A situação pressuposta no início do tratado I 3 [20] remete de perto ao início do tratado V 1 [10][2]. Plotino começa sua abordagem introduzindo um problema:

---

2. Para maiores detalhes, cf. V 1 [10], 1, cf. ATKINSON, M., *Plotinus: Ennead V. 1. On the Three Principal Hypostases*, Oxford, Clarendon Press, 1983, 1-21; e FRONTEROTTA, F.,

como as almas (entendendo por "almas" as almas individuais), sendo partes do mundo superior e pertencendo inteiramente a ele, se esqueceram do deus e ignoram completamente a si mesmas e a ele? O problema é simples de ser formulado em suas linhas gerais, mas é muito complexo nos detalhes. A alma, em suas várias divisões internas, por excelência faz parte do mundo inteligível. Todavia a atividade das almas encarnadas não é necessariamente voltada para as Ideias; em sua condição habitual, as almas descidas em um corpo não são conscientes de sua origem. Como explicar tudo isso? A resposta fornecida deu lugar a muitas interpretações: "A razão do mal foi para elas a audácia, o nascimento, a primeira diversidade e o querer pertencer a si mesmas" (V 1 [10], 1.4-5). Na medida em que o princípio do mal para as almas é seu próprio "nascimento" (*genesis*), seria possível pensar que a vinda da alma a um corpo seria concebida como um processo intrinsecamente negativo; além disso, na medida em que Plotino faz alusão à "audácia" (*tolma*) e à vontade das almas de pertencerem a si mesmas, seria possível pensar que a descida a um corpo se concebe como uma ação voluntária e má, parecida nesse aspecto àquilo que os gnósticos teorizavam sobre a queda da alma pecadora[3]. A situação, todavia, é muito diferente. Plotino, na verdade, não está sugerindo que a descida da alma do mundo inteligível seja o resultado de uma escolha moralmente reprovável que a separa do Intelecto. Embora, de fato, Plotino use, a fim de caracterizar a descida da alma, termos que remetem ao "querer", à "audácia", ao "desejo" (*orexis*, IV 7 [2], 13.2-13), ele sublinha também que tal descida não é fruto de uma escolha (IV 3 [27], 13.17-18). Essa pluralidade de posições é apenas aparentemente incoerente e não remete a uma evolução do pensamento plotiniano: como foi muito bem esclarecido por Denis O'Brien, trata-se, ao contrário, de uma diversidade de ênfase na apresentação de uma teoria substancialmente unitária[4]. O fato de a alma "querer" descer do mundo inteligível não implica que ela "escolha" fazê-lo: para Plotino, "escolha" e "vontade" não são termos equivalentes. Pode-se dizer que é "voluntário" aquilo que é realizado sem constrição externa e sabendo aquilo que se faz (cf.

Plotin. *Traité 10 (V, 1)*, in: BRISSON, L.; PRADEAU, J.-F. (org.), *Plotin. Traités 7-21*, Paris, Flammarion, 2003, 172-175.

3. O conceito de *tolma* se encontra também nos sistemas gnósticos: cf. ATKINSON, *Plotinus: Ennead V.1*, 5. Sobre a "audácia" na filosofia de Plotino, cf. Baladi, N., Origine et signification de l'audace chez Plotin, in: SCHUHL; HADOT (org.), *Le Néoplatonisme*, 87-97.

4. Cf. O'BRIEN, D., Le volontaire et la nécessité: réflexions sur la descente de l'âme dans la philosophie de Plotin, *Revue philosophique de la France et de l'étranger*, 167 (1977) 401-422, que discute criticamente a interpretação de E. R. Dodds.

VI 8 [39], 1.33-34): ora, se é verdade que aquilo que é "escolhido" satisfaz também essa descrição de "voluntário", é igualmente verdadeiro que, ao menos segundo Plotino, há ações que satisfazem essa descrição e que, entretanto, não são escolhas (em suma: tudo aquilo que é escolhido é também voluntário, mas nem tudo aquilo que é voluntário é também escolhido)[5]. A distinção diz respeito às ações que são realizadas porque dependem da própria natureza de quem as realiza, que, portanto, não "escolhe", mas, ao mesmo tempo, não é conduzido a fazê-lo por uma constrição externa a si. A "vontade" das almas que as leva a descer ao mundo corpóreo é uma espécie de impulso que descende de sua própria natureza, comparado por Plotino ao desejo do matrimônio ou às ações que alguns homens nobres realizam sem cálculo (IV 3 [27], 13.17-20). É também difícil considerar a descida das almas como um processo intrinsecamente negativo e gerador do mal. Em III 2 [47], 17, ao longo da discussão sobre a providência, Plotino remete à razão (*logos*) universal a vinda das almas ao mundo sensível e as diferentes sortes que lhes cabem[6]. Disso emerge também que, para Plotino, a descida das almas individuais, mesmo nos casos em que realizam neste mundo ações moralmente condenáveis, insere-se em uma ordem que tem sua origem última no cosmo inteligível e do qual o mal e o arbítrio devem ser excluídos.

O fato de as almas estarem associadas a um corpo, darem vida a ele (já que, para Plotino, a vida remete em si mesma à causalidade dos inteligíveis e não pode de modo algum ser atribuída aos corpos como tais) e dele cuidarem não é em si um mal, mas pertence antes à ordem do real:

> Foram enviadas pelo deus com essa finalidade tanto a alma universal ao universo quanto a alma de cada um de nós, a fim de que o universo fosse perfeito, a partir do momento em que era necessário que também houvesse no cosmo sensível tantas espécies de viventes quantas se encontram no cosmo inteligível (IV 8 [6], 1.46-50)[7].

Como já se notou, no tratado IV 8 [6] Plotino distingue a alma do mundo, que comanda sem ser condicionada pelo corpo, sem fadiga, desejos ou paixões (IV 8 [6], 2.31 ss.), da alma do indivíduo, que, imergindo no corpo, acaba por

---

5. Cf. Ibid., 407.
6. Sobre a concepção plotiniana de providência, cf. *infra*, cap. VII, p. 173-174.
7. Tradução de D'ANCONA et al., *Plotino. La discesa dell'anima nei corpi*..., 119, em que se poderá encontrar um comentário exaustivo das passagens de IV 8 [6] aqui mencionadas sinteticamente.

perder contato com sua natureza autêntica (IV 8 [6], 3.1 ss.). Em si mesma, a vinda da alma ao corpo faz parte da ordem da realidade: sendo presente no corpo, a alma o contém com sua potência causal e lhe dá vida. Uma tese de todo análoga é enunciada em I 8 [51], 5.30-34, em que Plotino afirma que nos astros, os "deuses sensíveis", ainda que haja matéria, não existe o mal, e o mesmo vale para alguns homens. Nesses casos, o mal é dominado pelas almas com aquilo que neles não está na matéria. Se a alma se torna má, e a descida aos corpos assume conotações fortemente negativas, isso se deve ao fato de que as almas acabam por imergirem nos cuidados de corpos frágeis, cheios de necessidades e fontes de aborrecimentos. Isso não ocorre à alma do cosmo, que, permanecendo sempre voltada para o inteligível, guia sem esforços e fadiga toda a realidade visível, mas ocorre às almas dos indivíduos. Estas, ocupando-se de seus corpos, acabam por perder contato com a vida inteligível e são incapazes de novamente se vincularem a ela. O mal, portanto, não deriva do simples fato de a alma descer do mundo inteligível, mas do fato de essa descida se associar à perda de consciência de sua própria natureza autêntica e de sua própria origem, na absorção da atividade da alma naquilo que lhe é inferior. É considerando esse tipo de implicação que Plotino exorta a separar-se do corpo e buscar a realidade das coisas.

Se tudo isso é verdadeiro, trata-se então de estabelecer como as almas encarnadas e esquecidas de sua verdadeira natureza podem ser a ela reconduzidas. Plotino afasta firmemente a ideia de que o suicídio possa ser uma via para fugir dos males do corpo (cf. I 9 [16], *Sobre o suicídio*): nisso, ele se distancia claramente da posição dos estoicos, que haviam admitido a possibilidade de interromper, em algumas circunstâncias muito precisas, a própria vida (*SVF*, III 757-768 Arnim). Para Plotino, o suicídio é um ato irracional, que se associa a paixões como a angústia, a dor e a ira, e que não apreende o verdadeiro caráter da separação do corpo: para se realizar, esta deve associar-se não a uma ação violenta, mas à purificação intelectual das almas. De modo significativo, para induzir as almas à purificação e para fazê-las ascender para as realidades primeiras, Plotino (que nisso é de fato o último grande representante do intelectualismo característico da filosofia grega) considera que deve ser usado o "discurso" (*logos*), que deve ser de dois tipos: "O primeiro mostra o quanto são desprezíveis as coisas que agora a alma aprecia [...], o segundo ensina e recorda à alma qual é sua estirpe e seu valor [...]" (V 1 [10], 1.25-28).

Em última análise, a situação é muito semelhante àquela apresentada no tratado I 3 [20]. Plotino não convida a olhar o mundo sensível e a ascender ao inteligível por meio da escala das perfeições que nele podem ser encontradas: a ascensão para o inteligível se apresenta antes como um processo de remoção do sensível e como uma reapropriação, por parte da alma, de sua verdadeira natureza. Em tal processo, a alma não ascende ao inteligível usando como meio aquilo que dele deriva, mas se reúne às causas autênticas abstraindo-se dos corpos e dirigindo sua atenção às realidades supremas. No capítulo conclusivo de V 1 [10], Plotino dedica a esse processo de purificação intelectual palavras que se tornaram célebres: é necessário voltar para o interior (*eis to eisô epistrephein*: V 1 [10], 12.14) a apreensão e ali concentrar toda a atenção:

> Como quando alguém, esperando ouvir uma voz desejada, distanciando-se dos outros sons, concentra o mais possível a audição naquele som que é o melhor a ser ouvido: assim também aqui é preciso deixar passarem os sons perceptíveis pelos sentidos, a não ser em relação àquilo que é necessário, e guardar a faculdade de apreender da alma pura, pronta para escutar as vozes de lá (V 1 [10], 12.15-21).

Aqui, como em outros lugares, o corpo é associado ao mundo "exterior", estranho à nossa autêntica natureza (cf. II 3 [52], 15.13-17). Voltar-se "para o interior" significa voltar-se para aquilo que nós mesmos somos em sentido próprio, ou seja, para nossa alma; desviando a atenção do corpo, encontramos nossa identidade mais verdadeira. Muitas vezes os intérpretes insistiram nesse aspecto, sublinhando a importância do conceito de "interioridade" na reflexão plotiniana. Contudo é necessária muita prudência a fim de não transferir a Plotino, de maneira indevida, um quadro conceitual válido apenas para outros pensadores (por exemplo, Agostinho e, de modo mais geral, a filosofia cristã). Nas *Enéadas*, o caminho de purificação "para o interior" tem um significado eminentemente intelectual (cf. I 2 [19], 4.19-29), que apenas pode ser tomado de modo correto no contexto geral da filosofia de Plotino e de seus pressupostos epistemológicos e metafísicos. Como se notou, o platonismo plotiniano desenvolve-se conforme a perspectiva das causas e a partir de seu conhecimento apropriado. A concepção da ascensão da alma para os inteligíveis é coerente com essa postura. Se as causas devem ser concebidas de acordo com princípios a elas apropriados, as realidades que derivam das causas primeiras não podem ser usadas como vias para chegar à compreensão dos princípios; antes, é a compreensão dos princípios que permite chegar a um conhecimento adequado de seus efeitos. A subida do sensível ao inteligível ocorre, portanto, não mediante os corpos, mas abstraindo-se deles. A essas conclusões seria, todavia, possível objetar que em algumas passagens Plotino convida a subir da perfeição do mundo visível a seu modelo (V 1 [10], 4.1-10). Contudo pode-se facilmente constatar que, mesmo nesses casos, a argumentação plotiniana é profundamente diferente daquela que na tradição posterior será denominada de *via eminentiae* (*grosso modo*, a tese segundo a qual a nossa alma encarnada não pode ter acesso direto à causa primeira e deve limitar-se a ascender a ela mediante a escala das perfeições divinas). Plotino, com efeito, não afirma que a contemplação do mundo visível é uma via para chegar ao mundo inteligível (ainda que jamais afirme que essa é a única via à nossa disposição): convida a passar da contemplação da beleza visível àquela de seu modelo, ao qual nossa alma tem acesso direto e não mediado por seus efeitos.

Plotino exorta a desviar a atenção dos corpos e a dirigi-la para o interior. Isso, contudo, não seria por si suficiente para garantir o acesso ao inteligível se não interviessem temas posteriores ainda não explicitados: desviando a própria atenção das realidades exteriores e concentrando-a em si, a alma poderia ser reconduzida justamente à sua separação da própria origem, a reconhecer uma condição limitada e irredutivelmente distante das realidades primeiras. Se isso não ocorre, e se, portanto, retornar a si mesmo significa para Plotino ascender ao mundo ideal, a razão está em algumas teses características de sua antropologia, que serão ilustradas nos parágrafos seguintes.

4.2. O vivente e a percepção

O corpo em si mesmo (ou seja, abstraindo as causas inteligíveis que em si podem explicar de modo adequado os processos visíveis no plano físico e material) é morto, privado de qualquer eficácia causal[8]. Desde os primeiros tratados, Plotino evidencia como a alma é um princípio necessário para que a natureza corpórea possa ter vida e movimento:

> Deve, portanto, existir algo que administre a vida, tanto à matéria quanto a um corpo qualquer, e deve existir fora e acima de qualquer natureza corpórea, pois nem sequer haveria corpo se não houvesse um poder da alma (IV 7 [2], 3.15-19).

---

8. Como se verá em seguida, a discussão mais elaborada dessa tese encontra-se nas páginas dedicadas à substância e ao movimento físico: cf. *infra*, cap. VI, p. 143 ss.

Boa parte do tratado IV 7 [2], *Sobre a imortalidade da alma*, é dedicada à refutação das doutrinas (em particular das teses estoicas e peripatéticas) que pretenderam prescindir da causalidade inteligível da alma, nivelando de modo indevido sua natureza àquela dos corpos[9]. No caso das paixões e das percepções dos seres animados, que implicam afecções e contato direto com os corpos, parece, entretanto, colocar-se um dilema fatal à concepção plotiniana. Se tais processos são atribuídos aos corpos, sem que a alma intervenha de modo algum, se reconhecerá a existência de processos corpóreos que têm lugar independentemente da causalidade psíquica: mas isso é muito difícil de admitir para um autor conforme o qual sem alma o corpo nem sequer existiria. De outro lado, se as paixões e as percepções fossem atribuídas à alma, ela viria a ser concebida como o sujeito de alterações e movimentos que comprometeriam sua incorruptibilidade e seu caráter inteligível, consequência que seria igualmente fatal para a posição de Plotino, que a exclui muito claramente:

> Se, contudo, [a alma] é uma substância privada de grandeza e deve necessariamente ser atribuída a ela a incorruptibilidade, devemos nos guardar de lhe atribuir afecções do gênero, a fim de não lhe atribuir, de modo inadequado, também o caráter da corruptibilidade (III 6 [26], 1.28-30).

O dilema é agravado pelo fato de que a posição de Platão sobre esses assuntos é notoriamente sujeita a variações: enquanto no *Fédon* a alma é apresentada como uma natureza racional, simples, incorruptível e afim às Ideias, em outros diálogos (o *Fedro*, a *República*, o *Timeu*) a alma é, ao contrário, concebida como uma natureza complexa, articulada em três partes (a parte apetitiva, a impetuosa e a racional); à alma seriam, então, remetidas também aquelas afecções que pareceriam excluídas por ela ser uma substância simples e incorruptível. Como dar conta dessa variedade de posições, como salvar o princípio segundo o qual a alma é a causa última dos processos corpóreos sem atribuir-lhe paixões e alterações?

Plotino interrogou-se sobre esses problemas ao longo de toda sua obra, desde os primeiros tratados (em particular, IV 7 [2], *Sobre a imortalidade da alma*) até os últimos (em particular, I 1 [53], *O que é o vivente e o que é o homem?*): há também diferenças notáveis entre as formulações particulares, mas as linhas

---

9. Cf., a propósito, os estudos reunidos em Chiaradonna, R. (org.), *Studi sull'anima in Plotino*, Nápoles, Bibliopolis, 2005.

gerais de sua reflexão permanecem substancialmente constantes. Em primeiro lugar, ele afasta firmemente a tese segundo a qual a alma pode ser dividida em partes exteriores umas às outras e é sujeita a paixões e alterações. Por essa razão, a tripartição da *República* é aceita com prudência e é reformulada, fazendo emergir o caráter rigorosamente unitário e não divisível em partes da alma. Algumas interpretações da psicologia platônica haviam acentuado a divisão da alma associando as partes da alma às partes do corpo (o fígado à parte apetitiva, o coração à parte irascível e o cérebro à parte racional): essa era, por exemplo, a exegese proposta por Galeno no *De Placitis Hippocratis et Platonis*, que, ademais, baseava sua leitura fisicalista em indicações precisas de Platão. Plotino se diferencia em relação a tais leituras[10]: a distinção todo-partes não vale para a alma (como não vale para todas as substâncias inteligíveis); a alma, além disso, não possui extensão e não está presente no corpo de modo local.

Permanece, todavia, a ser explicado por que diversas funções psíquicas estão associadas a diversas partes do corpo (se, por exemplo, a visão é referida à causalidade da alma e a alma está inteiramente presente no corpo e não dividida em partes, se deverá explicar por que somente uma parte do corpo, os olhos, é capaz de ver). A resposta dada por Plotino faz uso do conceito de "potência" da alma (*dunamis*: IV 3 [27], 23.4 ss.): em síntese, ainda que a alma seja uma substância não extensa e não presente de modo local, suas potências, contudo, são conferidas a partes distintas do corpo, que têm maiores "capacidades" (*epitêdeiotêta*, 23.3) para desempenhar uma certa tarefa e para assumir uma função que remete a um determinado aspecto da causalidade psíquica (assim, os olhos são os órgãos aptos a ver, os ouvidos a ouvir, enquanto no cérebro "reside", no sentido agora especificado, o princípio da sensação, do ímpeto e, em geral, de todo o ser vivo). James Wilberding definiu esse tipo de presença como "proximidade instrumental": *x* está presente de modo instrumental ou próximo a *y* se, e somente se, *y* "goza" ou faz uso de *x*, ou seja, se, e somente se, as condições materiais em ou próximas a *x* são tais que *y* – ou, mais precisamente, uma ou mais das *dunameis* ou *logoi* de *y* – pode ali manifestar a si mesmo[11]. A alma, portanto, está presente em todo corpo sem distinções, mas algumas partes são

---

10. TIELEMAN, T., Plotinus on the Seat of the Soul: Reverberations of Galen and Alexander in *Enn*. IV 3 [27], 23, *Phronesis*, 43 (1998) 306-325, chegou a supor que Plotino tenha considerado a argumentação de Galeno.

11. Cf. WILBERDING, J., "Creeping Spatiality": The Location of *Nous* in Plotinus' Universe, *Phronesis*, 50 (2005) 315-334, em particular 329.

feitas de tal modo que fornecem as condições materiais adaptadas à manifestação de determinadas capacidades psíquicas.

Se a noção de "proximidade instrumental" pode, ao menos em parte, explicar por que as funções da alma são associadas a algumas partes do corpo sem que por essa razão a alma resulte dividida em partes, resta ainda a ser resolvido o principal problema mencionado: conforme os pressupostos da ontologia plotiniana, há funções como a sensação e as paixões que, em um primeiro exame, não parecem poder ser atribuídas nem ao corpo nem à alma como tais. A solução proposta por Plotino introduz um conceito de notável importância, o de "vivente" (*zôion*). Pode-se dizer que o vivente é o corpo, concebido não como mero agregado de partes materiais, mas como um conjunto organizado e vivificado da causalidade psíquica: trata-se, portanto, do composto da matéria e da forma hilemórfica, em que a forma hilemórfica é concebida (diferentemente do que faz Aristóteles) como a imagem que deriva da alma tomada como substância inteligível subsistente por si mesma. É precisamente o vivente que, segundo Plotino, é o sujeito de alterações e movimentos. Para compreender essa tese é preciso retornar brevemente ao *De anima* de Aristóteles, em que a doutrina platônica da alma como uma substância subsistente por si mesma de modo independente do corpo é duramente criticada e, em seu lugar, é elaborada a complexa teoria que identifica a alma com o "ato primeiro de um corpo natural instrumental (*organikon*)" (*De an.*, II 1, 412b 4-6)[12]. Para Aristóteles, corpo e alma formam uma unidade como, em uma realidade material (por exemplo, um machado: *De an.*, II 1, 412b 10-15), a matéria apta para construir um determinado objeto e a forma que a determina. A alma, portanto, não é uma substância subsistente por si que é sujeito de ações e paixões (não se deve considerar, por exemplo, que a alma experimenta ira do mesmo modo que não se considera que a alma tece ou constrói: *De an.*, I 4, 408b 10-13): é o ser humano provido de um corpo que está sujeito a essas mudanças, e a alma é o princípio intrínseco que dá conta delas. De modo significativo, Plotino, em I 1 [53], 4.20-27, parafraseia de modo substancialmente fiel essa doutrina aristotélica: afecções como desejos e sofrimentos devem ser atribuídas ao vivente, que é um corpo provido de determinadas características (físico, orgânico e próprio a ter vida em potência), o qual age e padece de acordo com a própria forma psíquica. Mais uma vez, contudo,

---

12. O significado exato dessa definição é objeto de um amplo debate; adoto a tradução fornecida por Polansky, R., *Aristotle's* De anima, Oxford, Clarendon Press, 2007, 161, com amplo comentário.

a coincidência também lateral com as formulações aristotélicas não deve induzir a crer que Plotino delas se aproprie sem importantes qualificações: em realidade, conforme a estratégia argumentativa já muitas vezes observada, ele pretende conferir um sentido diverso às teses aristotélicas, de certo modo invertendo seu significado, remetendo diretamente à doutrina das causas inteligíveis. Em um dos primeiros tratados (V 9 [5], 5.17-19) Plotino expressa com clareza uma tese cuja importância é absolutamente central em sua concepção do mundo físico: toda forma que está em outro (*en allôi*) advém a ele de outra coisa, da qual é imagem. Em suma, toda determinação formal intrínseca a uma realidade material não tem em si mesma a própria razão de ser, mas depende de outra causa, autossubsistente e integralmente distinta do corpo: a forma imanente provém dessa causa e dela é imagem. Serão examinadas em seguida, na seção sobre a substância física, as razões que induzem Plotino a se apropriar de tal conclusão e a considerar insatisfatórias as teses daqueles que introduzem uma distinção entre forma e matéria nas realidades físicas, sem reportar a natureza da forma imanente à causalidade de substâncias inteligíveis. Por ora basta notar que em I 1 [53], 7 Plotino identifica a forma intrínseca ao corpo animado não com a alma, mas com um reflexo da alma, uma luz dela proveniente: a alma não se dá a si mesma ao corpo animado, mas

> produz, por um corpo adaptado e por algo como uma luz que lhe é dada, a natureza do ser vivo: algo diverso, isto é, do qual são próprias as percepções e as outras coisas, quantas forem, que são ditas afecções do ser vivo (I 1 [53], 7.3-6)[13].

A distinção entre a alma e seu reflexo imanente ao corpo remete de modo próximo àquilo que Plotino afirma em IV 3 [27], 20. Aqui, a alma é rigorosamente diferenciada da forma imanente à matéria: essa forma é produzida pela alma, a qual é distinta em relação à forma corpórea e tem o estatuto de uma substância subsistente por si (cf. IV 3 [27], 20.36 ss.). Para Plotino, não se deve dizer que a alma está no corpo (ainda que faça uso com frequência dessa maneira de se expressar, que indica que a alma está associada a um corpo): é antes o corpo que está na alma, pois o corpo é contido pela potência causal da alma, sem a qual perderia toda subsistência:

---

13. Cito a tradução de C. Marzolo em *Plotino. Che cos'è l'essere vivente e che cos'è l'uomo? I 1 [53]*, pref. C. D'Ancona, Pisa, Plus, 2006, 74.

Mas, se a alma fosse visível e perceptível pelos sentidos tal qual é, plena de vida em todas as suas partes de modo igual até as extremidades da natureza corpórea, não diríamos que a alma está no corpo, mas antes que no mais importante reside aquilo que não é assim, no continente o conteúdo, enfim, naquilo que não devém aquilo que devém (IV 3 [20], 20.46-51).

A "fonte" última dessa doutrina é o *Timeu* platônico, e isso foi notado pelos intérpretes[14]. Contudo, é notável que Plotino, em IV 3 [27], 20, venha a defender a doutrina do *Timeu* por meio do uso de esquemas doutrinais peripatéticos já empregados por Alexandre de Afrodísia em sua abordagem da alma (em particular, Plotino faz uso da distinção dos sentidos do "ser em algo" apresentada por Aristóteles em *Phys.*, IV 3, classificação já empregada por Alexandre de Afrodísia, *De an.*, 13.9 ss. Bruns, para esclarecer em que sentido a alma se encontra no corpo)[15]. Por meio desse uso, Plotino pretende mostrar que a acepção segundo a qual, para um peripatético, a alma está no corpo (ou seja, a relação forma/matéria) não pode absolutamente dar conta de modo adequado dessa relação: alma e forma imanente são claramente distintas. É importante notar que as expressões espaciais não podem expressar a relação alma-corpo senão de modo inapropriado. A alma, como foi dito, não está "no" corpo, porque o corpo não é uma substância subsistente por si mesma, na qual reside a alma. Deve-se dizer que o corpo está "na alma", mas isso, por sua vez, não significa que o corpo está "dentro" da alma: a alma, com efeito, é uma substância incorpórea e inteligível e, como tal, não localizada. Em sua natureza, ela é heterogênea ao corpo, não é nem extensa nem quantitativa. O fato de o corpo estar "na alma" indica, portanto, apenas que ele é mantido pela ação causal da alma, não que a alma é o lugar em que o corpo se encontra. De outra parte, continua difícil esclarecer como essa relação pode ser concebida concretamente, por causa da completa heterogeneidade entre alma e corpo: como se verá a seguir, Plotino afirma explicitamente que a alma habita no mundo dos corpos como um "estrangeiro" (VI 3 [44], 1.28), mas que essas formulações deixam problemas em aberto. Enquanto, por exemplo, uma cidade existe de modo independente dos estrangeiros que nela habitam, os corpos não existiriam se a alma não fosse sua causa embora permanecendo completamente distinta deles.

---

14. Cf. PLATÃO, *Tim.*, 36d-e. Cf. D'ANCONA et al, *Plotino. La discesa dell'anima nei corpi...*, 44, nota 88.

15. Cf. CHIARADONNA, Plotino e la corrente antiaristotelica del platonismo imperiale..., 235-274.

A tese segundo a qual o corpo vivificado por uma causa extrínseca (a alma) é o sujeito de paixões e percepções igualmente não resolve todos os problemas. Isso se demonstra pelas dificuldades e ambiguidades da doutrina da percepção[16]. Plotino apresenta de forma bastante sistemática sua teoria nos capítulos III 6 [26], 1 e IV 4 [28], 23. Aqui são distinguidos três elementos na percepção: *a)* o objeto percebido material e qualificado (ou a qualidade perceptível desse objeto); *b)* os órgãos dos sentidos do corpo animado (o "vivente" do tratado I 1 [53]); *c)* a alma. A função da alma na percepção é caracterizada como um "juízo" (*krisis*, III 6 [26], 1.2 ss.) ou como a recepção da forma perceptível pelo objeto. Trata-se, provavelmente, de descrições que remetem ao próprio fenômeno: a alma (uma substância inteligível e não sujeita a alterações) não pode de modo algum sofrer afecções do objeto perceptível. Não surpreende, portanto, que Plotino se distancie da tese segundo a qual a percepção seria uma impressão corpórea recebida pela alma (III 6 [26], 9 ss.)[17]. De outro lado, perceber pelos sentidos significa apreender fenômenos sensíveis e especialmente extensos: de qualquer modo, a alma deve estar em contato com eles. Segundo Plotino, isso ocorre mediante os órgãos dos sentidos do organismo animado: são os órgãos do corpo animado que sofrem afecções por parte dos objetos percebidos. Plotino emprega o conceito de "assimilação" (*omoiôthenai*: IV 3 [28], 23.6 ss.) para indicar essa afecção sensível, que pode ser descrita como uma presença não conceitual da qualidade perceptível aos sentidos. Em um aspecto, a qualidade percebida pelos sentidos é idêntica à qualidade que existe no objeto corpóreo; em outro aspecto, diferente: trata-se da mesma qualidade, contudo privada de massa ou matéria. Não é, portanto, a qualidade em seu modo corpóreo normal de existência; de outro lado, não se pode sequer dizer que a qualidade fenomênica seja puramente inteligível, já que mantém os caracteres especiais aquilo que é corpóreo (percebemos coisas extensas no espaço). Esse estado de coisas pode ser caracterizado afirmando que a qualidade acolhida pelo órgão do sentido é a qualidade do objeto material em um modo de ser híbrido entre o corpóreo e o inteligível, que tem em si caracteres comuns com cada um dos dois termos. O juízo perceptivo da alma diz respeito

---

16. Sintetizo aqui as conclusões de EMILSSON, E. K., *Plotinus on Sense-Perception*, Cambridge, Cambridge University Press, 1988; ID., *Plotinus on Intellect*, 127-128.

17. Em geral, considera-se que Plotino toma distância, nessas linhas, da doutrina estoica acerca da corporeidade da alma e da percepção; reservas a esse respeito são expressas, contudo, por Fleet, B., *Plotinus. Ennead III. 6. On the Impassibility of the Bodiless*, Oxford, Clarendon Press, 1995, 76-77.

não à afecção recebida pelo órgão do sentido, mas ao próprio objeto percebido: ainda que a alma seja imediatamente consciente da afecção recebida pelo órgão, seu juízo (que é a própria percepção) diz respeito ao objeto qualificado; a afecção (ou seja, a qualidade recebida pelo órgão do sentido) é idêntica, no modo antes indicado, com a qualidade "externa"[18]. Desse modo, a alma percebe ao não se assimilar ao objeto material e, portanto, não incorrendo nas alterações que têm sede no corpo vivente. Uma solução substancialmente análoga é proposta por Plotino para explicar como as paixões e as emoções podem se referir à alma sem que ela incorra por tal razão em mudanças similares às corpóreas. Como alterações, com efeito, as paixões têm como sede não a alma, mas o vivente animado, enquanto a atividade da alma associada a tais alterações não implica afecções e alterações. Assim, a propósito do prazer, Plotino afirma que "a efusão de alegria que chega à percepção sensível pertence ao corpo, mas na alma o prazer já não é uma afecção. E o mesmo vale para a dor" (III 6 [26], 3.17-19; cf. IV 4 [28], 18).

Restam, entretanto, dificuldades e aspectos problemáticos que não dizem respeito a questões marginais, mas derivam da abordagem geral da própria teoria plotiniana. A apresentação sumária da teoria do vivente, proposta até agora, não considerou um elemento crucial: ao descrever o vivente como um corpo adaptado a receber uma certa forma e vivificado pelo traço da alma imanente a ele, corre-se o risco de conceber o corpo como uma realidade subsistente por si mesma, provida de determinadas características às quais se acrescentaria o traço que provém da alma. Mas isso entra em evidente conflito com os pressupostos da filosofia de Plotino, segundo os quais o corpo sem a causalidade da alma não poderia ter nenhuma subsistência autônoma[19]. Assim, é-se conduzido ao seguinte dilema: de um lado, o corpo é concebido como se fosse uma realidade distinta da alma, feita de certo modo e disposta a acolher seu traço; de outro, a realidade do corpo e seu modo de ser não são nada além do resultado da ação de causas inteligíveis e, portanto, derivam eles mesmos da alma.

Como visto antes, Plotino distingue a alma do mundo da alma de cada indivíduo. Ele parece então sugerir que a alma do mundo tenha portanto a tarefa

---

18. À interpretação de Emilsson, que implica a presença em Plotino de juízos perceptivos distintos dos juízos do pensamento discursivo, foram feitas algumas reservas: cf. LAVAUD, L., La *dianoia* médiatrice entre le sensible et l'inteligible, *Études Platoniciennes*, 3 (2006) 29-55, em particular 41-42; REMES, *Plotinus on Self*, 145, nota 75.

19. Cf. aquilo que é observado *supra*, cap. III, p. 56-57 a propósito do conceito de *epitêdeiotês*.

de preparar a matéria para acolher a presença da alma individual, formando um corpo apto a receber seu traço; a essa função *poderia* aludir a fórmula "a alma formadora" (*hê plattousa psuchê*) usada em V 3 [49], 9.4-5[20]. Nesse processo, exercem um papel central os "princípios formais" (*logoi*) que provêm da alma do todo e mediante os quais ela age sobre a matéria, dando-lhe forma e nela reproduzindo, na medida do possível, as relações formais que se encontram no Intelecto[21]. Na constituição do indivíduo agiriam, assim, dois níveis da alma e dois tipos de causalidade: enquanto a alma do mundo age como um princípio que determina formas e configurações corpóreas, realizando na matéria, mediante os *logoi*, as imagens das relações formais inteligíveis, a alma racional de cada um desce a uma matéria já formada pela alma do mundo para constituir um corpo apto a recebê-la. Plotino (V 7 [18], 2) afirma, com efeito, que os pais possuem em si os *logoi*, ou seja, os princípios que ao se ativarem presidem a formação dos filhos gerado; embora os detalhes da doutrina plotiniana da reprodução permaneçam decididamente pouco claros, não é errado sugerir que ela corresponde à exigência geral de fazer intervir a causalidade de princípios formais inteligíveis em cada fase da geração do indivíduo[22]. A distinção entre a causalidade das duas almas leva a conceber cada indivíduo como intrinsecamente duplo: por ser um corpo formado pela alma do todo, compartilha o modo de existência dos outros corpos sujeitos à alteração, mudança e degeneração (o corpo vivente é, com efeito, destinado a envelhecer e a morrer); por ser uma alma individual e racional que transitoriamente desce do cosmo inteligível a um corpo disposto a acolhê-la (sem que, de outro lado, como se verá mais adiante, essa descida jamais seja completa), o indivíduo não é sujeito a corrupção e faz parte plenamente do mundo inteligível, ao qual é sempre, a princípio, capaz de se remeter. Em um estudo recente, Pauliina Remes reconstruiu com notável rigor os componentes dessa teoria plotiniana, distinguindo de modo acurado o papel que na constituição do indivíduo desempenham a alma do todo e a alma racional. É, todavia, significativo que até mesmo Remes reconheça como Plotino deixa substancialmente na obscuridade os detalhes da relação entre alma do todo e alma racional individual[23].

---

20. Cf. REMES, *Plotinus on Self*, 89.
21. Para maiores detalhes sobre a teoria do *logos*, cf. *infra*, cap. VI, p. 156 ss.
22. Sobre a doutrina dos *logoi* em V 7 [18], cf. REMES, *Plotinus on Self*, 78 ss.
23. Cf. Ibid., 89.

Dificuldades de algum modo análogas àquelas agora discutidas se apresentam na teoria plotiniana da percepção. Segundo Plotino, objeto do juízo perceptivo da alma são as qualidades imanentes aos corpos, as quais são recebidas sem matéria pelos órgãos dos sentidos do vivente. Conforme essa teoria, a qualidade percebida provém do mundo dos corpos e deve ser rigorosamente distinguida de qualquer Forma inteligível, que, ao contrário, é objeto das faculdades cognitivas superiores da alma. Ainda uma vez, contudo, o confim entre sensível e inteligível revela-se muito mais difícil de ser determinado do que um primeiro exame poderia sugerir. É o próprio Plotino que sugere que as impressões recebidas pelo vivente não são sensíveis, mas são já algo de inteligível:

> A faculdade de perceber própria da alma deve apreender, mais do que os sensíveis, aquelas impressões que por efeito da sensação se produzem no ser vivente – e que, com efeito, já são de ordem inteligível (I 7 [53], 7.9-12)[24].

Não faltaram tentativas engenhosas de conciliar essas linhas com as passagens em que Plotino parece, de outro lado, sugerir que as formas recebidas pelos órgãos e percebidas pela alma são sensíveis, não inteligíveis[25], mas as dificuldades permanecem. Mais do que buscar uma solução para essa oscilação, talvez seja oportuno esclarecer as razões internas ao pensamento de Plotino que dizem respeito ao fato de ele poder apresentar os mesmos fenômenos de modo diverso. Dois pontos de vista coexistem. De um lado, Plotino distingue claramente entre as funções inferiores e ligadas ao corpo da alma (em particular, as paixões e a percepção) e as funções mais elevadas (o pensamento discursivo e a intuição intelectual). Além disso, como foi visto a propósito das paixões, Plotino chega a apresentar os planos da alma e do corpo como dois planos paralelos, nos quais ocorrem processos heterogêneos que são de algum modo postos em correspondência recíproca. De outro lado, contudo, corpo e alma não são de fato duas realidades paralelas e subsistentes de modo independente uma da outra; as funções cognitivas mais baixas e ligadas ao corpo são atividades, de grau inferior e mais obscuro, daquela *mesma* natureza da qual são próprias as atividades superiores. Como afirma Plotino em uma passagem de tom quase leibniziano (VI 7 [38], 7.30-31), "[...] essas sensações daqui são pensamentos obscuros, enquanto os pensamentos de lá são sensações claras". Tal dupla consideração é, na verdade,

---

24. MARZOLO, *Plotino: Che cos'è l'essere vivente e che cos'è l'uomo? I 1 [53]*, 74.
25. Cf. EMILSSON, *Plotinus on Intellect*, 129.

recorrente no pensamento de Plotino e não testemunha tanto uma incoerência nas suas posições, mas uma pluralidade de perspectivas compatíveis no interior de sua metafísica gradualista: por vezes Plotino caracteriza como "já inteligível" aquilo de que, em outros contextos, ele sublinha o caráter sensível e irredutível à natureza das causas autênticas. Se forem consideradas em si as mesmas funções cognitivas mais baixas e ligadas ao corpo, então é oportuno destacar sua diversidade em relação às funções mais elevadas, apresentando assim o corpo como uma realidade quase autossubsistente e oposta à alma; se, de outro lado, a atividade da alma é explicada considerando sua natureza e seu tipo de causalidade (ou seja, de acordo com a fórmula de VI 5 [23], 2: "a partir dos princípios apropriados"), então emerge a unidade de suas funções, embora nos graus diversos próprios a elas. Se compreendido corretamente, o mundo corpóreo não é uma realidade autossubsistente, mas uma expressão despotencializada da atividade das causas inteligíveis.

4.3. O "nós" discursivo

Com frequência, é recorrente nas *Enéadas* a expressão "nós" (*hêmeis*). A origem última desse uso encontra-se no *Primeiro Alcebíades* de Platão (128e)[26], mas sua importância no pensamento plotiniano certamente não pode ser explicada somente como uma herança do texto platônico. O pronome "nós" indica, segundo Plotino, um modo de ser da alma, ou seja, a condição de nossa alma que governa sua atividade geral e com a qual "nós" nos identificamos[27]. Em geral, essa condição coincide com o modo de ser da alma individual associada a um corpo vivente e dirigida ao sensível[28]. As almas individuais encarnadas têm

---

26. Para um detalhado exame da recepção do *Primeiro Alcebíades* em Plotino, remeto aos dois recentes comentários do tratado I 1 [53]: AUBRY, G., *Plotin. Traité 53 (I, 1)*, Paris, Cerf, 2004; e MARZOLO, *Plotino: Che cos'è l'essere vivente e che cos'è l'uomo? I 1 [53]*.
27. Ibid., 22-32. Aubry recentemente propôs compreender o "nós" plotiniano como um "sujeito reflexivo", dessubstancializando-o e distinguindo-o da alma. Trata-se de uma interpretação muito interessante, com a qual, contudo, estou em desacordo: cf. CHIARADONNA, R., Plotino: il "noi" e il *Nous* (*Enn.* V 3 [49], 8, 37-57), in: AUBRY, G.; ILDEFONSE, F. (org.), *Le moi et l'interiorité. Philosophie, Antiquité, Anthropologie*, Paris, Vrin, 2008, 277-294.
28. Sobre as questões abordadas nesse parágrafo, remeto a REMES. *Plotinus on Self*, 92-124. Para uma discussão sintética, ainda é válido BLUMENTHAL, H., *Plotinus' Psychology: His Doctrines of the Embodied Soul*, Haia, Martinus Nijhoff, 1971, 109-111.

o centro de sua atividade nas faculdades voltadas para o mundo dos corpos. Isso não implica, todavia, que sua atividade se esgote na percepção de qualidades sensíveis. Temos opiniões, desejos e raciocinamos sobre o mundo em que nos encontramos e para o qual dirigimos nossa atividade. Como afirma Plotino em I 7 [53], 7.16-17, o que nos caracteriza no sentido mais próprio são "os atos da razão discursiva, as opiniões, as intelecções; é sobretudo nisso que nós mesmos consistimos"[29].

Esse tipo de pensamento é bem diferente do pensamento autorreflexivo do Intelecto: de modo diverso do pensamento do Intelecto, o da alma implica a sucessão de seus conteúdos; ele, portanto, não é "tudo conjuntamente". Isso vale para qualquer nível da alma, a começar pela alma universal (chamada em III 7 [45], 11.15 "natureza inquieta", em contraposição à estabilidade do Intelecto): a atividade da alma implica uma sucessão de conteúdos não perfeitamente unificados; ela é "aquilo que pensa discursivamente" (*to dianooumenon*: V 1 [10], 7.42). Plotino sublinha, além disso, que o pensamento discursivo (*dianoia*) não possui em seu interior o próprio objeto, mas deve tomá-lo do exterior; o pensamento discursivo é essencialmente de outro, dirigido a algo exterior (V 3 [49], 3.17).

A relação entre pensamento discursivo e percepção sensível é ilustrada em I 1 [53], 7. Segundo Plotino, a percepção pertence em primeiro lugar ao vivente, ou seja, ao corpo animado; é, portanto, o vivente, não a alma como tal, que é o sujeito das afecções perceptivas. Todavia nós mesmos percebemos, pois nossa alma não é separada do vivente, mas é antes preposta a ele e se encontra em seu princípio (7.15-16). As atividades da alma discursiva são dirigidas às percepções e às formas que a alma recebe por meio delas. Como foi visto na seção precedente, a percepção refere-se a qualidades imanentes às realidades corpóreas. Seria possível pensar que o juízo da alma sobre tais qualidades não requer um critério *a priori* e pode limitar-se a reunir e compor as formas recebidas na sensação. Plotino não assume essa posição; isso não impede que, por vezes, ele pareça considerar essa possibilidade, que, no entanto, já implica, a seu ver, a uma faculdade da alma diferente da sensação, ou seja, a imaginação (*phantasia*), à qual Plotino associa a memória (*mnêmê*). Em V 3 [49], 3.1-6 ele afirma que a alma pode conservar em si, mediante a faculdade da imaginação, as sensações recebidas: desse modo pode comparar as novas percepções com aquelas mais antigas, reconhecendo, por exemplo, que o homem encontrado em certo

---

29. MARZOLO, *Plotino: Che cos'è l'essere vivente e che cos'è l'uomo? I 1 [53]*, 74.

momento é o mesmo encontrado antes[30]. Plotino dedica à memória muitas páginas, particularmente interessantes e complicadas (IV 3 [27], 25-32; IV 4 [28], 1-7; IV 6 [41]). Sem poder percorrer detalhadamente sua doutrina[31], basta notar que ele toma distância de Aristóteles e crítica uma concepção passiva da memória, considerada mera conservação de percepções que teriam sido impressas na alma em um momento precedente. Em realidade, a memória já remete a uma potência ativa e espontânea da alma, que não é de modo algum redutível à percepção (além disso, nota Plotino em IV 3 [27], 26.34-36, a alma não recorda somente suas percepções de realidades "externas", mas também os próprios movimentos; por exemplo, ela é capaz de recordar aquilo que desejou e de que não gozou, quando o objeto de seu desejo nem sequer chegou ao corpo).

Antes de Plotino não faltavam correntes filosóficas (em particular no pensamento médico) que conferiam à memória um papel cognitivo muito elevado, considerando que nossos juízos se fundavam em última análise nas percepções arquivadas e organizadas mediante a memória, sem remeter a uma faculdade racional independente[32]. Plotino, entretanto, não se apropria de semelhante linha de pensamento. A passagem de V 3 [49], 3.1-6, antes mencionada, pode ajudar a compreender as razões de sua posição. Por meio da memória podemos reconhecer um objeto encontrado antes, comparando a percepção presente com a passada. Desse modo, segundo Plotino, o pensamento discursivo se pergunta "quem é aquele homem, se o encontrou antes" e diz, "servindo-se da memória, que é Sócrates" (V 3 [49], 3.4-5). A formulação enunciada nessas linhas, na

---

30. O tratado V 3 [49], *Sobre as hipóstases que conhecem e sobre o que está além*, está entre os escritos mais complexos do *corpus* eneádico e foi objeto de vários estudos recentes, aos quais remeto para maiores detalhes: BEIERWALTES, W., *Autoconoscenza ed esperienza dell'unità. Plotino*, Enneade *V, 3*, Milão, Vita e Pensiero, 1995 (ed. orig.: *Selbsterkenntnis und Erfahung der Einheit. Plotins Ennead V 3*, Frankfurt a.M., Klostermann, 1991); OOSTHOUT, H., *Modes of Knowledge and the Transcendental. An Introduction to Plotinus Ennead 5, 3 [49]*, Amsterdam, Grüner, 1991; DIXSAUT (org.), *La connaissance de soi*.

31. Para maiores detalhes, cf. GUIDELLI, C., Note sul tema della memoria nelle *Enneadi di Plotino*, *Elenchos*, 9 (1988) 75-94; MOREL, P.-M., Plotin. *Traité 41 (IV, 6)*, in: BRISSON, L.; PRADEAU, J.-F. (org.), *Plotin. Traités 38-41*, Paris, Flammarion, 2007, 371-395; D'ANCONA, C., Plotino: memoria degli eventi e anamnesi di intelligibili, in: SASSI, M. M., *Tracce nella memoria. Teorie della memoria da Platone ai moderni*, Pisa, Edizioni della Normale, 2007, 67-98; REMES, *Plotinus on Self*, 111-119.

32. Cf. FREDE, M., An Empiricist View of Knowledge: Memorism, in: EVERSON, M. (org.), *Companions to Ancient Thought I: Epistemology*, Cambridge, Cambridge University Press, 1990, 225-250.

verdade, é muito mais complexa caso não nos detenhamos em uma leitura superficial: a imaginação e a memória, com efeito, não fazem parte do juízo em virtude do qual reconhecemos em um indivíduo o exemplar de uma certa espécie (por exemplo, um exemplar da espécie "homem"). Em vez disso, elas pressupõem que esse juízo já tenha sido formulado com base em critérios que Plotino por ora não especifica, mas que não parecem poder ser referidos à percepção e à memória: uma vez estabelecido que aquele conjunto de qualidades perceptíveis corresponde a um homem, a memória permite conservar a percepção recebida e retomá-la no momento oportuno.

Com efeito, nas linhas seguintes Plotino afirma explicitamente que os juízos da alma discursiva sobre realidades percebidas pressupõem critérios não desvinculados da percepção. Assim, se o pensamento discursivo "diz que Sócrates é bom, fala com base no que apreendeu mediante a sensação, mas aquilo que diz a respeito o toma de si, pois tem em si o critério do bem (*kanona* [...] *tou agathou*)" (3.7-9).

A razão que explica por que, na filosofia de Plotino, o juízo sobre aquilo que é percebido requer um critério extraempírico é simples de identificar: as formas percebidas não são, segundo a ontologia plotiniana, nada além de uma imagem despotencializada das causas inteligíveis e essenciais; em si mesmas as qualidades imanentes aos corpos são "mortas" e privadas de qualquer eficácia causal (III 8 [30], 2.32; II 4 [12], 5.18). Além disso, e principalmente, a essência de algo não pode ser classificada entre suas qualidades perceptíveis: mediante a percepção não temos acesso àquilo que as coisas são em sua natureza; ademais, a sensação nos coloca em contato com uma imagem da essência das coisas[33]. Segundo Plotino, contudo, não é de modo algum possível que a apreensão das imagens seja uma via válida para conhecer o modelo, ao qual é necessário ter uma via de acesso diversa e independente da percepção. Em I 1 [53], 7.14-15 afirma-se explicitamente que os atos discursivos têm sua origem nas Formas inteligíveis (ou seja, no Intelecto autorreflexivo). Se, portanto, a alma raciocina sobre coisas justas e belas, é necessário que exista também um justo em si do qual deriva o raciocínio da alma (V 1 [10], 11.1 ss.). Emilsson sintetizou com eficácia esse aspecto da reflexão plotiniana: "Para uma mente sem acesso ao arquétipo, tudo aquilo que ela encontra torna-se inteiramente vazio de significado"[34].

---

33. Cf. *supra*, cap. III, p. 68-69.
34. EMILSSON, Cognition and Its Object, 217-249, em particular, 239.

Se tudo isso é verdadeiro, coloca-se então o problema de compreender como nossa alma tem acesso às essências inteligíveis. Em V 3 [49], 3.8-12, logo após ter afirmado que a alma tem em si o critério do juízo com base no qual afirma que "Sócrates é bom", Plotino sustenta que a alma recebe os reflexos das Formas do Intelecto que a ilumina. Pelo Intelecto a alma acolhe, portanto, as imagens das Formas (V 3 [49], 4.14-25; cf. 2.16-26) "como caracteres nela inscritos" (4.22). Os reflexos das Formas na alma são usados como cânone do juízo. Portanto, é do Intelecto que a alma discursiva toma o critério que confirma sua capacidade de julgar; mais uma vez, a analogia da luz (que remete imediatamente aos pressupostos principais da ontologia plotiniana, ou seja, ao gradualismo e à doutrina da dupla atividade) é empregada para explicar como realidades de nível ontológico superior estão presentes em realidades de nível inferior. Além disso, Plotino afirma que, embora a alma tome do Intelecto o critério de seus juízos, ela não dirige a própria atividade para as Formas inteligíveis, mas para objetos exteriores (*ta exô*: 3.17). Diferentemente do que ocorre com o Intelecto, o conhecimento discursivo é *de outro*, de objetos percebidos; ela não é nem autorreflexiva nem autovalidadora.

Nossa condição ordinária, aquilo que "nós" somos, é identificada por Plotino com esse tipo de atividade da alma: a faculdade racional constitui o centro de sua atividade e é dirigida ao sensível, que é julgado pressupondo como critério *a priori* os traços das Formas inteligíveis na alma. Aquilo que "nós" somos é assim colocado entre os dois polos constituídos pelo Intelecto e pela percepção:

> As atividades do Intelecto têm origem no topo, na base aquelas da sensação, e nós somos isto, a parte principal da alma, no meio de dois poderes, um pior e um melhor; pior é o da sensação, melhor é o do Intelecto (V 3 [49], 3.36-40)[35].

O fato de a atividade discursiva do "nós" ser intrinsecamente dirigida a outro não exclui naturalmente que ela possa dirigir-se também para si, tornando-se objeto para si mesma; podemos nos pensar a nós mesmos e tomar consciência daquilo que somos. Todavia, mesmo quando isso ocorre, a alma discursiva não

---

35. Esta célebre passagem foi frequentemente comentada pelos intérpretes: cf., em particular, HADOT, P., Les niveaux de conscience dans les états mystiques selon Plotin, *Journal de psychologie normale et pathologique*, 77 (1980) 243-265. Mais recentemente, cf. MOREL, P.-M., La sensation, messagère de l'âme. Plotin, V, 3 [49], 3, in: DIXSAUT (org.), *La connaissance de soi*, 209-227.

alcança a condição autorreflexiva e o conhecimento autovalidador do Intelecto[36]. Tomando a si mesma como objeto, nossa alma discursiva adquire antes consciência do próprio caráter discursivo e dirigido a outro, incapaz de retirar de si mesmo os conteúdos do próprio pensamento (V 3 [49], 4.7-25); usando uma terminologia pouco plotiniana, seria possível dizer que a alma discursiva, dirigindo a si a própria atividade, adquire consciência de sua própria condição finita e limitada.

4.4. O conhecimento dos inteligíveis e a alma não descida

Ao formular juízos sobre as realidades percebidas, o "nós" discursivo faz uso de critérios *a priori* e inatos. Pode-se afirmar que a doutrina da reminiscência fornece a Plotino a resposta ao problema de explicar como nossa alma tem em si conhecimentos que não poderia ter tomado apenas da percepção (*Phaed.*, 74e-75a). Embora seja extremamente difícil de reconstruir a posição de Platão, e embora não faltem mais uma vez significativas oscilações nos diversos diálogos, no *Fédon* outro elemento emerge com clareza: na medida em que nossa alma está em um corpo, não pode conhecer diretamente e de modo adequado as Ideias; ela pode se aproximar de tal conhecimento mediante sua própria purificação intelectual, mas a visão direta e apropriada das Ideias é reservada às almas separadas do corpo e poderá, portanto, ocorrer somente após a morte (66b-67a). A tradição platônica anterior a Plotino havia se confrontado muitas vezes com a teoria da reminiscência, da qual o *Didaskalikos* fornece um interessante panorama sintético. Alcino (155.20 ss. Hermann) distingue muito claramente a condição das almas antes de sua descida a um corpo, na qual contemplam diretamente as Ideias, e a condição posterior à sua descida, não qual já não há lugar para essa contemplação direta. As almas encarnadas conservam, contudo, a memória das Ideias contempladas antes da vinda ao corpo; a percepção e a formação de um conhecimento indutivo e *a posteriori* têm a tarefa de despertar essas memórias inatas[37].

---

36. Sobre isso, cf. D'ANCONA, C., "To Bring Back the Divine in us to the Divine in the All". *VP* 2, 26-27 Once Again, in: KOBUSCH, T.; ERLER, M. (org.), *Metaphysik und Religion. Zur Signatur des spätantiken Denkens*, Munique-Leipizig, Saur, 2002, 517-565, em particular 530; e, sobretudo, a excelente análise de REMES, *Plotinus on Self*, 170-175.

37. Para maiores detalhes, cf. CHIARADONNA, Platonismo e teoria della conoscenza stoica tra II e III secolo d.C., 209-241.

Em um primeiro exame, a teorização do conhecimento do "nós" discursivo em Plotino parece seguir, ainda que em um nível muito superior de complexidade e aprofundamento, as mesmas coordenadas enunciadas no *Didaskalikos*. Há, todavia, algumas diferenças. A mais visível diz respeito à abordagem plotiniana da memória. Em Plotino, a memória é associada a uma potência espontânea e ativa da alma; além disso, ele também se apropria da tese segundo a qual a alma descida do inteligível tem em si memória das Formas contempladas antes de vir a um corpo (IV 4 [28], 3). Todavia o acento na discussão recai sobre o caráter irremediavelmente inadequado e faltoso do conhecimento associado à memória, até mesmo da memória das Ideias transcendentes: "a memória, mesmo quando das melhores coisas, não é a melhor coisa" (IV 4 [28], 4.6-7). As razões dessa deficiência não são difíceis de identificar: a memória (qualquer memória, tanto aquela das percepções quanto a dos movimentos internos da alma, bem como a anamnese das Ideias) é primariamente associada à condição discursiva, submetida ao tempo e descida do inteligível por intermédio da alma. Mesmo quando as melhores realidades são recordadas, isso ocorre sempre mediante uma faculdade que é signo da separação da alma do mundo inteligível; portanto, nota Plotino, "se alguém definisse a alma virtuosa como esquecida, nesse sentido poderia dizê-lo justamente" (IV 3 [27], 32.17-18). Tudo isso se reporta àquilo que já foi dito sobre o caráter do conhecimento discursivo: ele requer um critério *a priori* derivado das Formas transcendentes, mas não é conhecimento de tais Formas. Como já foi observado, contudo, a ontologia de Plotino funda-se sobre um pressuposto muito preciso (que não se encontra na exposição escolar do *Didaskalikos*): não basta postular um critério inteligível que dê conta de nossos juízos; é preciso que os inteligíveis sejam constituídos de modo pleno, conforme os princípios a eles apropriados (VI 5 [23], 2.5-6: *ex archôn tôn oikeiôn*); caso contrário, a teoria dos inteligíveis está condenada à falência e aos paradoxos denunciados por seus adversários.

Na analogia da linha, apresentada por Platão no livro VI da *República*, o pensamento discursivo (*dianoia*), exemplificado pelo método hipotético dos geômetras, é distinto do *nous*, ou seja, do pensamento puro que coincide com a dialética, a ciência das Ideias (*Resp.*, VI, 511a-e). As características do pensamento noético, segundo Platão, são muito mais difíceis de serem determinadas; considera-se em geral que ele implica um conhecimento direto e intuitivo das Ideias, mas a questão é controversa[38]. Como quer que sejam as coisas em Platão,

---

38. Contra a tese de que o *nous* da *República* coincide com um saber direto e imediato das Formas, de tipo intuitivo, pronunciaram-se, por exemplo, FINE, G., Knowledge and Belief in

a apresentação da filosofia de Plotino proposta até aqui deveria ter deixado claro que um conhecimento direto e adequado dos inteligíveis é requerido por sua *versão* do platonismo. Plotino, com efeito, aplica aos inteligíveis o requisito posto pelo método demonstrativo dos *Segundos analíticos*, e sublinha, portanto, que o conhecimento dos inteligíveis deve se articular como uma ciência que se move a partir do conhecimento dos princípios apropriados ao seu objeto. Todavia o conhecimento de tais princípios (ou seja, o conhecimento dos princípios da ciência do ser inteligível como tal) não pode ser assegurado pelo pensamento discursivo, que é estruturalmente voltado para objetos sensíveis e não voltado para o Intelecto, ainda que tome dele os critérios do juízo. Ora, se Plotino se detivesse nesse ponto, e não atribuísse à alma um acesso direto às Formas, sua epistemologia estaria condenada ao fracasso, pois estabeleceria exigências (em particular, a exigência de desenvolver uma ciência adequada ao ser inteligível) para as quais nossas faculdades cognitivas são estruturalmente inadequadas.

Em verdade, Plotino evita o fracasso de sua epistemologia em virtude de uma célebre e controvertida doutrina, usualmente caracterizada como doutrina da "alma não descida"[39]. Segundo Plotino, a alma de cada um não desceu em sua integralidade, mas há "algo" dela que jamais abandona o Intelecto (IV 8 [6], 8.3: *esti ti autês en tôi noêtôi aei*), é a ele homogêneo, participa de seu tipo autorreflexivo de conhecimento, não desceu ao mundo dos corpos e não é modificado pela união da alma com o corpo. Essa "parte" (na medida em que é lícito falar em "parte" no caso da alma) está, portanto, em perene contemplação das Formas inteligíveis ainda que (*a*) disso não estejamos conscientes, (*b*) a atividade cognitiva da qual estamos em geral conscientes dirija-se a um nível inferior, o da sensação e da alma discursiva.

A doutrina da alma não descida permite provavelmente lançar luz sobre um dos tratados mais obscuros e controversos de Plotino, qual seja, o escrito V 7 [18], *Se há Ideias dos particulares*: aqui, parece ser admitida a existência de Ideias de indivíduos (o "Sócrates em si"), em oposição a uma tese bem estabelecida na tradição platônica precedente (e apropriada pelo próprio Plotino em V 9 [5], 12.3-4) segundo a qual as Ideias são apenas dos universais, não dos

---

Republic V-VII, in: EVERSON (org.), *Companions to Ancient Thought I...*, 85-115; TRABATTONI, F., Il sapere del filosofo, in: VEGETTI, M. (org.), *Platone. Repubblica. Libri VI-VII*, Nápoles, Bibliopolis, 2003, 151-186.

39. No original: "dottrina dell'anima non discesa". Por vezes, é também usual em português "doutrina da parte não descida da alma". (N. do T.)

particulares. Em realidade, uma leitura mais atenta do tratado V 7 [18], em paralelo com outros textos eneádicos, permite esclarecer que Plotino não admite a existência de Ideias de indivíduos, mas de "indivíduos inteligíveis", que não são outra coisa senão as almas em sua condição não descida aos corpos. Portanto, no inteligível não há somente Formas, mas Formas e almas, que estão presentes *en tôi noêtôi* mediante sua "parte" superior e intelectual[40]. Para evitar todo equívoco, é, entretanto, necessário sublinhar que a doutrina plotiniana não implica a existência de almas individuais e "pessoais" no inteligível, no sentido empregado pela metafísica cristã. Plotino admite a possibilidade da reencarnação: embora cada alma superior não possa pertencer ao mesmo tempo a muitos indivíduos, ela possui em si os princípios formais (*logoi*) que lhe permitem reencarnar-se, em momentos diversos, em múltiplos indivíduos corpóreos, da mesma espécie ou de uma espécie diferente (V 7 [17], 1.7-10; VI 7 [38], 7.1-8)[41].

Pode haver ao menos duas interpretações gerais da doutrina da alma não descida: uma "fraca" e uma "forte". Segundo a interpretação "fraca", defendida de modo consistente em tempos recentes por Lloyd Gerson, Plotino distingue dois "si", o verdadeiro si ideal e o si descido a um corpo, mas não admite que o si encarnado possa obter um conhecimento homólogo ao do si superior: a alma não descida é, justamente, não descida e, na medida em que "nós" estamos associados a um corpo, não podemos alcançar o ponto de vista do nosso si ideal; no máximo, podemos chegar a conhecer a existência desse si, mas não podemos de modo algum compartilhar sua condição cognitiva[42]. Conforme a interpretação forte, assumida por vários estudiosos e defendida na presente abordagem[43], para Plotino, a alma de cada um pode remeter-se à sua parte não descida (ao seu si ideal) e compartilhar de seu tipo de conhecimento já nesta vida ao desviar

---

40. Cf. D'ANCONA, "To Bring Back the Divine in Us to the Divine in the All"..., em que podem ser encontradas indicações sobre a rica bibliografia relativa ao tratado V 7 [18]. Avanço algumas críticas em relação à interpretação de D'Ancona em CHIARADONNA, Plotino: il "noi" e il *Nous* (*Enn.* V 3 [49], 8, 37-57). Entre os muitos estudos sobre V 7 [18], limito-me a mencionar FERRARI, F., Esistono forme di *kath'hekasta*? Il problema dell'individualità in Plotino e nella tradizione platonica antica, *Acc. Sc. Torino – Atti Sc. Morali*, 131 (1997) 23-63.
41. Sobre isso, remeto a REMES, *Plotinus on Self*, 76-85.
42. Cf. GERSON, *Plotinus*, 139-151 e 170-184.
43. Para uma célebre apresentação desta tese, cf. Armstrong, A. H., Tradition, Reason and Experience in the Thought of Plotinus, in: *Atti del Convegno Internazionale sul tema: Plotino e il Neoplatonismo in Oriente e in Occidente*, Roma, Accademia Nazionale dei Lincei, 1974, 171-194.

sua atenção das realidades exteriores para voltar sua atividade para dentro de si mesma, redescobrindo sua natureza mais autêntica.

O tratado IV 8 [6], *Sobre a descida da alma aos corpos*, abre-se com uma célebre descrição da visão perfeita do mundo inteligível que é dada à alma alcançar em momentos em que desperta a si mesma e torna-se una com o divino. É oportuno reportar integralmente essa passagem, que está entre as mais célebres e caracterizadoras de todo o *corpus* eneádico:

> Muitas vezes, separando-me do corpo e tornando-me externo às outras coisas, volto-me para mim mesmo, na visão de tanta extraordinária beleza e tendo a certeza de pertencer à melhor parte sobretudo então, encontrando-me a exercer o mais nobre gênero de vida, torno-me Uno com o divino e nele estabeleço meu fundamento, tendo procedido em direção àquele ato e situado a mim mesmo além de qualquer outro inteligível, uma vez que desci após tal permanência no mundo divino do intelecto à razão discursiva, não sei explicar como desci mais uma vez e de que modo minha alma voltou a encontrar-se toda no corpo se ela é aquilo que pertence ao ser em si e por si, embora se encontre em um corpo (IV 8 [6], 1.1-11)[44].

Há tempos os estudiosos notaram que Plotino não se refere aqui, como poderia parecer em uma primeira leitura, à união com o Uno, mas à reunião da alma individual com sua parte não descida que permanece no mundo inteligível, mundo que, como ocorre habitualmente nas *Enéadas*, é caracterizado com conceitos tomados das metafísicas de Platão e de Aristóteles ("vida", "ato", "beleza" etc.)[45]. A alma, prestando atenção a si mesma e não ao mundo dos corpos (externos à sua verdadeira natureza), consegue, assim, apropriar-se daquilo que ela autenticamente é e conhecer as Formas inteligíveis por intermédio de um ato de intuição intelectual homólogo ao que é realizado eternamente pelo Intelecto divino[46]. No mesmo escrito (8.1-3), Plotino enuncia de modo enfático sua própria doutrina declarando distanciar-se da opinião sustentada por outros (provavelmente outros platônicos). Com efeito, as consequências dessa teoria têm notáveis implicações: ao sustentar que a alma de cada um pode, já nesta vida,

---

44. Cito a tradução de D'Ancona et al., *Plotino. La discesa dell'anima nei corpi...*, 117.

45. Para um comentário dessa passagem, remeto a D'Ancona et al., *Plotino. La discesa dell'anima nei corpi...*, 131 ss., com ricas referências textuais e bibliográficas.

46. Cf. Ibid., 53.

remeter-se à sua parte superior, que jamais desceu do inteligível e contempla sua essência autêntica, Plotino, com efeito, retira o diafragma entre o conhecimento que temos do mundo inteligível e o conhecimento que o inteligível tem de si mesmo. O conhecimento mais elevado da alma acolhe seus conteúdos do Intelecto, conformando-se à sua natureza e "preenchendo-se" dele, conhecendo-se a si mesmo como Intelecto e se tornando ele próprio Intelecto (V 3 [49], 4.9-15). Assim, temos acesso a um conhecimento intelectual de tipo intuitivo, autorreflexivo e autovalidador.

Os que sustentam a interpretação fraca tendem a limitar o significado das passagens plotinianas nas quais se encontra a expressão do acesso direto ao inteligível por parte da alma individual. Em referência a IV 8 [8], 1, por exemplo, Gerson observa que Plotino não está sustentando ter tido uma experiência similar àquela do intelecto desencarnado, mas apenas afirmando a existência de tal intelecto e o fato de ele ser idealmente (e não na experiência adquirível pelo si encarnado) idêntico a ele[47]. Esse tipo de leitura, embora engenhosa, parece, contudo, pouco plausível: se Plotino estivesse efetivamente limitado a sugerir isso, teria, provavelmente, empregado formulações diferentes daquelas presentes em IV 8 [6], 1, que indicam de modo inequívoco que o si, despertando-se para si mesmo, exerce a *mesma* atividade própria da vida melhor e inteligível (1.5-6). Muitos e extremamente importantes são, além disso, os lugares em que Plotino assume as consequências dessa doutrina, sustentando que a parte superior da alma (aquela que em V 1 [10], 11.6 é chamada *"Nous* em nós") conhece o Intelecto e seus conteúdos por meio do intelecto e sem mediação (cf. V 3 [49], 8.36 ss.): "Alguém se torna Intelecto quando abandona todo o resto de si e o olha mediante ele mesmo, ou a si mediante si mesmo, vale dizer: como Intelecto vê a si mesmo" (V 3 [49], 4.29-31). Só o conhecimento daquele que se "tornou intelecto" é homólogo àquele não discursivo e autorreflexivo do *Nous*, e é o tipo de conhecimento capaz de fundar a concepção plotiniana dos inteligíveis "segundo os princípios a eles apropriados".

Há sobretudo um elemento que, a meu ver, milita contra a interpretação "fraca". Diversamente daquilo que Platão faz nos *Fédon*, e diversamente daquilo que se encontra também na exposição simplificada da filosofia de Platão como o *Didaskalikos*, Plotino não indica no início e no fim da vida corpórea as distinções que coincidem com a perda da contemplação direta das Formas e com

---

47. Cf. GERSON, *Plotinus*, 271, nota 36.

a possibilidade de readquiri-la. Na longa discussão sobre a memória contida nos tratados IV 3 [27] e 4 [28] são distinguidas, *grosso modo*, três condições da alma individual: a alma encarnada em um corpo vivente; a sombra da alma após a morte, que conserva ainda memórias dos eventos sensíveis (a sombra de Héracles no Hades, da qual fala Homero, *Od.*, XI 601 ss., citada por Plotino em IV 3 [27], 27); a alma que não desce do inteligível e que é perfeitamente livre e só (comparada por Plotino ao Héracles que está feliz entre os deuses, do qual se fala no texto homérico). De modo indubitável, Plotino admite que a alma saída do corpo será livre de muitas coisas "daqui" que ocupam sua vida sensível (IV 3 [27], 32.22-23); de outro lado, também em IV 8 [6], 1 sublinha-se que a experiência direta do *Nous*, o estar no inteligível, não é perpétua, mas prelúdio de uma nova descida para a razão discursiva. Para Plotino, provavelmente a alma individual, desde o momento em que está associada a um corpo, e sujeita ao tempo, jamais pode libertar-se totalmente dos condicionamentos que a impedem de estabelecer-se de modo estável no *Nous*: ainda que a alma não descida (em si ideal) torne-se o centro unificador da atividade psíquica, será impossível prescindir completamente dos cuidados que derivam do corpo (cf. V 1 [10], 12.18-19). O filósofo que contempla o inteligível sempre terá um corpo, que impõe necessidades e exigências não totalmente suprimíveis. Não causa surpresa, portanto, que, segundo Plotino, "nós" possamos perder a união com o *Nous*; nossa alma está sempre sujeita a se exteriorizar e a descer novamente para a discursividade: nem sempre estamos voltados para o Intelecto, enquanto, obviamente, o Intelecto está sempre voltado para si mesmo (cf. V 3 [49], 4.26-29; 9.22-23)[48]. Dito tudo isso, deve-se notar que Plotino não parece nutrir nenhuma dúvida sobre o fato de que, na medida em que a alma não descida constitui o centro da nossa atividade psíquica e em que, portanto, contemplamos os inteligíveis, esse conhecimento é direto e adequado, *mesmo aqui*, antes do fim de nossa vida corpórea: "[...] mesmo aqui, quando na realidade deseja estar lá, a alma, embora estando aqui, abandona tudo aquilo que é outro em relação ao mundo de lá" (IV 3 [27], 32.21-22). Poucas linhas depois[49], Plotino se pergunta

---

48. Cf. HADOT, Les niveaux de conscience dans les états mystiques selon Plotin, 258-259 (*ad* V 8 [31], 1-9).

49. Os tratados IV 3 [27] e IV 8 [28] constituem uma unidade dividida por Porfírio na edição das *Enéadas*. A separação proposta por Porfírio é particularmente brusca e injustificada, pois o tratado 27 se conclui (32.27) com uma frase que é completada somente no início do tratado seguinte.

se a alma, uma vez terminado o ciclo das encarnações e voltada de modo definitivo para o inteligível, guardará memória do fato de que filosofava e de que também então, "quando estava aqui, contemplava as coisas de lá" (IV 4 [28], 1.5-6). Plotino não sugere de modo algum que a contemplação que pode ter lugar "aqui" é somente indireta e, portanto, heterogênea em relação àquela que tem lugar "lá"; ele afirma, antes, exatamente o contrário: "sobre os inteligíveis é possível, como foi dito, mesmo para quem está aqui, falar mediante a mesma faculdade que tem o poder de contemplar as coisas de lá. É preciso, por assim dizer, contemplar as coisas de lá despertando a mesma faculdade que despertaria também lá" (IV 4 [28], 5.5-9).

Resta, contudo, compreender como esse conhecimento continua sendo em geral inacessível para nós, tanto que não somos sequer conscientes de poder tê-lo em nós. Em V 1 [10], 12, Plotino esclarece, com uma intuição de surpreendente modernidade, que não estamos conscientes de tudo aquilo que está em nós mesmos; a parte mais alta da atividade de nossa alma é superior à nossa consciência ordinária. Dado que nossa atenção está voltada para os corpos, não estamos conscientes de possuirmos as realidades supremas; todavia o fato de haver atividades da alma das quais somos inconscientes não implica que elas não existam ou que sejam débeis. Como Plotino especifica em I 4 [46], 10.20-24, "seria possível encontrar muitas e nobres atividades, teóricas e práticas, realizadas também quando despertos, que não comportam de nossa parte consciência no momento em que contemplamos e em que agimos"[50].

Para que a alma descida a um corpo tome consciência de sua atividade superior ela deve cessar, em sua totalidade, de voltar-se para o exterior e, como afirma Plotino, tornar-se livre para escutar os sons que provém de "lá" (V 1 [10], 12.20-21); desse modo, a atividade superior da alma é comunicada à alma como um todo e torna-se percebida por sua própria totalidade:

> Com efeito, o conteúdo do ato intelectivo chega a nós quando, descendo, chega à sensação; nem tudo aquilo que ocorre no âmbito de qualquer parte da alma sabemos antes que chegue à alma toda (IV 8 [6], 8.6-9)[51].

Esse processo, por meio do qual uma atividade que nos é própria, mas da qual não estamos conscientes, torna-se conhecida pela alma em seu conjunto,

---

50. Trad. LINGUITI, *La felicità e il tempo*, 117.
51. Trad. D'ANCONA et al., *Plotino. La discesa dell'anima nei corpi...*, 128.

é chamado por Plotino de "apreensão" (*antilêpsis*: V 1 [10], 12.12; IV 3 [27], 30.10-16) e é associado à imaginação (*to phantastikon*), que, nesse caso, torna-se como um espelho no qual se refletem não as percepções, mas os conteúdos noéticos de nosso pensamento: "Embora a alma seja sempre movida para a atividade do pensamento, somente quando ela chega à faculdade imaginativa é possível para nós apreendê-la" (IV 3 [27], 30.11-13)[52].

O fim último do percurso cognitivo da alma consiste, portanto, em atingir uma condição na qual sua parte superior, chegando à consciência, governa, por assim dizer, todas as outras faculdades, constituindo seu centro unificador. Na condição ordinária e voltada para o sensível das almas encarnadas, o pensamento discursivo e a percepção são o centro da atividade psíquica, aquilo com o que nós principalmente nos identificamos; todavia a parte superior da alma, em perene contato com os inteligíveis, pode tornar-se o centro de toda a atividade da alma, caso realize o processo de ascensão e purificação ilustrado em V 1 [10], e a alma se reaproprie de sua natureza autêntica. Enquanto o conhecimento discursivo pressupõe a existência de simples traços provenientes das Formas e depositados na alma, a purificação intelectual faz com que a atividade da alma se volte para as Formas em si, que são contempladas e conhecidas diretamente: Plotino parece aludir a isso quando sustenta que a alma chega a "adaptar" (*epharmosai*) as impressões aos verdadeiros inteligíveis, visto que o Intelecto já não lhe é "estranho" (I 2 [19], 4.23-26). De modo significativo, Plotino usa então o pronome "nós" para indicar não a alma discursiva, mas a alma superior e não descida (cf. VI 4 [22], 14.16-21)[53]: isso quer dizer que o centro da atividade da alma não é estabelecido de uma vez por todas; ela é capaz de redefinir a própria natureza mudando o centro unificador de seus vários níveis[54].

---

52. Sobre a apreensão e a imaginação em Plotino, cf., agora, GRITTI, E., La *phantasia* plotiniana tra illuminazione intellettiva e impossibilità dell'anima, in: CHIARADONNA (org.), *Studi sull'anima in Plotino*, 251-274. Para uma discussão geral, que situa a posição plotiniana sobre o tema no âmbito da tradição platônica, cf. DI PASQUALE BARBANTI, M., *Ochema-pneuma e phantasia nel neoplatonismo. Aspetti psicologici e prospettive religiose*, Catania, CUECM, 1998.

53. Isso é bem notado em MARZOLO, *Plotino: Che cos'è l'essere vivente e che cos'è l'uomo? I 1 [53]*, 161 e 164-175 (ad I 1 [53], 10.1-5 e 11.4).

54. Esse caráter intrinsecamente dinâmico da estrutura da alma é sublinhado com clareza por GUIDELLI. Note sul tema della memoria nelle *Enneadi* di Plotino, 77, nota 4, e 86, nota 23.

4.5. Fontes e problemas da doutrina da alma não descida

Desde a Antiguidade, a doutrina da alma não descida foi objeto de vivazes debates, que, como o parágrafo precedente deveria ter tornado claro, estão ainda hoje bem longe de serem concluídos. Há, antes de tudo, opiniões diferentes sobre possíveis fontes da teoria plotiniana. Philip Merlan a vinculou ao problema do intelecto agente elaborado pelos comentadores peripatéticos de Aristóteles e, em particular, por Alexandre de Afrodísia[55]. A essa e a outras leituras reage Thomas Alexander Szlezák[56], que sublinhou com energia e abundância de paralelos que a origem primeira da teoria plotiniana reside na interpretação dos textos platônicos e na resolução dos problemas exegéticos neles implicados. Essa última leitura é hoje amplamente aceita e, obviamente, muito plausível. Não deve ser ignorada uma ulterior possível fonte aristotélica de inspiração para Plotino: com efeito, é Aristóteles que afirma, em *Metaph.*, XII, 1072b 24-25, que o Intelecto divino se encontra "sempre" (*aei*) na condição beata na qual nós mesmos nos encontramos "algumas vezes" (*pote*). Sem contestar a plausibilidade de tais hipóteses, é indispensável observar que não basta unir Platão, Aristóteles e Alexandre de Afrodísia para obter a doutrina plotiniana, que, ao contrário, é elaborada para responder a exigências específicas internas ao platonismo de Plotino. Acerca da relação com Platão, além disso, não é suficiente afirmar que Plotino move-se a partir de problemas postos pelo pensamento platônico e pelas aporias suscitadas pela interpretação dos diálogos, nem basta afirmar, de modo mais genérico, que Plotino foi e quer ser "platônico": para compreender a gênese dessa doutrina, deve-se antes esclarecer *de que modo* esses problemas são resolvidos por Plotino e, em suma, explicar *que tipo de platônico é Plotino*, qual versão do platonismo é defendida nas *Enéadas*. Como já foi notado, embora Plotino se remeta indubitavelmente a textos platônicos ao apresentar suas próprias teses, a doutrina segundo a qual a alma encarnada pode realizar um pleno acesso ao conhecimento direto e adequado das Formas é, no mínimo, uma radicalização das teses de Platão, que mantém a esse respeito uma posição mais prudente. Quanto

---

55. Cf. MERLAN, P., *Monophysichism, Mysticism, Metaconsciousness. Problems of the Soul in the Neoaristotelian and Neoplatonic tradition*, Haia, Martinus Nijhoff, ²1969, 10ss. e 47-52.

56. Cf. SZLEZÁK, *Platon und Aristoteles in der Nuslehre Plotins*, 167-205. Szlezák voltou ao tema na contribuição Id., L'interprétation plotinienne de la théorie platonicienne de l'âme, in: FATTAL, M. (org.), *Études sur Plotin*. Paris-Montréal, Harmattann, 2000, 173-191.

a isso, é importante notar que a doutrina plotiniana foi contestada de modo vivaz já pelos platônicos antigos posteriores a Plotino (em particular, Jâmblico e Proclo), segundo os quais a alma inteira desceu ao sensível e não há uma parte dela que permanece no mundo inteligível[57]. De modo significativo, ao criticar Plotino, Jâmblico baseia-se, chegando a conclusões opostas, na exegese dos mesmos textos acerca dos quais Plotino havia fundado sua teoria (em particular, o *Fedro* e o *Timeu*)[58].

É muito fácil denunciar a presença de pontos obscuros na doutrina plotiniana. Por exemplo, não fica claro qual é a relação que subsiste entre as almas não descidas que permanecem no *Nous* divino e as Formas que o constituem. Além disso, é dificílimo explicar como a alma pode compartilhar, na medida em que se encontra em um corpo, a condição própria daquilo que é eterno e fora do tempo. Enfim, e principalmente, a tese segundo a qual é possível ter já nesta vida, por meio da parte superior de nossa alma, um conhecimento direto e apropriado das Formas não encontra nenhum apoio em nossa experiência.

Muitas dessas críticas são perfeitamente fundamentadas. Em realidade, aqueles que negam que, segundo Plotino, a alma pode se dirigir já nesta vida à sua parte superior parecem movidos sobretudo pelo desejo de não atribuir ao filósofo uma doutrina pouco plausível, caracterizada por uma perigosa deriva mistificadora que romperia a continuidade com a racionalidade filosófica[59]. Todavia as preocupações dos intérpretes não coincidem necessariamente com as de Plotino, e "misticismo", "religiosidade" e "racionalidade filosófica" não se distinguem para esse filósofo do mesmo modo como se distinguem para seus leitores contemporâneos. Com efeito, o caráter distintivo do racionalismo filosófico plotiniano não exclui, mas implica a possibilidade de conhecer diretamente as Formas, pois somente tal conhecimento está em condições de fundar a ciência dos inteligíveis segundo os princípios adequados a eles; além disso, somente a doutrina da alma não descida pode garantir à alma encarnada a possibilidade de ascender à visão do mundo noético recorrendo às próprias faculdades cognitivas

---

57. Sobre a recepção da doutrina plotiniana da alma no neoplatonismo pós-plotiniano, o estudo de referência é STEEL, C,. *Il Sé che cambia. L'anima nel tardo Neoplatonismo: Giamblico, Damascio e Prisciano*, org. L. I. Martone, Bari, Edizioni di Pagina, 2006 (ed. orig.: *The Changing Self. A Study on the Soul in Later Neoplatonism: Iamblichus, Damascius an Priscianus*, Bruxelas, AWLSK, 1978).

58. Cf. PROCL. *In Tim.*, III, 333.28-334.27 Diehl (= IAMBL., *In Tim.*, fr. 87 Dillon).

59. GERSON, *Plotinus*, 218-224 situa conscientemente à margem de sua interpretação qualquer possível elemento "místico" do pensamento plotiniano.

e sem fazer uso de meios extraintelectuais (por exemplo, as práticas religiosas e teúrgicas apropriadas pelos neoplatônicos posteriores a Plotino). O projeto filosófico de Plotino prevê a possibilidade de dar à metafísica o estatuto de uma ciência rigorosa (a ciência do ser inteligível como tal); sem um acesso direto ao inteligível e a seu modo de pensamento, esse projeto seria irrealizável: a visão do Intelecto divino mediante a parte não descida de nossa alma é, portanto, o complemento necessário da ontologia e da epistemologia plotinianas.

Provavelmente, o fato de nosso conhecimento ordinário não chegar à visão das Ideias demonstraria somente, aos olhos de Plotino, que não fomos capazes de remover de modo suficiente os condicionamentos do mundo empírico; mas a filosofia, para Plotino, não está destinada a legitimar o ponto de vista ordinário sobre o mundo. A perspectiva a partir da qual ele se move não é descritiva, mas normativa: ele se propõe superar o ponto de vista ordinário em favor de um conhecimento mais elevado e "divino" que difere (como ele afirma em VI 9 [9], 8.9-10) tanto daquele dos homens comuns quanto daquele dos animais. Nosso "si" ideal, a alma não descida, é o ideal normativo ao qual o si ordinário deve procurar conformar-se para atingir sua perfeição[60].

Plotino exprime-se com segurança sobre o fato de que o conhecimento direto do Intelecto é acessível à alma (ou ao menos à alma do filósofo que escreveu as *Enéadas* e que fala em primeira pessoa em IV 8 [6], 1). Em V 3 [49], 8.41-44 ele sugere que, se temos conhecimento do Intelecto e dele falamos, isso ocorre porque o Intelecto é causa em nós (ou seja, em nossa alma) de seu conhecimento. Além disso, a alma que pensa o Intelecto autorreflexivo eleva-se "por meio de tais raciocínios" (8.45-46) para ele, considerando a si mesma uma imagem do Intelecto (8.48-49). De tal modo, a alma pode participar plenamente da condição do *Nous*, "estabelecendo-se" nele, tornada de natureza similar àquela de deus e do *Nous* (8.48-49; 8.51-52). Em suma: segundo Plotino, o simples fato de podermos pensar uma natureza como a do Intelecto garante: *a)* que essa natureza existe; *b)* que há em nós uma faculdade homogênea a essa natureza, mediante a qual compartilhamos seu tipo de pensamento e de existência. Qualquer que seja o valor desse tipo de argumento, ele se fundamenta em um pressuposto em relação ao qual Plotino não parece nutrir nenhuma dúvida: o modo como ele caracteriza o Intelecto e seu tipo de pensamento não é derivado (nem derivável) de modo algum do tipo de pensamento do "nós" discursivo. Trata-se, antes, ao

---

60. Cf., ainda, REMES, *Plotinus on Self*, 125 ss., que examina de modo muito acurado a posição "normativa" desenvolvida por Plotino e os problemas que dela decorrem.

menos nas intenções de Plotino, de uma descrição daquilo que é o *Nous* como tal, a qual pressupõe um acesso direto a ele, um conhecimento do inteligível "a partir da coisa em si" (*ex autou tou pragmatos*) (VI 5 [23], 3.30). Armstrong observou com justeza que as descrições do mundo noético de textos como V 8 [31], 3-4 ou VI 7 [38], 13 aparecem baseadas em uma experiência direta, na visão daquilo que é o mundo noético[61].

De outro lado, é também inegável que as descrições plotinianas do *Nous* fazem amplo uso de conceitos que parecem tomados do mundo sensível. No entanto, isso é inevitável: a partir do momento em que Plotino descreve o Intelecto mediante a linguagem, ele, de fato, não pode não recorrer à razão discursiva: a estrutura do *Nous* é em si mesma extralinguística e seu conhecimento adequado deveria considerar a linguagem como secundária; qualquer tradução em palavras resulta inevitavelmente inapropriada. A linguagem, para o filósofo que escreveu as *Enéadas*, é somente um limite transitório e superável na contemplação direta do ser verdadeiro. Não por acaso, quando Plotino introduz a abordagem dos cinco gêneros supremos, exorta de modo insistente a "olhar" o Intelecto para conhecer sua natureza específica: "Fixe, portanto, o olhar no Intelecto, em sua pureza, e contemple-o, todo voltado para si, contemple-o, sim, mas não com os olhos" (VI 2 [43], 8.5-7). A discussão que se segue não parece ser nada além da tradução linguística (e inevitavelmente limitada) de tal visão, cuja aquisição é apresentada como um requisito indispensável para a compreensão da doutrina exposta nas linhas seguintes. Em V 8 [31], 6 Plotino expressa com eficácia a inadequação da linguagem discursiva em relação à estrutura unimúltipla do Intelecto, elogiando os sábios egípcios que, quando pretendiam exprimir algo "com sabedoria" (*dia sophias*) não se serviam de formas de letras que imitam a ordem das palavras e das proposições, mas "designavam [...] pelas figuras e inscreviam nos templos uma figura particular para cada coisa, mostrando a ausência de um desenvolvimento discursivo" (V 8 [31], 6.5-7).

Para quem não alcançou a visão do Intelecto (a maioria dos leitores das *Enéadas*), muitas das descrições plotinianas permanecerão inevitavelmente insatisfatórias. Plotino, com efeito, limita-se a explicar *como são* as realidades incluídas no mundo inteligível, qual é o modo de sua existência (não extenso, perfeito, autossuficiente, livre dos condicionamentos da matéria), mas jamais diz *o que* elas propriamente são. Ele, por exemplo, não fornece uma definição

---

61. Cf. ARMSTRONG, Tradition, Reason and Experience in the Thought of Plotinus, 194.

adequada do "cavalo inteligível", mas limita-se a dizer que essa natureza existe "lá" como resultado da atividade do Intelecto (VI 7 [38], 9.24-25). Tudo aquilo que povoa o mundo material encontra-se no Intelecto como perfeitamente vivo e unificado:

> [...] lá há também o mar e toda água, em um escoar e em uma vida que permanecem, e há também todos os animais aquáticos, bem como é parte do universo de lá a natureza do ar, e nele estão os viventes do ar, de modo análogo ao próprio ar (VI 7 [38], 12.9-13).

Dizer isso significa, contudo, dizer bem pouco, e dificilmente as palavras de Plotino poderão satisfazer quem busca uma exposição do que os inteligíveis são em si mesmos. De modo indubitável, para aqueles que não experimentaram o despertar de si para si descrito no início do tratado IV 8 [6], será possível reconstruir os pressupostos e as motivações filosóficas que conduziram Plotino a postular a exigência de conhecer de modo adequado os inteligíveis, mas os caracteres positivos desse conhecimento continuarão fugidios. Embora tenha sido objeto de algumas críticas, permanece, entretanto, em minha opinião, perfeitamente válida a leitura de Armstrong[62], segundo a qual o na doutrina da alma não descida e do conhecimento direto dos inteligíveis conjugam-se três matrizes da reflexão plotiniana, que seria de todo inútil tentar separar: a interpretação de Platão, a racionalidade filosófica, a experiência direta e mística.

---

62. Cf. Ibid.

Capítulo Quinto

O Uno

5.1. O primeiro princípio além do ser

Plotino é habitualmente considerado o "filósofo do Uno" e sua reflexão foi definida como um "pensamento do Uno"[1]. É indubitável que a doutrina do primeiro princípio é central em Plotino; seria, contudo, um grave erro isolá-la dos outros temas que compõem sua filosofia. É significativo que, diversamente do que ocorre com o Intelecto, em relação à alma e mesmo ao mundo corpóreo, o Uno não seja geralmente objeto de uma abordagem extensa e particularizada e dele se fale no interior de tratados dedicados a outro argumento. Evidentemente, isso não quer dizer que a doutrina do Uno não seja importante, ao contrário; todavia tal doutrina não é, por assim dizer, a *premissa* da qual deriva todo o resto, mas a *consequência* última de determinados pressupostos que dizem respeito à ontologia, à doutrina da causalidade e à teoria do conhecimento plotinianas[2]. Por tal razão, de modo diverso do que em geral ocorre, a discussão do Uno não foi situada no início desta apresentação sintética da filosofia de Plotino, mas em um ponto avançado, quando já deveriam estar claras sua estrutura conceitual e as motivações que a guiam.

---

1. Cf. BEIERWALTES, *Pensare l'Uno*.
2. Sobre esse ponto sigo D'ANCONA, AMORPHON KAI ANEIDEON, 71-113, que demonstrou como a abordagem do primeiro princípio em Plotino depende dos mesmos pressupostos próprios de sua doutrina das causas inteligíveis.

Seria, com efeito, bem difícil fundar toda uma filosofia sobre um princípio que não é nem ser nem pensamento, e é completamente inacessível a qualquer tipo de conhecimento; fazê-lo significaria recair em uma forma de misticismo refratário a qualquer esclarecimento conceitual como aquele que, em geral, é erroneamente atribuído a Plotino. Talvez não seja por acaso que os intérpretes tenham com frequência sentido a necessidade de determinar o Uno, referindo-lhe características que Plotino, por sua vez, não lhe atribui (concebendo-o, por exemplo, como "ser infinito", ou interpretando sua simplicidade como "identidade de essência e existência")[3]. Desse modo, a doutrina plotiniana é delimitada e explicitada, mas o risco concreto é fechá-la em um sentido diferente daquele desejado por Plotino, que afirma de modo claro que o primeiro princípio não é "ser" e que não parece fazer uso da distinção entre essência e existência, que será, ao contrário, desenvolvida pela tradição filosófica posterior. Na presente abordagem procurarei ilustrar a hipótese segundo a qual postular o Uno como o primeiro princípio de todas as coisas (até mesmo do ser), absolutamente simples, é a consequência natural dos pressupostos conceituais que governam a filosofia de Plotino e que foram explicitados nos capítulos precedentes. Dois pontos, estritamente vinculados entre si, desempenham um papel crucial a esse respeito: *a)* a tese do caráter heterogêneo da causa em relação àquilo que depende dela; *b)* aquele que, retomando a definição de Dominic J. O'Meara, pode-se designar como "o princípio da anterioridade do simples"[4].

O ser supremo, posto no nível do Intelecto, é "aquilo que é" no grau mais alto de perfeição. É compreendido segundo sua natureza própria, de acordo com princípios adequados a ele: para Plotino, o grau superior (ou mais "claro") de realidade não é concebido tomando como unidade de medida o grau mais baixo (ou mais "obscuro") (cf. VI 3 [44], 7.23-25). Se o ser tivesse sido um caráter distintivo do mundo sensível, ele não teria sido próprio do inteligível, pois, segundo Plotino, as características que determinam a imagem não se aplicam a seu modelo. O ser, todavia, é um dos gêneros supremos que determinam a estrutura do inteligível como tal, e é concebendo o mundo inteligível conforme princípios a ele apropriados, não lhe transferindo os princípios adequados aos

---

3. Sobre o Uno como "identidade de essência e existência", cf. GERSON, *Plotinus*, 15; sobre o Uno como "ser infinito", cf. RIST, J. M., *Plotino. La via verso la realtà*, Gênova, Il Melangolo, 1995, 51-71 (ed. orig.: *Plotinus. The Road to Reality*, Cambridge, Cambridge University Press, 1967).

4. Cf. O'MEARA, *Plotin. Une introduction aux* Ennéades, 51 ss.

corpos, que o caracterizamos como "ser" (cf. VI 2 [43], 8.12-15). Aquilo que depende do inteligível é, de outro lado, o "ser" somente de maneira imprópria e derivada (VI 2 [43], 1.27-28). O mundo dos corpos é de fato "ser" de modo menos perfeito e segundo um grau inferior em relação ao inteligível; contudo não se pode afirmar que ele não é nada ou é privado de realidade. O ser torna, portanto, o Intelecto adequado àquilo que é posterior a ele; em suma, o Intelecto é o primeiro princípio *dentro* da totalidade do real, sendo a mais alta e perfeita entre as coisas que são. Todavia isso impõe que o ser/Intelecto não possa ser o primeiro princípio em absoluto, pois, para ser verdadeiramente primeiro, não deveria ser incluído de nenhum modo dentro da totalidade do real: o primeiro princípio não deve, portanto, sequer "ser *ser*".

O pressuposto tal raciocínio é que o ser é considerado um predicado equiparável em seu estatuto aos predicados que determinam a natureza de algo (como, por exemplo, "belo", "justo" etc.). "Ser", portanto, não é nada mais que "a propriedade de ser", e tanto o Intelecto quanto aquilo que dele depende "são", ou seja, "são (graus diversos de) ser", exemplificando de modos diversos essa propriedade generalíssima. Isso faz emergir a necessidade de postular um princípio heterogêneo e superior ao ser (um princípio acerca do qual não se pode dizer que "é *ser*") e que dê conta do fato de que o predicado "ser" seja atribuído a tudo aquilo que dele depende. Tal argumentação não é, de fato, evidente, se equipara-se o "ser" ao conceito de "existência", cujo estatuto é acuradamente distinto daquele de qualquer nota característica de um conceito (não é possível afirmar que algo "existe" assim como se afirma que algo "é justo, belo etc."), mas se compreende muito bem no contexto da lógica e da ontologia antigas, nas quais "essência" e "existência" não são noções claramente distintas como ocorre na filosofia dos séculos posteriores[5].

Essas precisões deveriam ajudar a esclarecer o sentido da frase célebre e bastante controversa que abre o tratado VI 9 [9]: "Todos os entes são entes por causa do uno (*panta ta onta tôi heni estin onta*)" (VI 9 [9], 1.1). Todas as coisas que são, ou seja, que "são ser", não podem de fato tomar do ser o fato de "ser ser", mas devem tomá-lo de outro princípio, que será heterogêneo a tudo aquilo que é e será, portanto, *fora do ser*:

---

5. Acerca desses difíceis temas, remeto a alguns estudos fundamentais: KAHN, C., Why Existence Does not Emerge as a Distinct Concept in Greek Phylosophy, *Archiv für Geschichte der Philosophie*, 58 (1976) 323-334 (trad. bras. em *Sobre o verbo grego ser e o conceito de ser*, Rio de Janeiro, PUC, 1998); BURNYEAT, M., *Apology* 30b2-4: Socrates, Money, and the Grammar of *gignesthai*, *Journal of Hellenic Studies*, 123 (2003) 1-25.

É por isso que foi dito com razão: "todas as coisas são em torno ao rei que reina sobre todas as coisas, e é por causa dele que todas as coisas são" [ps.-Platão, *Ep. II*, 312e]. Dizendo "todas as coisas", Platão indica os seres, e acrescenta "por causa dele", porque é causa de seu ser e, de certo modo, objeto de seu desejo, ele que é diferente de "todas as coisas" e que não tem nada daquilo que lhe é próprio. Com efeito, já não haveria "todas as coisas", se a ele pertencesse algo que lhe é posterior. Se, portanto, também o Intelecto faz parte de "todas as coisas", o Intelecto não pertence ao "rei de todas as coisas" (VI 7 [38], 42.8-15).

"Fora do ser" não significa que o Uno (ou "Bem", que, como logo se verá, é um outro apelativo reservado ao primeiro princípio) seja uma ficção ou que não seja nada: o Uno, segundo Plotino, é "não ser" (VI 9 [9], 3.36-40; 5.24-38; III 8 [30], 10.28-32), dado que é um princípio *além* do ser e, por sua absoluta simplicidade, *superior* ao ser. Ele é a causa que gera todo o resto, incluindo a alteridade (*heterotês*), a qual, exatamente como a díade indefinida, é concebida por Plotino como o primeiro produto do Uno, a atividade indeterminada que, voltando-se para a própria origem, transforma-se em "ser" (II 4 [12], 5.28-35). Pluralidade e ser implicam-se mutuamente, e o Uno, que é causa de ambos, deles é totalmente ausente. Causa de tudo, mesmo da alteridade, o Uno não é, por sua vez, "outro" em relação a todo o resto: ao menos não o é no sentido de que são "outras" as realidades que derivam dele (seja reciprocamente, seja em relação ao Uno do qual tomam sua origem)[6].

No texto citado acima, é retomada a terminologia da *Carta II* de Platão (considerada pelos modernos um texto apócrifo) para caracterizar a condição do primeiro princípio como aquela de um "rei" (ps.-Platão, *Ep. II*, 312e)[7]. Pouco antes de Plotino, Numênio de Apameia (fr. 12 des Places) havia igualmente empregado essa terminologia: seu primeiro princípio é "rei" como o primeiro princípio de Plotino. Seus contemporâneos acusavam Plotino de ter plagiado Numênio e seguramente Numênio é, dentre os platônicos anteriores a Plotino, aquele que mais parece "antecipar" as teses que se encontram nas *Enéadas*. Se

---

6. Cf., a propósito, O'BRIEN, D., Le non-être et l'altérité: Plotin et ses prédecesseurs, in: BRANCACCI, A.; EL MURR, D.; TAORMINA, D. P. (org.), *Mélanges offerts à Monique Dixsaut*, Paris, Vrin, 2010. Agradeço ao autor ter-me permitido ler sua contribuição antes da publicação.

7. Cf., sobre a recepção da *Carta II* no platonismo imperial, SAFFREY, H. D.; WESTERINK, L. G., *Proclus. Théologie platonicienne*, II, Paris, Les Belles Lettres, 1974, XX-LIX; MANSFELD, *Heresiography in Context*..., 204-207.

bem considerarmos, a semelhança é, ao menos nesse caso, apenas superficial: o primeiro princípio de Numênio é inativo (*argos*) e o mundo não tem sua origem nele, mas de um segundo princípio que Numênio também chama de "demiurgo". Como notou Denis O'Brien, ainda que o primeiro princípio de Numênio seja um rei, ele, entretanto, é um "rei preguiçoso"[8]. A situação é de todo diferente no caso de Plotino, que certamente se recusa a atribuir ao primeiro princípio uma atividade ou um movimento que comprometa sua absoluta simplicidade, embora atribua muito claramente a ele uma função geradora, que se manifesta no nascimento do Intelecto do Uno.

5.2. Potência de todas as coisas

Muitas vezes Plotino caracteriza o Uno como uma "potência de todas as coisas": "O que é propriamente? Potência de todas as coisas (*dunamis pantôn*); se ela não existisse, nem sequer haveria todas as coisas, e o Intelecto não seria vida primeira e total" (III 8 [30], 10.1-2). A acepção do termo *dunamis* usada nessa definição não se refere a uma capacidade do Uno de se tornar todas as coisas: em II 5 [25], 3 Plotino estabelece a distinção entre o ser "em potência" (que é uma noção *grosso modo* análoga àquela teorizada na física aristotélica e se refere à capacidade que um sujeito tem de "se tornar algo" vindo ao ato até o final de um processo de mudança) e o ser "potência", entendido como potência ativa. Se o Uno é potência de todas as coisas, o é nesse sentido, como Plotino explica em V 3 [49], 15.32-35: "o Uno [...] é potência porque produz"[9]. Propriamente porque é a fonte de todas as coisas, o Uno não pode ser nenhuma das coisas que nele têm sua origem (portanto, nem mesmo "ser"): "De fato, propriamente porque nada era nele, tudo é derivado dele, e a fim de que o ser possa existir, por isso o Uno não é ser, mas é antes aquilo que gera o ser" (V 2 [11], 1.5-7). Como origem transcendente, o Uno deve ser "tudo" sem ser "nada" (VI 7 [38], 32.12-14).

Plotino afirma, contudo, também que o Uno possuía o todo antes de gerá-lo (V 3 [49], 15.29-32; cf. V 5 [32], 9.35). Em um exame superficial, essa tese

---

8. Cf. O'Brien, La matière chez Plotin..., 45-71, em particular 51.

9. Cf., sobre todos esses temas, a recente análise aprofundada de Aubry, G., *Dieu sans puissance. Dunamis et Energeia chez Aristote et chez Plotin*, Paris, Vrin, 2006, 222-239. O tratado 25 foi objeto de um estudo monográfico: Narbonne, J.-M., *Plotin. Traité 25 (II, 5)*, Paris, Cerf, 1998.

se opõe à doutrina segundo a qual o Uno não tem em si nada daquilo que dele provém. Plotino, todavia, não pretende sugerir que todas as coisas já estão "pré-contidas" no Uno, em uma forma de existência superior em relação àquela que têm nos graus posteriores da realidade, antes de se desprenderem do Intelecto. Se fosse assim (isto é, se o Uno já contivesse em si todas as coisas), sua simplicidade seria irremediavelmente comprometida e o estatuto do Uno de fato se tornaria indistinguível daquele do Intelecto: o Uno seria uma espécie de mundo inteligível posto além do mundo inteligível. Certamente Plotino não pretendeu sugerir tal conclusão bizarra. Em verdade, ele mesmo esclarece em que sentido o Uno possui o todo: ele o possui por ser, exatamente, potência de gerar todas as coisas (V 3 [49], 15.35); mas pode gerar todas as coisas exatamente porque ele não é nada daquilo que dele toma sua origem. Nesse sentido, Plotino afirma que o Uno é "infinito" (*apeiron*: VI 9 [9], 6.10) e "sem forma" (*amorphos kai aneideos*: VI 7 [38], 17.40)[10]: essas caracterizações não se referem ao conceito matemático de "infinito" (Plotino distingue a infinitude do primeiro princípio da infinitude matemática), mas à absoluta simplicidade e ausência de determinação do Uno, associada à potência de gerar todas as coisas.

Seria possível se perguntar, entretanto, como Plotino usa uma designação bem precisa para caracterizar o primeiro princípio: ele é claramente chamado "Uno". Se foi necessário estabelecer um princípio mais simples que o ser, não seria necessário postular também um princípio "mais simples que o Uno"? Não faltarão, no neoplatonismo posterior a Plotino, argumentos desse tipo, e isso determinará uma complicação cada vez maior da hierarquia dos princípios metafísicos[11]. Em verdade, Plotino afirma muito claramente que Uno, Intelecto e Alma são os únicos princípios metafísicos que podem ser admitidos e recusa qualquer multiplicação das hipóstases (cf. V 1 [10], 3.1-4). É fundamental considerar que, no momento em que se nomeia o primeiro princípio absolutamente simples e privado de determinação "Uno", não se está atribuindo a ele uma propriedade ou um caráter tais que se possa reproduzir, em relação ao Uno, o mesmo argumento que conduziu a postular um princípio superior ao ser. A unidade não é uma propriedade generalíssima das coisas tal como o ser e isso bloqueia a possibilidade de ascender na hierarquia além do próprio Uno.

---

10. Cf., a propósito, o estudo várias vezes citado de D'ANCONA, AMORPHON KAI ANEIDEON.

11. Cf. a esse respeito, LINGUITI, A., Giamblico, Proclo e Damascio sul principio anteriore all'Uno, *Elenchos*, 9 (1988) 95-106.

Em VI 2 [43], 10, a diferença entre Uno e Ser é esclarecida de modo explícito. O ser é uma das Formas principais que constituem o Intelecto e é, portanto, tanto um princípio quanto um gênero; trata-se, em suma, de um aspecto que caracteriza de modo completo o inteligível (que é "ser" em sentido pleno) e que do inteligível passa, de modo imperfeito e despotencializado, àquilo que dele deriva. O Uno, ao contrário, é um princípio, mas, como Plotino nota de modo explícito, *não é um gênero* (VI 2 [43], 10.22-23); ou seja, o Uno não é um tipo, ainda que sumamente perfeito, de realidade e, portanto, não pode ser concebido como um atributo ou um aspecto unitário daquilo que é derivado. Se fosse um gênero, e se, portanto, "espécies de Uno" fossem a ele subordinadas, ele não seria senão um inútil duplo do ser (VI 2 [43], 10.39-42). Para cada realidade determinável, o ser constitui o caráter mais geral conforme o qual ela pode ser classificada; o uno não é um caráter ainda mais geral do ser, porque não há necessidade de tal caráter ainda mais geral daquilo que já é o mais geral; se fosse um gênero, o Uno de fato se identificaria com o ser e não seria nada mais do que um nome (10.41).

Isso não quer dizer, contudo, que o Uno não esteja presente nas outras coisas; ao contrário: como afirma Plotino fundamentando-se em Platão (*Parm.*, 138e), ele não está fora de nada (VI 9 [9], 7.28). Todas as coisas, com efeito, "são" (ou seja, "são ser") na medida em que são conservadas pelo Uno "a partir do momento em que as coisas, privadas do Uno, que delas se diz, não seriam" (VI 9 [9], 1.3-4); nesse sentido, todas as coisas tendem ao Uno do qual provêm e se esforçam por se tornarem uno. Plotino, além disso, afirma que os três princípios (o Uno, o Intelecto e a Alma) são não apenas na natureza, mas também "em nós" (V 1 [10], 10.5-6). Todavia a unidade das coisas que são não é um predicado ou um gênero tal como o ser; a unidade não é de modo algum uma nota característica de algo: como se afirma em VI 9 [9], 3.37, o Uno não é "algo" (*ou ti*). A unidade daquilo que deriva do Uno (ou seja, a unidade de tudo aquilo que é) não é remetida à presença de um gênero ou de um caráter distintivo; antes, ela remete ao fato de que tudo aquilo que é determinado mediante caracteres distintivos (mesmo diante do caráter distintivo mais universal de todos, ou seja, o ser) depende da presença de uma potência absolutamente heterogênea e não classificável mediante nenhum atributo, nem mesmo mediante aquele atributo generalíssimo que é o ser. A denominação "uno" não designa nada além disso.

A absoluta heterogeneidade do primeiro princípio em relação àquilo que dele depende explica, além disso, por que Plotino distingue muito claramente o Uno de qualquer número. Já foi visto como os números ideais não são quantitativos; o Uno, como se afirma em V 5 [32], 4.17-18, não é nem um número essencial nem (muito menos) um número quantitativo. O primeiro princípio, com efeito, não confere quantidade àquilo que dele depende, mas doa o ser. Ele pode doar o ser somente na medida em que *não é* o próprio ser. A unidade indica, assim, a absoluta simplicidade do primeiro princípio e não é nem um gênero nem um número. Caso contrário, o Uno seria englobado naquilo que dele deriva e seria necessário postular um princípio anterior a ele, mas Plotino exclui claramente essa possibilidade (V 5 [32], 4.16).

5.3. Indizibilidade e ausência de pensamento

Plotino expressa prudência acerca da possibilidade de referir a denominação "Uno" ao primeiro princípio, que é em si mesmo "não dizível" (V 5 [32], 6.24). Chamá-lo "uno" indica somente a completa supressão do múltiplo, não implica a atribuição de nenhum caráter positivo. A esse respeito, Plotino (V 5 [32], 6.27) menciona, aprovando-a, a opinião dos pitagóricos que indicavam simbolicamente o Uno com o nome de Apolo por meio da negação do múltiplo (o nome próprio *Apollôn* derivaria, assim, da expressão *a-pollôn*)[12]. Em V 1 [10], 9.28, encontra-se uma apreciação análoga acerca dos pitagóricos, que teriam se distinguido dentre os filósofos antigos por terem apreendido a verdadeira natureza do Uno. Em verdade, vale para a doutrina do Uno aquilo que já foi notado para a doutrina da díade indefinida[13]: Plotino retoma termos e conceitos já bem codificados na tradição platônico-pitagórica, mas o significado que ele lhes confere muito dificilmente pode ser encontrado em suas "fontes" ou em seus eventuais percursos e é antes reconstruído com base na estrutura própria de sua filosofia. A teoria do Uno absolutamente simples e superior ao ser se compreende como o êxito último dos pressupostos conceituais que governam o platonismo de Plotino.

Se a denominação "Uno" pode ser aplicada somente com cautela ao primeiro princípio, o mesmo vale com maior razão para a outra qualificação que Plotino refere a ele, ou seja, a de "Bem". A fonte desse uso plotiniano é a célebre definição platônica da Ideia do Bem como "além do ser em dignidade e potência" (*Resp.*, VI, 509b). A interpretação dessa passagem é, em realidade,

---

12. Cf. PLUTARCO, *De Is. et Os.*, 75, 381 F; *De E ap. Delphos*, 20, 393 C.
13. Cf. *supra*, cap. III, p. 63-64.

controversa; nem todos os comentadores são inclinados a interpretar as palavras de Platão como indicativas da absoluta transcendência do Bem[14]. É, contudo, nesse sentido que Plotino a entende, no qual *epekeina* recorre com frequência, como uma clara reminiscência de *República* VI, indicando a transcendência do primeiro princípio[15].

Com efeito, "Bem" é a única qualificação possível de ser aplicada ao Uno, mas não se deve, contudo, de modo algum supor que o Uno "seja" bem; ou seja, "o Bem" não é uma forma, um atributo ou um nome do Uno que determina de modo positivo seu conteúdo: "Dizemos que ele é 'o Bem' não dizendo a ele mesmo, nem significando que o Bem lhe pertence como predicado, mas que é ele" (VI 7 [38], 38.4-6).

O Uno é bem não em si mesmo, mas para todas as coisas que dele provêm e dele carecem (VI 9 [9], 6.40-42; VI 7 [38], 41.28-29). Nenhuma designação determina de nenhum modo sua natureza, mas limita-se a caracterizá-lo de modo inadequado a partir daquilo que dele provém: "Na realidade, o possuímos de modo que podemos falar a seu respeito, embora não possamos dizê-lo em si mesmo. Dizemos aquilo que ele não é; assim, falamos dele partindo daquilo que vem após ele" (V 3 [49], 14.5-7). Também quando afirmamos que o Uno é causa, não estamos predicando um atributo acerca dele, mas acerca de nós mesmos, "porque somos nós que temos em nós mesmos algo que provém do Uno, enquanto ele é em si mesmo" (VI 9 [9], 3.50-51).

É verdade, de outro lado, que Plotino sempre inclina-se a atribuir caracteres positivos ao Uno, em particular quando se interroga sobre o modo como o princípio absolutamente simples exerce sua função causal: isso ocorre sobretudo no tratado VI 8 [39], *Sobre a voluntariedade e a vontade do Uno*. Para afastar o risco de a absoluta simplicidade e ausência de determinação levar a supor que o Uno seja "como lhe agrada" (VI 8 [39], 13.58; cf. 7.11-15)[16], Plotino atribui ao princípio uma forma específica de vontade e autocausalidade. Ao termo de

---

14. Um balanço das principais interpretações encontra-se em AUBRY, *Dieu sans puissance*, 216.

15. Cf. a discussão em Ibid., 217 ss.

16. Nessas linhas de VI 8 [39], Plotino critica duramente um "discurso temerário" segundo o qual a natureza do Bem é do modo como lhe concebe ser e não é senhora daquilo que ela é; em consequência, ela seria constrangida a agir ou não agir. A identificação do horizonte polêmico de Plotino é objeto de debate; para um *status quaestionis*, cf. LAVAUD, L., *Plotin. Traité 39 (VI, 8)*, in: BRISSON; PRADEAU (org.), *Plotin. Traités 38-41*, 173-326, em particular 182-184.

uma complexa reflexão sobre os conceitos de "liberdade" e "vontade", que tem origem na situação na qual o ser humano se encontra e para a qual ele se voltará a seguir com maiores detalhes, o Uno é descrito como querendo si mesmo e aquilo que produz com uma absoluta liberdade rigorosamente distinta do arbítrio: ele gera aquilo que existe não de modo arbitrário, mas como ele o quer (VI 8 [39], 18.41)[17]. O Uno "quer aquilo que se deve" (18.49-50). A vontade é concebida como uma espécie de "essência do Bem" (VI 8 [39], 13.8-9): "A autêntica natureza do Bem é vontade de si, incorrupta, não constrita a seguir a própria natureza, embora escolha a si mesma, visto não haver nada além que a possa movê-la" (13.38-40). É no curso dessa discussão que o primeiro princípio é apresentado mais como uma causa eminente (isto é, na qual se encontram de forma completa as perfeições que caracterizam seus efeitos) do que como causa heterogênea e absolutamente simples (cf. VI 8 [39], 18.38-41). Plotino, contudo, tem consciência da extrema dificuldade de sua tentativa de determinar o Uno de modo positivo e põe em relevo seu caráter intrinsecamente aporético:

> É preciso, contudo, ter indulgência com os nomes, se alguém, falando daquele Bem, para dar uma indicação é constrito a usar expressões que a rigor não admitimos; para cada uma delas, inclua-se a reserva "por assim dizer" [*hoion*] (VI 8 [39], 13.47-50)[18].

Já se mencionou o "princípio da anterioridade do simples". Tudo aquilo que, de algum modo, admite em si mesmo uma multiplicidade não pode ser primeiro; aquilo que é primeiro deve também ser absolutamente simples (V 4 [7], 1.5-15). A hierarquia metafísica plotiniana é articulada em sentido descendente segundo graus cada vez maiores de multiplicidade que se acrescenta à unidade e à simplicidade do nível hierárquico superior. Plotino encontra nas primeiras três hipóteses do *Parmênides* platônico (137c-142a; 144e; 155e) sua distinção de Uno, Intelecto e alma (V 1 [10], 8.24-27)[19]: a primeira hipótese corresponde ao Uno além do ser e do múltiplo (desse modo, Plotino assimila o estatuto do Uno absoluto teorizado no *Parmênides* ao da Ideia do Bem concebida na *Re-*

---

17. Encontra-se uma síntese do argumento de VI 8 [39] em AUBRY, *Dieu sans puissance*, 234-239.

18. Sobre essa argumentação, cf. SZLEZÁK, *Platon und Aristoteles in der Nuslehre Plotins*, 155-160.

19. Sobre essa interpretação e suas possíveis fontes na tradição pré-plotiniana, cf. *supra*, cap. I, p. 19-20.

pública: ambas as descrições se referem ao primeiro princípio); a segunda hipótese corresponde ao Intelecto, que é unomúltiplo, ou seja, implica a perfeita compenetração de unidade e multiplicidade no pensamento autorreflexivo; a terceira hipótese corresponde à alma, que é uno *e* múltiplo, pois dirige sua atividade para a multiplicidade corpórea e implica uma sucessão no pensamento discursivo que lhe é próprio.

A absoluta simplicidade do primeiro princípio impõe que ele seja além de qualquer pensamento, até mesmo do pensamento discursivo do Intelecto. Por quê? No Intelecto divino, uno e múltiplo são compenetrados em uma estrutura autorreflexiva, na qual o todo e as partes são perfeitamente conexos entre si. Todavia o Intelecto não pode não pressupor uma multiplicidade em seu interior, e o fato de tal multiplicidade ser perfeitamente unificada nada retira de seu ser sempre múltiplo. Duas são as razões pelas quais o *Nous* não é absolutamente simples.

1. Em primeiro lugar, toda forma de pensamento (até mesmo o pensamento de si mesmo: V 6 [24], 1-2) pressupõe uma dualidade entre a atividade e o objeto do pensamento.
2. Em segundo lugar, o objeto do pensamento divino é intrinsecamente múltiplo.

A relação entre 1 e 2 não é fácil de estabelecer.

O argumento 1 é expressamente dirigido contra o deus aristotélico, o "pensamento do pensamento" teorizado em *Metafísica* XII (cf. V 1 [10], 9.7-9): afirmando que deus pensa a si mesmo, Aristóteles faz com que ele não possa ser o primeiro e torna necessário um princípio anterior. A tese segundo a qual nenhum pensamento não pode não admitir um desdobramento entre o objeto e a atividade que a ele se dirige é intuitivamente clara, mas não aparece perfeitamente de acordo com a própria doutrina do pensamento autorreflexivo, que é ao mesmo tempo pensante e pensado e é objeto de visão de si mesmo (V 3 [49], 8.15 ss.). Mais do que em uma verdadeira incoerência, talvez seja suficiente pensar em uma diversidade de ênfase posta nas várias abordagens: no pensamento do *Nous*, sujeito e objeto formam uma dualidade na qual cada um dos dois termos é perfeitamente transparente em relação ao outro; sublinhar a dualidade ou a recíproca transparência depende do contexto em que a argumentação se desenvolve. Deve, contudo, ser dito que, ao contrapor o Intelecto ao primeiro princípio, Plotino acaba então por descrevê-lo em termos que desmentem os caracteres de absoluta indivisibilidade, simultaneidade e perfeição que ele lhe atribui em outros contextos (cf., por exemplo, a contraposição entre o Bem do primeiro princípio e o Belo do inteligível apresentada em V 5 [32], 12). É na discussão da geração do Intelecto que esse aspecto aparece de modo mais claro.

O Uno não deve pensar nem conhecer o que quer que seja, pois o pensamento, em virtude da pluralidade que não pode não implicar, é necessariamente o signo daquilo que é inferior ao Uno. Por isso, o Uno nem sequer conhece a si mesmo; não tem pensamento nem consciência de si: "Aquele que é só nada conhece e nada ignora, mas sendo uno e unido a si não tem necessidade de conhecer-se" (VI 9 [9], 6.48-50; cf. V 6 [24], 5.4-5; V 3 [49], 13.11-12)[20].

É oportuno deter-se ainda brevemente nessa tese. Com efeito, diante da impossibilidade de conciliar no primeiro a unidade e o pensamento, poderia haver a tentação de renunciar à unidade, se essa implica a renúncia ao pensamento[21]. Depois de tudo, admitir uma pluralidade de princípios irredutíveis não é uma tese mais contraintuitiva do que admitir no vértice de tudo um primeiro princípio indeterminável e privado de pensamento. É, todavia, notável como a preocupação de garantir a unidade do primeiro princípio é absolutamente dominante em Plotino. Muitas vezes nas *Enéadas* se insiste na necessidade de haver um único princípio de todas as coisas: a concepção do Uno como absolutamente simples é funcional em relação à essa exigência; sem o Uno não poderia haver múltiplo (V 6 [24], 3-4). Também no caso dos seres verdadeiros é necessário que haja uma unidade da qual deriva a multiplicidade (V 3 [49], 12.9-14). Foi visto como Plotino se apropria, transpondo-a para sua própria filosofia, da posição enunciada por Platão no *Sofista*: o mundo inteligível é uma conexão de múltiplos gêneros; a alteridade e a pluralidade encontram-se também naquilo que é em grau máximo. Diversamente daquilo que ocorre no *Sofista*, entretanto, a pluralidade dos seres verdadeiros remete a um princípio superior e privado de complexidade. Por quê? Plotino nota que, se não houvesse uma unidade suprema absolutamente simples da qual derivam os muitos (também os muitos

---

20. Em V 4 [7], 2.18 Plotino atribui ao Uno uma "espécie de consciência" (*sunaisthêsis*), um gênero de intelecção diferente daquele do Intelecto. A relação dessa passagem com os paralelos nos quais é negada ao Uno toda forma de pensamento é matéria de debate entre os estudiosos. Pode-se pensar que Plotino corrige nos tratados mais maduros a posição expressa nesse escrito. De outro lado, é importante sublinhar que Plotino fala de "uma espécie" (*hoionei*) de consciência: essa fórmula aproxima-se das expressões adotadas em VI 8 [39], quando Plotino adscreve de modo problemático características positivas ao Uno, sem que com isso pretenda comprometer sua absoluta simplicidade.

21. Cf. HAM, B., *Plotin. Traité 49 (V, 3)*, Paris, Cerf, 2000, 216.

inteligíveis), o múltiplo permaneceria em um estado caótico de dispersão; os muitos seriam desagregados uns dos outros e se comporiam por acaso (V 3 [49], 12.14). O primeiro princípio gera todo o resto: a ideia de fundo validada por esse argumento é que, se tudo fosse gerado não de um, mas de muitos, o resultado da geração careceria de unidade intrínseca e seria um mero agregado privado de coesão. Qualquer que seja o valor de tal argumento, deve ao menos ser-lhe reconhecida certa sutileza. A tese segundo a qual o princípio é provido de pensamento parece ser uma garantia válida contra o fato de a realidade que dele deriva ser caótica e privada de coesão: se pensa e conhece, aquilo que ele gera será ordenado por seu pensamento e não será casual. Com o argumento de V 3 [49], 12, Plotino, contudo, inverte de fato essa posição: se pensasse, o princípio seria intrinsecamente múltiplo; mas, sendo múltiplo, geraria uma realidade privada de coesão interna. Colocar no vértice de qualquer coisa um princípio que gera todo o resto impõe que esse princípio seja único, mas isso impõe, por sua vez, concebê-lo como simples e perfeitamente unitário; o que impõe, por sua vez, postular que ele não tenha em si pensamento e conhecimento.

A caracterização do primeiro princípio como indizível e superior ao pensamento é um dos aspectos mais conhecidos da filosofia de Plotino, que é considerado o fundador da "teologia negativa". Não é possível ignorar a importância desse aspecto de seu pensamento, que, contudo – é importante ressaltar mais uma vez – não é considerado isoladamente. Como se procurou destacar nas páginas precedentes, com efeito, Plotino teoriza a inefabilidade do Uno e sua superioridade ao pensamento com base em um percurso conceitual preciso fundado em pressupostos que governam toda sua reflexão. A necessidade de desenvolver um platonismo do ponto de vista das causas, capaz de resistir às críticas daqueles que haviam interpretado mal a teoria dos inteligíveis conduz à defesa do princípio segundo o qual as causas são heterogêneas em relação àquilo que delas depende e não são concebidas recorrendo aos caracteres próprios de seus efeitos. A doutrina que estabelece no vértice de tudo um primeiro princípio absolutamente simples, não determinável mediante nenhum atributo e superior a qualquer tipo de pensamento não é outra coisa senão o êxito extremo dessa posição conceitual. A mesma exigência conduz Plotino a conceber o mundo das Ideias "segundo seus princípios adequados", sem transferir-lhes indevidamente as características próprias das realidades que dela derivam. A mesma exigência dá conta, enfim, da gnosiologia plotiniana baseada na doutrina da alma não descida. É de crucial importância sublinhar que os elementos místicos do platonismo de Plotino não são acidentais, não descendem apenas de sua biografia espiritual e, ainda menos, podem ser explicados pela influência desta ou daquela corrente filosófica ou sapiencial: trata-se, antes, do êxito extremo ao qual conduzem os pressupostos de seu platonismo sistemático.

5.4. A causalidade do Uno e a geração do Intelecto

Os textos em que Plotino se propõe demonstrar como o Intelecto gera-se a partir do Uno estão entre os mais difíceis e controversos de todas as *Enéadas* (cf., em particular, V 1 [10], 6-7; V 4 [7]; VI 7 [38], 15-17; V 3 [49], 10-11, 16). Denis O'Brien esclareceu a exigência à qual essa complexa doutrina plotiniana pretende responder: o Uno é uma causa geradora, mas, ao mesmo tempo, é desprovido de qualquer atividade e movimento que possam comprometer sua absoluta simplicidade; donde surge a necessidade de que o movimento implicado pela geração do Intelecto encontre-se não naquilo que gera, mas naquilo que é gerado. Deve-se, portanto, admitir que o Uno gera o Intelecto sem ser, por assim dizer, nem seu demiurgo nem seu criador[22].

Grosso modo, as etapas que Plotino estabelece na geração do Intelecto são três[23].

1. Do Uno procede "por superabundância" (cf. V 2 [11], 1.7-11) algo diverso: uma atividade ilimitada e secundária que ainda não é o Intelecto, mas é a potência geradora de que ele emerge; tal atividade é também chamada por Plotino de "vida indeterminada" (VI 7 [38], 17.14-15).

2. A atividade secundária e ilimitada desprendida do Uno volta-se para o Uno do qual deriva por uma espécie de "conversão". Plotino fala a esse respeito de uma "visão que ainda não vê" (V 3 [49], 11.5), de uma visão incompleta e sem objeto (11.12), de um olhar privado de compreensão e indefinido (VI 7 [38], 16.14; 17.14-15). Esse olhar incompleto dirigido para o Uno é parte integrante do processo emanativo: o "outro" que provém do Uno por superabundância não é ainda Intelecto, mas torna-se ele quando se volta para o Uno; em um primeiro

---

22. O'BRIEN. La matière chez Plotin..., 51.

23. O problema da geração do Intelecto pelo Uno foi objeto de muitos estudos e as conclusões às quais os especialistas chegaram nem sempre são concordantes; sigo a apresentação sintética de O'BRIEN., La matière chez Plotin... Pode-se encontrar uma ampla abordagem do tema, com discussão da bibliografia, em BUSSANICH, J., *The One and its Relation to Intellect in Plotinus: A Commentary on Selected Texts*, Leiden, Brill, 1988.

momento, esse olhar é ainda incompleto e o Intelecto, portanto, está em uma espécie de estado primordial.

3. Quando o olhar se realiza, então o "outro" que provém do Uno torna-se intelecto: o olhar, contudo, vê o Uno não como tal, mas sob a forma de uma multiplicidade que constitui o mundo inteligível. Desse modo, o Intelecto chega àquela contemplação de si que constitui sua natureza. As Formas ideais não se originam, portanto, de um modelo preexistente (o Uno não é o paradigma dos inteligíveis), mas mediante o ato de conversão e limitação da atividade secundária do Uno para sua própria fonte, a qual (agindo como princípio formador) permanece, todavia, em si mesma indeterminada e indeterminável (o Uno é princípio das Formas justamente por ser é em si mesmo privado de forma):

> A vida que olhava para o Bem era indeterminada, mas, após o ter contemplado, lá se delimitou, embora o próprio Bem não tivesse limites. Com efeito, a vida que contempla algo uno, logo é por ele delimitada e tem em si mesma um termo, um limite e uma forma. E a forma estava naquilo que era formado, enquanto aquilo que formava era privado de forma (VI 7 [38], 17.14-18).

A descrição sintética fornecida por O'Brien caracteriza muito bem o processo há pouco ilustrado:

> O Uno não gera o Intelecto. O Uno faz nascer um produto indiferenciado, um produto que, portanto, ainda não é Intelecto, mas que se tornará, não na sequência de qualquer atividade por parte do primeiro princípio, mas porque se constitui a si mesmo como Intelecto por meio de um movimento de retorno para sua origem, por meio do olhar que ele mesmo busca dirigir para o princípio do qual resultou[24].

Cada uma das etapas conceituais há pouco sintetizadas é controvertida e o comentário detalhado das várias passagens eneádicas com frequência conduz a outras dificuldades.

A doutrina plotiniana pretende subtrair do Uno todo movimento e atividade, que comprometeriam seu caráter absolutamente simples. Dito isso, permanecem alguns problemas. A tese segundo a qual do Uno deriva por superabundância "algo diverso" remete diretamente à teoria da dupla atividade, que é

---

24. O'BRIEN, La matière chez Plotin..., 55.

explicitamente evocada para explicar o processo de geração do Intelecto (V 4 [7], 1.20-41). O fato de o Uno ter uma atividade externa é descrito fazendo referência à natureza geradora daquilo que é perfeito (V 1 [10], 6.37-38; V 2 [11], 1.7-9; V 4 [7], 1.23-31), e isso se une às metáforas que expressam superabundância ou iluminação (V 1 [10], 6-7; V 2 [11], 1-8; V 3 [49], 12.39-44). Ora, segundo a doutrina da dupla atividade, o ato externo depende constantemente do interno, que permanece privado de afecções, apesar de dar origem ao ato externo. Tudo isso pode explicar por que o Uno não sofre mutação na geração do Intelecto e permanece em si mesmo; não explica, contudo, como é possível atribuir qualquer ato interno ao Uno (e o ato interno é sempre o requisito indispensável a fim de que tenha um ato externo). O Uno não é uma "determinada coisa" (nem mesmo a coisa mais perfeita) e é superior a qualquer predicado: não se pode falar de uma "natureza do Uno" como se fosse uma forma ou uma essência. A tese plotiniana da completa heterogeneidade do primeiro princípio requer que ele não tenha nenhuma essência, nem a essência mais perfeita; mas a aplicação ao Uno da doutrina da dupla atividade pareceria, de outro lado, requerer justamente tal condição. Mais uma vez, vê-se como a necessidade de integrar, embora com todas as qualificações possíveis, o primeiro princípio no processo da causalidade parece tornar inevitável concebê-lo como uma natureza de algum modo determinada.

De outro lado, em alguns textos de interpretação dificílima, Plotino parece sugerir que o papel do Uno na geração do Intelecto implica alguma forma de movimento ou conversão também no primeiro princípio. Essa tese poderia ser enunciada em dois lugares controversos do tratado V 1 [10], *Sobre as três hipóstases que são princípios* (V 1 [10], 6.18 e 7.5-6)[25]. Nessas linhas, Plotino fala de uma conversão "para algo", fazendo o Intelecto emergir desse processo de conversão. No grego, "para" corresponde à preposição *pros*, que se encontra em ambas as passagens e em ambas é seguida do pronome **auto*. Essa forma pode corresponder a um pronome demonstrativo (*auto*) ou a um reflexivo (*hauto*). Não é um simples problema de gramática: se for feita a opção por *auto*, lendo um pronome demonstrativo na passagem eneádica, deve-se concluir que o sujeito

---

25. Para uma abordagem recente, cf. D'ANCONA, C., Re-redading *Ennead* V 1 [10], 7. What is the Scope of Plotinus' Geometrical Analogy in this Passage?, in: CLEARY, J., (org.), *Traditions of Platonism. Essays in Honour of Hohn Dillon*, Aldershot, Ashgate, 1999, 237-261, em que há uma ampla recapitulação do debate anterior; muito clara é também a discussão em O'BRIEN, La matière chez Plotin..., 46-50.

da conversão é o Intelecto e que aquele para quem ele se volta é o Uno (o Uno gera o Intelecto quando este volta-se para o Uno do qual provém); se, de outro modo, se opta por *hauto*, lendo um pronome reflexivo, deve-se concluir que o sujeito da conversão é o Uno (o Uno se voltaria para si mesmo gerando, assim, o Intelecto). A partir de Marsílio Ficino, todos os intérpretes de Plotino abordaram a tradução e a interpretação dessas linhas. A primeira hipótese (segundo a qual o sujeito da conversão é o Intelecto) parece a mais natural, mas também a segunda (aquela que lê *hauto* reflexivo e atribui ao Uno uma segunda conversão para si mesmo) encontrou defensores reconhecidos: ela foi assumida no século XIX por Adolph Kirchhoff e em seguida desenvolvida, em 1963, por Pierre Hadot em sua recensão da primeira edição das *Enéadas* elaborada por Henry e Schwyzer[26], os quais, após ter optado pelo pronome demonstrativo (aliás, bem atestado na tradição manuscrita), corrigiram o texto conforme as indicações de Hadot em sua segunda edição das *Enéadas*[27]. Em um artigo de 1987, Schwyzer retornou uma última vez à questão, sintetizando as explicações alternativas dos dois lugares controversos propostas por vários intérpretes e admitindo não estar em condições de escolher[28]. Os argumentos propostos contra a sugestão de Hadot e a favor da presença dos dois pronomes demonstrativos nos lugares discutidos são em realidade muito fortes. Com efeito, parece razoável supor que o sujeito que realiza a conversão e olha para o Uno seja o Intelecto em seu estado primordial e ainda não delimitado (o momento 2 no quadro ilustrado acima). A proposta de Hadot coloca, de qualquer modo, problemas muito graves e, entre outras coisas, conduz a admitir que o Uno, o primeiro princípio absolutamente simples, é capaz de voltar-se para si mesmo, uma eventualidade excluída de modo expresso em V 3 [49], 1.3-4. O debate, de qualquer modo, ainda está aberto. Dificuldades e incertezas tão grandes talvez não sejam casuais: ao descrever o processo de geração do *Nous* pelo Uno, o pensamento é literalmente constrangido para além dos próprios limites intransponíveis: uma coisa é postular que o tipo mais alto possível de realidade e de pensamento supõe uma origem superior e absolutamente simples, outra é explicar como, dessa origem,

---

26. Cf. HADOT, P., recensão de *Plotini opera*, II, org. P. Henry e H.-R. Schwyzer, Paris, 1959, in: ID., *Plotin, Porphyre. Études néoplatoniciennes*, 203-210 (ed. orig.: *Revue d'histoire des religions*, 164 [1963] 92-96).

27. Cf. *Plotini opera*, org. P. Henry e H.-R. Schwyzer (*editio minor*), Oxford, Clarendon Press, 1977, no aparato.

28. SCHWYZER, H.-R., Corrigenda ad Plotini Textum, *Museum Helveticum*, 44 (1987) 252-270, em particular a 200, nota 3.

que não é ser nem pensamento, geram-se ser e Intelecto. No caso do inteligível, a parte superior e não descida da alma deveria permitir, ao menos em linha de princípio, compreender a partir do interior sua estrutura e o modo de operar (ao menos deveria permiti-lo àqueles para os quais a alma não descida se tornou o centro unificador das faculdades psíquicas), mas não há – nem, a princípio, pode haver – uma alma não descida que nos permite compreender a partir do interior quais são a natureza e o modo de operar do Uno (o êxtase e a união da alma com o primeiro princípio, embora admitidos por Plotino, não são, todavia, concebidos de modo que possam assegurar essa função). A rigor, semelhante modo de operar é simplesmente impensável e incompreensível, pois precede a constituição de qualquer possível objeto de pensamento e de compreensão.

Outros pontos problemáticos podem ser indicados. Ainda que se admita que seja própria do Uno uma atividade derivada, continua, contudo, muito difícil de entender por que essa atividade se volta para a própria origem, pois da processão de algo diverso a partir do Uno passa-se à conversão desse algo para o princípio do qual se originou[29]. Baseada nessa doutrina está provavelmente a tese segundo a qual tudo aquilo que é múltiplo indica dispersão e incompletude em relação ao Uno e, em consequência, tem "necessidade" do Uno (cf. VI 9 [9], 6.18-19). Só o Uno é perfeitamente autossuficiente, e, portanto, é o fim para o qual tende tudo aquilo que é múltiplo. Não por acaso, o primeiro princípio é "Bem" para aquilo que dele deriva: Plotino chega a afirmar que, no "desejar" o Bem, tudo aquilo que é quer ser o Bem mais do que quer ser ele mesmo (VI 8 [39], 13.12-13). Isso permite compreender por que é uma causa final em relação ao Intelecto primordial, seu primeiro produto, que é a primeira forma de alteridade e multiplicidade provinda do Uno e, portanto, deseja o Bem; busca possuí-lo voltando-se para ele. Tudo isso, no mais, implica que o Intelecto primordial age como um "sujeito", que não é somente diferente do Uno, mas também de algum modo consciente dessa diferença e aspira, portanto, a unir-se novamente ao Uno: a incompletude é descrita em termos psicológicos, como uma necessidade e um desejo daquilo que lhe falta.

Voltando-se para o Uno, o que o Intelecto "vê"? Plotino fala em primeiro lugar de uma visão incompleta, sem objeto, de um olhar privado de compreensão e indefinido. Não se deve, portanto, pensar que o Uno seja um objeto visto ou compreendido pelo Intelecto primordial; o caráter absolutamente simples e

---

29. Cf., a esse respeito, a análise esclarecedora de EMILSSON, *Plotinus on Intellect*, 70-78.

indeterminável do Uno impede que seja considerado um objeto passível de visão ou de pensamento. Como se verá a seguir, a união direta com o Uno é admitida por Plotino, mas ela ocorre quando o Intelecto supera os próprios limites e cessa, portanto, de ser como tal (VI 7 [38], 35). Embora não faltem reconhecidos intérpretes que assimilaram o estatuto da visão pré-noética do Uno por parte do Intelecto primordial ao estatuto da união direta com o Uno, parece razoável opor-se a essa conclusão[30]. O motivo é simples: ao voltar-se para o Uno, o Intelecto não supera a própria multiplicidade, mas busca ver o Uno conforme sua natureza já múltipla; portanto, ele não consegue apreender o primeiro princípio. Em III 8 [30], 11.22, Plotino parece sugerir que o Intelecto não vê o Uno, mas seu traço (*ichnos*): a visão indefinida permanece, portanto, irremediavelmente incapaz de apreender o Uno em si mesmo. É também verdadeiro, contudo, que em outras passagens se afirma sem qualificação alguma que o Intelecto vê o Uno (V 1 [10], 6.41-42; V 3 [49], 10). Mais uma vez, o debate permanece aberto: vários especialistas sustentaram, cada um com bons argumentos, tanto que o Intelecto vê uma mera imagem do Uno quanto que ele apreende o Uno. Talvez o contraste seja menos radical do que parece em um primeiro exame: o fato é que o Intelecto primordial vê o Uno, mas o vê através do filtro da própria natureza já múltipla; nesse sentido, embora desejando o Uno, não se une a ele (já que tal união implicaria a superação de seu próprio caráter intelectual).

Quando a visão do Uno por parte do Intelecto primordial se realiza, gera-se a multiplicidade que constitui o mundo inteligível: é a terceira fase na geração do Intelecto. Há aqui uma passagem à qual já se fez alusão[31], e que Plotino jamais esclarece completamente: da duplicidade entre sujeito e objeto inerente a cada pensamento (mesmo no pensamento do Intelecto autorreflexivo), passa-se à multiplicidade do objeto do pensamento do Intelecto (as Formas). Plotino parece, com efeito, passar do primeiro ao segundo tipo de multiplicidade de modo muito mais desenvolvido, como ocorre em V 3 [49], 10:

> O que pensa, portanto, quando pensa, deve ser duplo: deve ter uma parte externa à outra, ou ambas devem encontrar-se no mesmo; assim, a intelecção é simples na diversidade e, necessariamente, na identidade, por isso os objetos que são, propriamente, objetos de pensamento, em relação ao Intelecto são ao mesmo tempo idênticos e diferentes (V 3 [49], 10.23-26).

---

30. Cf. os convincentes argumentos de Ibid., 101-103.
31. Cf. *supra*, cap. III, p. 71-72.

Estabelecer qual é a relação entre as duas multiplicidades é tarefa árdua, e fez-se menção acima a uma possível solução fundada no reconhecimento do fato de que o pensamento do Intelecto é um pensamento autorreflexivo "em primeira pessoa" (V 3 [49], 10.30-52). Mais uma vez, portanto, o que se pode dizer é que se trata de um ponto controvertido e não plenamente explicitado.

De fato, Plotino parece supor como uma espécie de axioma que todo conhecimento é, como tal, sempre conhecimento de um objeto múltiplo e diferenciado: trata-se, no fundo, de uma posição platônica, que remete à tese, formulada no *Teeteto* (201e-202c), segundo a qual elementos completamente simples são, como tais, incognoscíveis[32]. Essa tese constitui em Plotino o correspondente epistemológico da tese ontológica (mais uma vez platônica, mas dessa vez tomada do *Sofista*) segundo a qual tudo aquilo que é é intrinsecamente múltiplo e diferenciado. Identidade e diferença constituem, assim, os aspectos fundamentais de tudo aquilo que é e pode ser pensado; por esse motivo (conforme o princípio da anterioridade do simples), toda forma de ser e de conhecimento pressupõe uma origem superior absolutamente indiferenciada. De modo significativo, Plotino compara todo conhecimento (mesmo aquele perfeitamente unificado do Intelecto) a uma "nostalgia" (*pathos*) e a uma busca, que, malgrado todos os esforços, permanecem inevitavelmente incapazes de atingir a origem da qual provêm (V 3 [49], 10.48-50).

É mesmo muito evidente que a necessidade de distinguir o estatuto do Intelecto gerado em relação àquele de sua fonte conduz Plotino a atribuir ao Intelecto características tais como a incompletude, a falta, a busca e o desejo, que se conciliam muito mal com a perfeição e a coesão absolutas que, em outros contextos, são atribuídas ao Intelecto autorreflexivo. Já se mencionou a diferença de contexto entre as várias descrições: enquanto Plotino sublinha a unidade do Intelecto quando se propõe ilustrar a estrutura e distingui-la em relação à sucessão própria do pensamento discursivo, ele sublinha sua multiplicidade quando se propõe ilustrar a diferença entre Intelecto e Uno. Todavia os dois tipos de descrição parecem tão diferentes a ponto de serem de algum modo incompatíveis; a diversidade do contexto consegue apenas parcialmente atenuar essa impressão. Igualmente difícil de suprimir é a impressão de que todo o processo de geração do Intelecto implica uma sucessão temporal. O tempo, contudo, nasce somente no nível da hipóstase da alma (cf. III 7 [45], 11) e tudo o que precede a alma na

---

32. A pertinência desse elemento platônico em relação à doutrina plotiniana do conhecimento foi sublinhada por REMES, *Plotinus on Self*, 73.

hierarquia metafísica está fora do tempo. O processo de geração do *Nous* ocorre sem o tempo, e, com efeito, Plotino insiste em pontuar que os momentos distintos nesse processo ocorrem não de modo sucessivo, mas "eternamente" (*aei*: III 8 [30], 11.22-24). Todavia é verdadeiramente difícil compreender como as fases distintas na geração do Intelecto podem ter lugar senão em uma pluralidade de momentos sucessivos. É possível sustentar que se trata de uma sucessão meramente lógica e causal, não da descrição de momentos de um processo distintos e posteriores um ao outro. Continua, contudo, sendo verdadeiro que, como notou Arthur H. Armstrong, esvaziar tais descrições plotinianas de seu aspecto processual significa também privá-las de grande parte de seu conteúdo[33].

---

33. Cf. ARMSTRONG, A. H., Eternity, Life and Movement in Plotinus' Account of *Nous*, in: SCHUHL; HADOT (org.), *Le Néoplatonisme*, 67-74.

CAPÍTULO SEXTO

O mundo físico e a matéria

6.1. Mundo sensível e causas inteligíveis: substância, movimento, tempo

Uno, Intelecto e Alma são, para Plotino, as três "hipóstases que são princípios" – como diz o título do tratado V 1 [10] –, ou seja, os três princípios metafísicos capazes de ser causas em virtude de sua própria natureza. De cada um deles provém uma atividade que é princípio do "grau" sucessivo: o Uno gera o Intelecto, o Intelecto a Alma (V 2 [7], 1.14-18), a Alma gera os corpos e as formas sensíveis. Os seres de natureza divina vão até o limite da Alma (V 1 [10], 7.49). Plotino sustenta que os corpos e as formas sensíveis imanentes a eles são realidades "mortas" (II 4 [12], 5.18; III 8 [30], 2.32). Nessas asserções não se deve tanto ver uma condenação genérica do mundo físico, mas uma caracterização de sua incapacidade de ser uma causa autêntica: uma vez que "vida" indica a capacidade produtiva dos princípios metafísicos, o fato de os corpos e as formas sensíveis serem "mortos" significa, simplesmente, que não são capazes de gerar um grau posterior de realidade por meio de sua natureza. Em suma: o plano dos corpos não inclui causas verdadeiras.

A abordagem de Plotino em relação ao mundo físico é dupla: algumas vezes ele insiste no caráter inautêntico, ilusório, não essencial dos corpos, opondo-os ao mundo do ser como uma espécie de "polo negativo" (por exemplo, VI 2 [43], 1.23-25); outras vezes, ao contrário, Plotino insiste (em polêmica aberta contra a gnose) no caráter bom e providencial do cosmo natural, sublinhando seu vínculo com as causas autênticas e inteligíveis (em particular, cf. II 9 [33]). Não se trata, contudo, de incoerência, mas de uma duplicidade de pontos de vista compatíveis: se o mundo físico for considerado em si mesmo, sem ser reduzido às suas causas essenciais, então ele se apresenta como incapaz de ter uma organização interna; se, de outro lado, o mundo físico for remetido às suas causas autênticas, então ele se revela como o grau mais baixo de uma hierarquia que parte dos princípios metafísicos e está em continuidade com eles.

Segundo Plotino, não é a análise do mundo natural que nos leva a conhecer suas causas inteligíveis, mas é o conhecimento das causas inteligíveis que nos consente compreender o mundo físico de modo apropriado. Toda abordagem do cosmo natural que não tome como ponto de partida suas causas autênticas está fadada a fracassar. Esse ponto de vista emerge sobretudo nos tratados *Sobre os gêneros do ser* (VI 1-3 [42-44]: trata-se, de fato, de um único longo tratado dividido em três por Porfírio), nos quais se encontra a discussão mais extensa e aprofundada sobre a estrutura do mundo sensível segundo Plotino[1]. Em um primeiro exame, esse fato parece sobretudo surpreendente. Os tratados *Sobre os gêneros do ser* são dedicados à doutrina das categorias. No primeiro deles, Plotino discute criticamente as teorias peripatética e estoica das categorias; no segundo, considera os gêneros supremos conforme os quais é articulada a estrutura do mundo inteligível (ser, identidade, diferença, movimento, repouso)[2]; no terceiro tratado, expõe sua teoria dos gêneros do mundo físico (substância, quantidade, movimento, relação). Considera-se, com frequência, que a doutrina das categorias é antes de tudo uma doutrina lógico-semântica relativa à predicação e a seu significado: portanto parece estranho que justamente numa abordagem dedicada às categorias Plotino se demore na estrutura da realidade física. A situação, contudo, é diferente e deve ser avaliada a partir do modo como na época antiga a doutrina das categorias era interpretada. O termo "categorias" pode indicar ou o tratado intitulado *Categorias*, ou seja, o primeiro tratado do

---

1. Para uma abordagem mais aprofundada desses tratados, com remissões à literatura crítica, cf. CHIARADONNA, *Sostanza movimento analogia*. Alguns estudos defenderam uma interpretação diferente daquela aqui proposta, e buscaram redimensionar o caráter antiaristotélico da discussão plotiniana: cf., em particular, STRANGE, S. K., Plotinus, Porphyry, and the Neoplatonic Interpretation of the *Categories*, in: *Aufstieg und Niedergang der römischen Welt*, II 36.2, Berlim-Nova York, De Gruyter, 1987, 955-974; HORN, *Plotin über Sein, Zahl und Einheit*; DE HAAS, F. A. J., Did Plotinus and Porphyry disagree on Aristotle's *Categories?*, *Phronesis*, 46 (2001) 492-526.

2. Cf. *supra*, cap. III, p. 72-73.

Organon, ou a doutrina das categorias, que é exposta tanto nesse tratado quanto em outras obras do *corpus* aristotélico (em particular, na *Metafísica*). Ambos os significados são obviamente estritamente ligados um ao outro: por várias razões, que os intérpretes ainda não esclareceram plenamente, as *Categorias* foram o escrito de Aristóteles mais lido e comentado na Antiguidade, do século I a.C., quando os escritos escolares aristotélicos começaram a circular, até o fim da filosofia grega no século VI d.C. (como é óbvio, o interesse pelas *Categorias* passou depois, por vários trâmites, às épocas posteriores); portanto, é natural que a reflexão sobre a doutrina das categorias fosse abordada sobretudo pela interpretação do tratado das *Categorias*[3]. Dito isso, os exegetas antigos que se confrontaram com esse escrito, tanto aristotélicos quanto de outras escolas, não descuidaram de discutir as passagens paralelas de outras obras (como a *Metafísica*, a *Física* etc.). Isso é extremamente importante e explica por que nas discussões antigas sobre as categorias estão amplamente presentes doutrinas (em particular a doutrina da composição hilemórfica das substâncias físicas) que não se encontram nas *Categorias*, mas nos tratados aristotélicos de física e metafísica.

Foram propostas várias interpretações quanto ao objeto do tratado *Categorias*. Tratava-se de estabelecer se os conceitos generalíssimos e fundamentais apresentados eram termos linguísticos, conceitos mentais ou realidades. A partir de Porfírio, impõe-se de modo definitivo a tese segundo a qual as categorias são expressões linguísticas simples, que são investigadas porque significam as coisas[4]. Tal leitura permitia unir, de uma maneira complexa que não é possível ilustrar aqui, lógica e ontologia por meio de uma determinada doutrina do significado[5].

Plotino assume uma concepção diferente: para ele, é claro que os conceitos fundamentais apresentados por Aristóteles e por seus seguidores são "entes": ou seja, trata-se dos conceitos mais universais e basilares conforme os quais é

---

3. Cf. BARNES, J., *Porphyry. Introduction*, Oxford, Clarendon Press, 2003, 26 et passim. O estudo de Barnes fornece, junto com o de LUNA, C., *Simplicius. Commentaire sur les Catégories d'Aristote. Chapitres 2-4*, Paris, Les Belles Lettres, 2001, a abordagem mais ampla e atualizada da recepção das *Categorias* na Antiguidade.
4. Sobre a concepção do objeto (*skopos*) das *Categorias* nos comentadores antigos, cf. HOFFMANN, P., Catégories et langage selon Simplicius. La question du "*skopos*" du traité aristotélicien des *Catégories*, in: HADOT, I. (org.), *Simplicius. Sa vie, son œuvre, sa survie*, Berlim-Nova York, De Gruyter, 1987, 61-90.
5. Para uma abordagem mais detalhada, cf. CHIARADONNA, R., Concetti generali, astrazioni e forme in Porfirio (prelo); Id., What Is Porphyry's *Isagoge*, *Documenti e studi sulla tradizione filosofica medievale*, 18 (2008) 1-30.

classificado tudo aquilo que é. A primeira frase dos tratados VI 1-3 [42-44] delimita sem ambiguidade possível o objeto da investigação plotiniana: ela versa "sobre coisas que são (*peri tôn ontôn*), quantas e quais são" (VI 1 [42], 1.1). A expressão "gêneros do ser" para indicar as categorias não era, aliás, nova: é usada no comentário de Alexandre de Afrodísia à *Metafísica*, no qual as categorias são concebidas como as principais divisões do ser[6]. Essas especificações deveriam explicar por que a exposição filosoficamente mais aprofundada da estrutura do mundo físico em Plotino se encontra nos tratados sobres as categorias: se, com efeito, as categorias são os principais conceitos conforme os quais se classifica tudo aquilo que é, então a investigação sobre as categorias deverá estabelecer sob quais condições tais classificações podem ser aceitas; em suma: a interrogação acerca das categorias deverá examinar a estrutura generalíssima daquilo que é e identificar os conceitos fundamentais com base nos quais aquilo que é pode ser classificado e organizado.

A ideia fundamental validada por Plotino é que aquelas teorias (em particular, as teorias aristotélica e estoica) que pretenderam dar conta do mundo como um todo e de sua estrutura sem referir-se às causas inteligíveis são destinadas a falir em seu escopo. Por essa razão, Plotino é fortemente crítico em relação à física e à doutrina da substância aristotélicas (cf., em particular, VI 1 [42], 1-24 e VI 3 [44]): Aristóteles identificou uma organização interna ao mundo natural, organização que encontra seu termo de referência na substância, a primeira das categorias. Todavia Aristóteles não remeteu a estrutura do mundo corpóreo às suas causas autênticas; portanto, as análises do mundo físico pelos paripatéticos são meras descrições factuais privadas de um critério autêntico de legitimidade. Eles incorrem em dificuldades insolúveis, que são o sintoma de uma insuficiência de fundo que depende do fato de terem descuidado, em sua explicação do mundo natural, das causas inteligíveis, "entes no grau máximo" (VI 1 [42], 1.30). Entre o mundo físico e o mundo sensível há, segundo Plotino, uma radical heterogeneidade ("homonímia": cf. VI 1 [42], 1.24) que é ocultada por Aristóteles.

Uma crítica como essa (que era já feita na tradição exegética anterior a Plotino, em particular, como testemunha Simplício, por Lúcio e Nicóstrato)[7] parece,

---

6. Cf. ALEX. APHR., *In Metaph.*, 245.33-37 Hayduck. Cf. DONINI, P., L'objet de la métaphysique selon Alexandre d'Aphrodise, in: NARCY, M.; TORDESILLAS, A. (org.), *La* Métaphysique *d'Aristote. Perspectives contemporaines*, Paris/Bruxelas, Vrin/Ousia, 2006, 81-98.

7. Cf. SIMPL., *In Cat.*, 73.15-28. Como é habitual, Plotino não se limita recolocar um argumento já formulado pela tradição, mas integra o material preexistente no interior de sua

em um primeiro momento, muito capciosa. Como é sabido, o cosmo aristotélico admite a presença de causas suprassensíveis e tem em seu vértice o primeiro motor imóvel, ato puro e pensamento do pensamento (*Metaph.*, XII). A teologia aristotélica é bem conhecida por Plotino e é usada em sua abordagem do Intelecto. Justamente por tal razão, contudo, parece à primeira vista desconcertante que ele não a considere em seus tratados sobre as categorias: quando Plotino contesta Aristóteles e os peripatéticos por não terem querido (VI 1 [42], 1.30) considerar as coisas que são no grau máximo, parece cometer dois erros. Em primeiro lugar, se Plotino pretendesse dizer que Aristóteles cometeu o equívoco de ignorar em sua ontologia as Ideias platônicas, estaria mobilizando uma crítica completamente externa à doutrina de Aristóteles, o qual não ignora as Ideias, mas as critica profundamente e as considera uma hipótese inútil e filosoficamente insatisfatória. Se, de outro lado, Plotino pretendesse dizer que Aristóteles não admitiu a existência de substâncias diferentes daquelas sensíveis e corpóreas, então estaria apresentando a tese aristotélica de modo gravemente parcial, já que o próprio Aristóteles considera necessário postular a existência, no vértice do cosmo, de um primeiro princípio privado de matéria e de potencialidade. A única maneira de vir em socorro de Plotino pareceria a de sustentar que, em VI 1 [42], 30, faz-se alusão apenas ao conteúdo do tratado das *Categorias*, em que efetivamente não são mencionadas as substâncias suprassensíveis (como é sabido, o indivíduo sensível é caracterizado nesse escrito como "substância primeira": *Cat.*, 5, 2a 10-18). Também essa, contudo, é uma via que não pode ser percorrida, pois a discussão plotiniana em VI 1 [42] examina amplamente conceitos expostos por Aristóteles não apenas nas *Categorias*, mas também em outras obras, como a *Física* e a *Metafísica* (em particular, a distinção entre forma e matéria: cf. VI 1 [42], 2-3). Se, portanto, Plotino afirma que Aristóteles e seus discípulos não quiseram considerar as substâncias mais verdadeiras, isso não pode ser compreendido como se ele se limitasse a notar que tais substâncias não são discutidas nas *Categorias*.

A posição expressa em VI 1 [42], 1 parece, portanto, revelar uma enorme incompreensão por parte de Plotino. Se, contudo, for lida de maneira mais aprofundada, a discussão plotiniana se revelará mais aguda do que levam a supor tais

---

argumentação, que responde a exigências próprias. Em consequência, Lúcio e Nicóstrato podem ser considerados apenas com muita prudência como "fontes" da crítica plotiniana das categorias. Cf. CHIARADONNA, Plotino e la corrente antiaristotelica del platonismo imperiale..., 235-274.

considerações. Uma leitura do argumento de VI 1 [42], 1, situada no contexto mais amplo das argumentações desenvolvidas em VI 1-3 [42-44] conduz às seguintes conclusões. A tese de que Plotino pretende validar é aquela segundo a qual não é possível esclarecer de modo satisfatório o que são as realidades sensíveis e qual é a estrutura própria a elas, se tal essência e tal estrutura não são reportadas à ação de causas inteligíveis. Aristóteles contestou a existência desse tipo de causas (as Formas de Platão). Justamente por isso, sua abordagem do mundo físico é privada de toda necessidade: trata-se de uma mera enumeração de caracteres disparatados; as "categorias" de Aristóteles não são, para Plotino, senão isto: um catálogo empírico e factual de caracteres privado de qualquer coesão intrínseca (acerca do significado plotiniano de "categoria", tomado como mero agrupamento factual privado de verdadeira coesão e oposto como tal ao gênero, cf. VI 1 [42], 1.16-17; 4.51-52). Por essa razão, Plotino contesta os peripatéticos por não terem sabido apreender quais são a "natureza" (*phusis*) e o "conceito" (*ennoia*) da substância (VI 1 [42], 3.22): eles postulam a existência de distinções e hierarquias internas ao mundo físico (distinguindo, por exemplo, forma, matéria e composto das duas, distinguindo a substância das outras categorias e sublinhando a prioridade da primeira em relação às outras: cf. VI 1 [42], 2.9-18), mas não conseguem em seguida dar conta das distinções e da ordem de prioridade que introduzem, pois falta-lhes um critério real de fundamentação.

O fato de Plotino (diversamente daquilo que farão depois dele os comentadores neoplatônicos das *Categorias*)[8] não invocar em VI 1-3 [42-44] a doutrina do primeiro motor para encontrar um princípio inteligível já em Aristóteles, em verdade, não é surpreendente, mas antes revela uma compreensão profunda do pensamento aristotélico. Qualquer que seja o tipo de causalidade atribuído ao motor imóvel aristotélico (seja motriz, final ou ambas as coisas)[9], ele não é de modo algum claramente causa daquilo que as coisas sensíveis são em si mesmas:

---

8. Cf., por exemplo, DEXIPP., *In Cat.*, 41.7-42.12 (Busse). Sobre essa passagem, cf. HADOT, P., L'harmonie des philosophies de Plotin et d'Aristote selon Porphyre dans le commentaire de Dexippe sur les *Catégories*, in: ID., *Plotin, Porphyre. Études néoplatoniciennes* 355-382 (ed. orig. in: *Plotino e il Neoplatonismo in Oriente e in Occidente*, Roma, Accademia dei Lincei, 1974, 31-47).

9. O debate sobre o tipo de causalidade do primeiro motor aristotélico é muito amplo e está bem longe de ser concluído. Veja-se, para uma recente defesa da causalidade eficiente do primeiro motor aristotélico, BERTI, E., Unmoved Mover(s) as Efficient Cause(s) in *Metaphysics* Lambda 6, in: FREDE, M.; CHARLES, D. (org.), *Aristotle's Metaphysics Lambda*, Oxford, Clarendon Press, 2000, 181-206.

o primeiro princípio aristotélico não é causa formal daquilo que dele depende, não é essência das substâncias corpóreas, nem, ainda menos, produz os corpos dando forma à matéria. Todavia, para Plotino, a posição do mundo corpóreo na hierarquia da realidade que tem sua origem no Uno comporta justamente uma dependência desse tipo: o mundo dos corpos não tem em si mesmo a própria essência e é gerado pela ação de causas inteligíveis que transferem à matéria as imagens dos arquétipos e de seus nexos recíprocos. Aristóteles e seus discípulos postularam os sensíveis como substâncias, não reconhecendo seu caráter derivado e não essencial: desse modo, contudo, não apenas não consideraram as realidades que são "em grau máximo", mas se privaram da possibilidade de dar uma explicação satisfatória das próprias realidades físicas que, segundo Plotino, são em si mesmas privadas de toda inteligibilidade se forem isoladas das causas autênticas.

É necessária uma breve digressão para compreender plenamente esse ponto. Plotino considera, exatamente como Aristóteles, que o mundo tem duração eterna: não houve, portanto, um momento em que nosso cosmo não existia; ele não teve início no tempo. No *Timeu* (28b-c), Platão se exprime como se o cosmo tivesse sido efetivamente gerado, e, desde a Antiguidade, os exegetas se dividiram sobre a interpretação desse diálogo. Alguns, a partir de Xenócrates (o terceiro escolarca da Academia depois de Platão e Espeusipo, século IV a.C.), interpretaram em sentido alegórico as palavras do *Timeu* sobre a geração do cosmo, outros, como Aristóteles e, entre os platônicos mais tardios, Plutarco e Ático (I-II d.C.), o interpretaram em sentido literal, considerando que a geração do cosmo foi um evento real ocorrido no tempo[10]. Plotino, como já foi dito[11], considera que o cosmo tem uma duração eterna (depois dele, todos os platônicos optaram pela interpretação alegórica). Todavia, segundo Plotino, o fato de o cosmo não ter tido um início não significa que sua natureza e sua existência sejam independentes de causas superiores. Ao contrário: se o mundo plotiniano é eterno (não porque esteja fora do tempo, como o *Nous*, mas porque sua duração não tem início nem fim), isso significa que *ab aeterno* exerce-se sobre

---

10. A história desse debate foi reconstituída por BALTES, M., *Die Weltenstehung des platonischen Timaios nach den antiken Interpretern*, I, Leiden, Brill, 1976. Sobre a posição de Plotino, cf. CHIARADONNA, R., Il tempo misura del movimento? Plotino e Aristotele (*Enn.* III 7 [45]), in: BONAZZI, M.; TRABATTONI, F. (org.), *Platone e la tradizione platonica. Studi di filosofia antica*, Milão, Cisalpino, 221-250.

11. Cf. *supra*, cap. III, p. 79-80.

ele a causalidade das realidades superiores das quais ele depende (cf. II 9 [33], 3). De modo significativo, Plotino deduz o caráter não engendrado do cosmo precisamente de sua dependência das causas inteligíveis, que, como se notou muitas vezes, agem não com base na deliberação, mas em virtude de sua própria natureza. Sustentar que o cosmo existe somente a partir de certo momento significaria atribuir àquilo que o gera um modo de raciocinar e de agir antropomórfico, fundado no arbítrio e no cálculo (III 2 [47], 1.15-17). Não por acaso, a mais articulada defesa do caráter não engendrado do cosmo encontra-se no tratado II 9 [33], no qual Plotino polemiza asperamente contra a concepção antropomórfica dos princípios defendida pelos gnósticos[12]. Em suma: para Plotino, o cosmo não teve início, mas não é (e justamente por essa razão) independente das causas superiores quanto ao seu ser e à sua natureza. No cosmo de Aristóteles e de Alexandre de Afrodísia (o maior comentador aristotélico antigo e um dos autores de referência para compreender as *Enéadas*), a essência das realidades sensíveis, ao contrário, é situada nos princípios intrínsecos a ele (e, em particular, na forma hilemórfica); a ação de causas superiores (os astros com seus movimentos cíclicos e a hierarquia dos motores imóveis que culmina no primeiro deles) diz respeito simplesmente à organização do cosmo sensível, à regularidade dos movimentos que nele ocorrem, mas não à própria natureza das realidades físicas[13]. Contra Aristóteles e os peripatéticos, Plotino considera, de outro lado, poder demonstrar que uma abordagem satisfatória do mundo corpóreo não pode deixar de se referir à ação de causas inteligíveis, que são causa daquilo que o mundo dos corpos propriamente é e o levam ao ser mediante sua ação causal: em suma, por meio da discussão crítica das doutrinas aristotélicas e estoicas (principalmente das primeiras), Plotino se propõe defender a necessidade de admitir uma relação metafísica como a da participação platônica (na versão plotiniana, que acentua o aspecto produtivo das causas inteligíveis uma vez que elas são concebidas segundo os princípios apropriados a ele). Das causas inteligíveis os corpos não obtêm apenas a ordem e a regularidade dos processos nos quais estão implicados, mas sua natureza e sua existência.

---

12. Sobre esta polêmica, cf. a abordagem sintética de PEROLI, E., *Dio uomo e mondo. La tradizione etico-metafisica del Platonismo*, Milão, Vita e Pensiero, 2003, 158-160. Entre as contribuições mais recentes, cf. TURNER, The Gnostic Sethians..., 9-64; FATTAL, *Plotino gli Gnostici e Agostino*.

13. Cf. SHARPLES, R. W., Alexander of Aphrodisias on Divine Providence: Two Problems, *Classical Quarterly*, 32 (1982) 198-211; e RASHED, *Essentialisme*, 261-293.

A concepção do mundo físico exposta nos tratados VI 1-3 [42-44], *Sobre os gêneros do ser*, e no tratado III 7 [45], *Sobre a eternidade e o tempo*, que lhes segue imediatamente na ordem cronológica, está de acordo com as linhas gerais há pouco traçadas: Plotino propõe-se demonstrar que as distinções introduzidas na estrutura do mundo sensível devem ser reportadas à causalidade de realidades inteligíveis. Em si mesmo, prescindindo da referência a causas autênticas, o mundo físico perde a realidade e a inteligibilidade. Em relação à substância, Plotino critica em VI 1 [42] as distinções introduzidas pelos peripatéticos e demonstra, em VI 3 [44], 4-8, que aquilo que é chamado "substância sensível" não é em si mesmo senão um simples amálgama de qualidades e matéria, privado de todo critério intrínseco de identidade essencial (cf. VI 3 [44], 8)[14]. Somente a referência a princípios causais de ordem inteligível (em particular o *logos*) permite justificar a prioridade da substância (VI 3 [44], 15.24-38). Ao argumentar a favor dessa tese, Plotino serve-se com habilidade (ainda que de modo muito críptico e difícil de decifrar, pois as alusões não são explícitas, mas completamente englobadas em sua argumentação) dos debates suscitados no interior da interpretação das *Categorias* de Aristóteles nos séculos precedentes e, em particular, da controvérsia que havia oposto os exegetas sobre a possibilidade de estabelecer quais aspectos das substâncias sensíveis são seus constitutivos e quais são externos ou acidentais[15]. De fato, Plotino trata essas aporias como se fossem o sinal de uma insuficiência fundamental na doutrina aristotélica: tornou-se, assim, difícil de estabelecer o que é substância e o que não é; se alguns exegetas de Aristóteles chegaram a colocar em dúvida o caráter substancial da forma, subordinando-a à matéria em que se encontra (cf. VI 1 [42], 2.12, em que é possível que haja uma alusão às teses do peripatético Boeto de Sidone)[16], a razão é que resulta impossível dar conta daquilo que é a substância sensível ao permanecer no interior das coordenadas do pensamento aristotélico, no qual a estrutura das realidades materiais não é referida a causas autênticas. A prioridade da substância pode ser justificada apenas se ela for concebida como um princípio formal extrafísico (e não hilemórfico), do qual os corpos dependem em sua integralidade. Aquilo que os peripatéticos chamaram de "forma" na verdade não é

---

14. Sobre a estrutura dos objetos sensíveis na ontologia física de Plotino, cf. BRISSON, L., Entre physique et métaphysique. Le terme *ogkos* chez Plotin, dans ses rapports avec la matière (*hulê*) et le corps (*sôma*), in: FATTAL (org.), *Études sur Plotin*, 87-111.
15. Maiores detalhes em CHIARADONNA, *Sostanza movimento analogia*, 55-146.
16. Cf. Id., Plotino e la corrente antiaristotelica del platonismo imperiale..., 55-146.

nada além de uma configuração sensível e privada de caráter substancial, sendo o mero reflexo de um princípio superior e inteligível (cf. VI 3 [44], 15.35-38): de modo diverso do que os aristotélicos consideravam, a alma não pode, portanto, ser de modo algum assimilada à forma hilemórfica (cf. IV 3 [27], 20).

Um raciocínio análogo é aplicado à análise do movimento. Os capítulos plotinianos sobre o movimento físico nos tratados VI 1 [42] e VI 3 [44] são extremamente complexos (cf. VI 2 [42], 15-19; 3 [44], 22-27)[17]; em todo caso, é clara a tônica geral da discussão, que é perfeitamente coerente em relação àquela da substância. Plotino critica dois aspectos da concepção aristotélica.

1. A ideia de que o movimento físico é um "ato incompleto", direcionado a um fim extrínseco no qual se exaure (cf. *Phys.*, III 2, 201b 31-32).
2. A ideia de que o movimento não é uma realidade unitária e subsistente por si mesma, mas dividido conforme as diversas categorias.

Contra essas teses, Plotino sustenta que o movimento é "plenamente ato" (*energeia pantôs*: VI 1 [42], 16.6) e independente dos termos concretos entre os quais ele tem lugar. O movimento é completo em si mesmo, independente da extensão temporal e distinto de sua manifestação sensível, ou seja, o movimento extenso (VI 1 [42], 16.15-16). Assim como a substância sensível remete a um princípio extrafísico que é sua causa, também o movimento físico remete a uma causa extrassensível, ou seja, a alma; ela é o princípio que produz o movimento nas substâncias físicas (cf. IV 7 [2], 5.1 ss.) e seu movimento é distinto daquele que ela gera, com sua própria presença, nos corpos (cf. III 6 [36], 4.38-43). Plotino fala de modo significativo de uma "potência invisível de mover" (VI 3 [44], 23.7-8; 21), da qual procede sua manifestação sensível. A dinâmica, ou seja, a análise do movimento e de suas causas, firma-se, assim, com uma ontologia precisa, que situa fora do mundo corpóreo as causas dos processos que nele ocorrem. Como foi visto[18], as fontes antigas fornecem elementos para considerar que essa teoria do movimento físico se funda sobre material estoico;

---

17. Para uma abordagem mais aprofundada desses capítulos, permito-me mencionar ainda alguns de meus estudos, nos quais podem ser encontradas ulteriores referências bibliográficas: CHIARADONNA, *Sostanza movimento analogia*, 147-225; Id., The *Categories* and the Status of the Physical World. Plotinus and the Neoplatonic Commentators, in: ADAMSON; BALTUSSEN; STONE (org.), *Philosophy, Science and Exegesis in Greek, Arabic and Latin Commentaries*, 121-136.

18. Cf. *supra*, cap. I, p. 29-30.

de qualquer modo, o contexto em que Plotino insere suas possíveis fontes não é redutível a ele, mas de todo coerente com sua versão sistemática do platonismo fundada na doutrina dos inteligíveis e de sua causalidade.

O terceiro conceito fundamental na análise do mundo físico, qual seja, o tempo, é também objeto de uma análise similar feita no tratado III 7 [45]. Aqui, Plotino discute criticamente (junto com outras concepções da tradição precedente) a tese aristotélica segundo a qual o tempo é "medida" ou "número" do movimento natural (*Phys*., IV 11, 219b 2). Essa definição, nota Plotino, permite apenas saber que a manifestação empírica do tempo é ligada ao movimento dos corpos, mas não explica qual é a natureza do tempo em si mesma (cf. III 7 [45], 9). Em si, o tempo é remetido à sucessão que caracteriza o modo de atividade da hipóstase da alma (assim como a eternidade, da qual o tempo é imagem, é remetida ao modo de vida que caracteriza o Intelecto). No célebre capítulo III 7 [45], 11, a gênese do tempo é referida à constituição da alma em seu destacar-se da vida coesa do Intelecto:

> Porque a alma possuía uma natureza inquieta, sempre desejosa de transferir para outro aquilo que havia lá visto, não querendo que lhe estivesse presente de modo concentrado aquele todo que havia contemplado [...] a alma, portanto, primeiramente temporalizou-se (*echronôsen*) a si mesma, produzindo o tempo no lugar na eternidade (III 7 [45], 11.20-30).

O tempo é caracterizado como "vida da alma em movimento de transição de um modo de vida a outro" (III 7 [45], 11.43-45)[19]. É correto afirmar que Plotino faz valer contra Aristóteles a concepção do tempo como "imagem da eternidade" apresentada por Platão em *Timeu*, 37d (ou de uma exegese particular dessa concepção)[20], mas é preciso sublinhar também que sua interpretação do *Timeu* se enquadra em uma doutrina unitária sobre a estrutura do mundo sensível e de suas causas. Segundo essa concepção, os processos físicos derivam da ação da alma, que é um princípio inteligível que desprende em sucessão os conteúdos noéticos que se encontram perfeitamente unificados no Intelecto.

---

19. Para um comentário sintético dessa definição, cf. FERRARI; VEGETTI, *Plotino. L'eternità e il tempo*, 163; maiores detalhes em BEIERWALTES, *Eternità e tempo*...

20. A questão é controversa, e os intérpretes sublinharam a distância da concepção plotiniana em relação à sua fonte platônica: cf., em particular, Brague, R., *Le temps chez Platon et Aristote*, Paris, PUF, 1982, 24.

6.2. Alma, *logos*, natureza

Quando, no início do tratado VI 3 [44], Plotino começa sua abordagem dos gêneros do mundo sensível, dedica algumas importantes observações ao papel que a alma deve ter nesse tipo de discussão:

> Porque também aqui, na mistura e na composição, uma coisa é corpo, outra é alma – o todo, com efeito, é um vivente – e porque, de outro lado, a natureza da alma reside naquele inteligível e não tem lugar na classificação daquela que aqui é chamada substância, deve-se excluir [a alma], embora seja difícil, da presente abordagem. Como se alguém, querendo classificar os cidadãos de uma determinada cidade, por exemplo, com base na dignidade e na arte, não considerasse os residentes estrangeiros (VI 3 [44], 1.21-28).

Essa passagem exemplifica, talvez mais do que qualquer outro texto eneádico, a difícil posição de Plotino ao examinar o estatuto do mundo físico. Deixar de lado a alma na análise do mundo sensível é propriamente impossível. A alma não pode não estar presente no mundo dos corpos, já que o corpo está contido na alma como em sua causa essencial (cf. IV 3 [27], 20.46-51); sem a potência unificadora de origem inteligível não haveria nenhum corpo. Mas, ao mesmo tempo, a alma não é uma forma hilemórfica; ela pertence a outra ordem e não é um aspecto intrínseco ao mundo sensível; sua natureza é diferente. O inteligível unifica aquilo que é material, dando-lhe ser, permanecendo completamente distinto dele em sua natureza. A alma, portanto, "reside" (obviamente em sentido não literal, pois a alma, como substância inteligível, não está situada em um lugar) no mundo dos corpos como um estrangeiro, e, ainda que sem ela este mundo não existisse, é preciso excluí-la da abordagem dos gêneros da realidade sensível, embora – como o próprio Plotino reconhece – isso seja "difícil". A discussão dos gêneros físicos em VI 3 [44] segue uma dupla linha conceitual: de um lado, Plotino se preocupa em sublinhar a natureza intrinsecamente não substancial do mundo corpóreo; de outro, mostra que o próprio exame dessa natureza conduz a nela se encontrar a ação de causas incorpóreas e inteligíveis. É possível encontrar aqui o duplo movimento da investigação plotiniana: procede-se a partir do grau mais baixo na ordem metafísica, sendo então importante realçar seu caráter irredutível e heterogêneo em relação às suas causas verdadeiras, a fim de evitar transferir-lhes de modo indevido características que se aplicam somente àquilo que delas depende (ou seja, a fim de evitar fazer do inteligível algo como um sensível idealizado). Se, ao contrário, procede-se do conhecimento das causas autênticas e inteligíveis, então o mundo sensível deve ser concebido como uma simples manifestação despotencializada de suas causas, manifestação que não é de modo algum dele separável: conforme essa perspectiva, não há dois mundos (o sensível e o inteligível), mas um só (o inteligível) que admite graus diversos de realidade e de eficácia causal. O mundo dos corpos nada mais é do que o grau mais baixo de uma hierarquia contínua que parte das realidades incorpóreas e extrafísicas[21].

Quais são, contudo, as causas inteligíveis que agem no mundo dos corpos? Em VI 3 [44], 1, Plotino faz uma referência explícita à alma. De outro lado, a alma é um princípio complexo e, como foi antes notado, Plotino admite ao menos três grandes divisões em seu interior: a alma como princípio hipostático, a alma do mundo e a alma de cada indivíduo; a complicar posteriormente a situação está o fato de que não se trata de divisões rígidas entre níveis delimitados: Plotino sublinha que a alma é una e suas divisões internas não devem ser concebidas como se fossem partes exteriores umas às outras. Estabelecido isso, a alma do mundo é, evidentemente, o candidato mais natural ao papel de princípio causal e formador do mundo físico[22]. Quando Plotino (IV 3 [27], 20) insiste no fato de que o corpo está contido na potência causal da alma (e não é a alma que se encontra no corpo), está aludindo a uma célebre passagem do *Timeu* (36d-e) em que Platão descreve a relação entre a alma do mundo e o céu que ela contém em si. É o *Timeu* que oferece a Plotino as coordenadas gerais para sua concepção do mundo físico: o fato de nas *Enéadas* a constituição ordenada do mundo ser sistematicamente reportada à ação da alma cósmica (vejam-se, por exemplo, IV 4 [28], 10-13; II 9 [33], 7-8 etc.) deve estar vinculada à onipresença do *Timeu* na argumentação plotiniana.

Há, contudo, ao menos dois aspectos centrais nos quais Plotino se distancia das teorias platônicas. Em primeiro lugar, se é verdade que o quadro doutrinal de referência é dado pelo *Timeu*, é igualmente verdadeiro que a base matemática segundo a qual Platão articula sua física no *Timeu* está de todo ausente nas *Enéadas*: na interpretação plotiniana da estrutura da alma (cf. *Tim.*, 35a)

---

21. Procurei ilustrar de modo detalhado essa dupla perspectiva na concepção plotiniana do mundo sensível em CHIARADONNA, Connaissance des intelligibles et degrés de la substance – Plotin et Aristote, 57-85.

22. Uma abordagem da concepção plotiniana da alma cósmica pode ser encontrada em PEROLI, *Dio uomo e mondo*, 153-172.

as referências platônicas ao "divisível" e ao "indivisível" são desprovidas de qualquer conotação matemática (elas fazem referência apenas à polaridade entre mundo sensível e mundo inteligível). Além disso, a doutrina dos poliedros regulares (*Tim.*, 54d ss.), segundo a qual Platão desenvolve sua teoria dos elementos, não é retomada por Plotino, que se serve, ao contrário, mais de noções tomadas da *Física* de Aristóteles e adaptadas a um contexto diferente de pensamento (tem-se aqui um outro exemplo do caráter extremamente problemático da recepção de Aristóteles nas *Enéadas*: de um lado, Plotino critica firmemente as principais opções filosóficas de Aristóteles; de outro, faz um uso extenso de teses e noções aristotélicas ao argumentar em favor de sua versão do platonismo). Um segundo aspecto que divide a física plotiniana daquela do *Timeu* está no papel do demiurgo. Com efeito, a posição do demiurgo na hierarquia metafísica plotiniana foi muito debatida na Antiguidade: os platônicos posteriores a Plotino tiveram opiniões diversas a esse respeito (cf. Proclo, *In Tim.*, I 305.16-309.13 Diehl). A questão foi retomada em detalhe em um artigo recente de Jan Opsomer, que sublinha as ambiguidades de muitas passagens plotinianas e chega à conclusão de que Plotino confere tanto ao Intelecto quanto à alma cósmica elementos que caracterizam a causalidade demiúrgica[23]. Tal ambiguidade não é acidental: se Plotino não se pronuncia de modo claro sobre essa questão, a razão disso é dupla. Em primeiro lugar, Plotino, diversamente dos neoplatônicos mais tardios, defende uma concepção não rígida da hierarquia metafísica e nem sempre está interessado em ilustrar uma divisão particularizada de seus níveis internos. Em segundo lugar, a noção de demiurgo tem uma posição muito problemática em sua hierarquia porque o modelo de derivação causal próprio da doutrina da emanação (doutrina da dupla atividade) se contrapõe à ideia de que as substâncias inteligíveis agem segundo uma causalidade de tipo artesanal, que procede de deliberação e raciocínio. Plotino sublinha muitas vezes que o mundo corpóreo é o resultado de uma "ação" ou "produção" por parte dos princípios inteligíveis (cf. o uso dos verbos *ergazesthai* e *poiein* em II 7 [37], 3.9; IV 4 [28], 12.29-41; VI 3 [44], 15.28 etc.), mas essa produção não pressupõe uma ação demiúrgica em sentido próprio. Plotino pretende sobretudo liberar a concepção da causalidade das realidades inteligíveis de toda conotação antropomórfica: sua

---

23. Cf. OPSOMER, J., A Craftsman and His Handmaiden. Demiurgy According to Plotinus, in: LEINKAUF, T.; STEEL, C. (org.), *Plato's* Timaeus *and the Foundations of Cosmology in Late Antiquity, the Middle Ages and Renaissance*, Leuven, Leuven University Press, 2005, 67-102.

ação deriva de sua própria essência e não é de nenhum modo associada à escolha entre alternativas.

Contudo, Plotino não se refere apenas à alma quando ilustra o modo como as causas inteligíveis geram e vivificam do interior o mundo dos corpos. Ao menos outros dois conceitos são mencionados. O primeiro é o de *logos*. Já se fez menção a essa noção muitas vezes, que é uma das mais complexas e dificilmente sintetizáveis da filosofia plotiniana[24]. O conceito de *logos*, com efeito, está vinculado estritamente ao esquema de causalidade que Plotino elabora para explicar a relação entre unidade e multiplicidade, modelo e imagem, em qualquer plano da hierarquia metafísica: do mundo sensível e material até o Intelecto e talvez – ainda que a questão não seja fácil de ser circunscrita – ao próprio Uno supraessencial (cf. V 1 [10], 6.45-46)[25]. Em geral, o *logos* indica a expressão de um nível superior e mais unitário da realidade nos níveis inferiores a ele e com maior multiplicidade. Como se verá em seguida, o *logos* desempenha, além disso, um papel muito importante na doutrina plotiniana da providência, na qual ele é concebido como um princípio ordenador universal e foi assimilado por alguns intérpretes a uma espécie de quarta hipóstase.

Na análise do mundo físico, é considerada a acepção de *logos* como princípio formador dos corpos. Em parte, Plotino herda sua noção de *logos* formador da física estoica: as "razões espermáticas" (*logoi spermatikoi*) estoicas são retomadas na física plotiniana, na qual os *logoi*, como observou Pauliina Remes, "agem sobre a matéria, pois são a causa geradora na natureza"[26]. No estoicismo o termo *logos* indica não somente a linguagem ou a razão, mas também o poder que governa o universo, o "sopro" (*pneuma*) divino que age sobre a matéria; por sua vez, esse logos universal contém *logoi* seminais particulares que produzem tudo que existe (cf. *SVF* II, 780, 1027, 1074, 1132 Arnim). Como quase tudo no cosmo estoico, os *logoi* são corpóreos; completamente diferente é, obviamente, a posição de Plotino a esse respeito: a seu ver os *logoi* não são corpóreos e podem realizar a própria ação formadora sobre os corpos apenas porque têm sua origem e sua natureza no cosmo inteligível. É sobretudo a alma que é apresentada por

---

24. Entre os muitos estudos dedicados a esse tema, destaco: KALLIGAS, P., *Logos* and the Sensible Object in Plotinus, *Ancient Philosophy*, 17 (1997) 397-410; FATTAL, *Ricerche sul* logos *da Omero a Plotino*, 163-209; WAGNER, M. F., Plotinus on the Nature of Phyiscal Reality, in: GERSON (org.), *The Cambridge Companion to Plotinus*, 130-170; HEISER, J. H., Logos *and Language in the Philosophy of Plotinus*, Lewiston, Edwin Mellen, 1991.
25. Cf. a síntese clara em REMES, *Plotinus on Self*, 68.
26. Ibid., 69.

Plotino como a origem da qual derivam os *logoi* formadores dos corpos (cf. IV 3 [27], 5.17 ss.; 9.48 ss.) e a alma é significativamente definida em VI 2 [43], 5.10-15 como "princípio racional (*logos*), aliás recapitulação dos princípios racionais (*kephalaion tôn lôgon*), que depois são atividades da alma, a qual age segundo a própria essência". Embora a relação entre *logos* e alma seja um dos pontos mais controvertidos do pensamento de Plotino, pode-se identificar ao menos um dos aspectos dessa relação no fato de o *logos* ser a potência formadora que procede da alma e exerce sua ação "no limite" entre o mundo inteligível – no qual tem sua origem, e ao qual pertence por sua essência – e o sensível, ao qual doa forma. Desse modo, os *logoi* têm a tarefa de transferir para o mundo corpóreo as imagens das Formas inteligíveis (e de seus nexos recíprocos); nos *logoi* emerge o aspecto "criativo" das Formas platônicas segundo Plotino[27].

Um dos pontos mais obscuros dessa doutrina consiste em estabelecer quais aspectos do mundo físico devem ser remetidos à causalidade formadora dos *logoi*. Plotino não parece sempre manter a mesma posição. Em um tratado da primeira fase de sua produção (II 6 [17], *Sobre a substância e a qualidade*) ele sustenta que são atividades derivadas dos *logoi* somente aquelas qualidades das realidades sensíveis que constituem sua essência (II 6 [17], 2.20-26). Essa tese é, no entanto, corrigida, ou ao menos submetida a especificações em outros tratados. Em II 7 [37], 3.2-4, Plotino sustenta que até mesmo a "corporeidade" é uma forma e um *logos*: essa e outras passagens fazem pensar que ele concebe *todas* as qualidades próprias dos corpos (portanto, sem que se possa distinguir entre qualidades essenciais e qualidades acidentais) como manifestação de causas inteligíveis (cf. VI 2 [43], 14.18-22). Tal posição encontra-se expressa nos tratados *Sobre os gêneros do ser*, onde a estrutura dos corpos é concebida em sua integralidade como reflexo qualitativo e não essencial das Formas inteligíveis (VI 3 [44], 8.29-37); o *logos* tem, assim, a função de produzir (*ergazetai*: VI 3 [44], 15.28) a forma física e não essencial segundo o modelo das Formas inteligíveis e essenciais. É muito difícil encontrar uma solução definitiva a tais questões; o fato de que, embora todos os arquétipos inteligíveis sejam substâncias, suas imagens sensíveis são qualidades foi definido como um dos "grandes mistérios" da metafísica plotiniana[28].

Afim ao conceito de *logos* é o de natureza (*phusis*), discutido por Plotino em um de seus tratados mais conhecidos, III 8 [30], *Sobre a natureza, a*

---

27. Ibid.
28. Cf. KALLIGAS, *Logos* and the Sensible Object in Plotinus, 406.

contemplação. Esse tratado desenvolve a tese muito radical segundo a qual a natureza em sua totalidade é completamente inteligível. A ação formadora da natureza sobre a matéria é concebida como uma contemplação (*theôria*) produtiva responsável pela gênese do mundo físico; a natureza produz porque é contemplação (III 8 [30], 3.22-23). Plotino considera a contemplação da natureza o último reflexo da atividade teórica que caracteriza as substâncias inteligíveis. Trata-se de uma doutrina desconcertante à primeira vista, e é o próprio Plotino que sublinha seu caráter paradoxal no início do tratado:

> Se disséssemos, brincando, no início, antes de começarmos a falar seriamente, que todas as coisas aspiram à contemplação e visam esse fim, não apenas os seres viventes racionais, mas também os irracionais, bem como a natureza que está nas plantas e a terra que as gera; e se disséssemos que todas as coisas, na medida em que lhes é permitido conforme o estado natural de cada uma, atingir esse fim e cada uma contempla e alcança esse fim de modo diverso da outra, alcançando uma a realidade, outra a imitação e uma imagem; quem poderia tolerar o caráter paradoxal desse discurso? (III 8 [30], 1.1-8).

Por mais que seja radicalmente contraintuitiva, a doutrina da natureza como contemplação produtora é uma consequência direta da doutrina plotiniana da causalidade. Como foi notado muitas vezes, as causas autênticas são incorpóreas e inteligíveis, e sua ação deve ser concebida conforme princípios a elas adequados. Não surpreende, portanto, que em III 8 [30], 2 Plotino proponha mais uma vez a crítica da causalidade demiúrgica: a natureza é causa do modo como o são as causas inteligíveis, das quais ela constitui o grau mais baixo. Ela não produz como um artesão, mas é uma alma, gerada por uma alma superior e mais potente (III 8 [30], 4.16); seu agir deve, portanto, ser reportado à sua essência de tipo inteligível e à sua atividade de tipo teórico. De modo análogo àquilo que ocorre no caso do Uno, a concepção plotiniana da causalidade, estendida aos extremos da hierarquia da realidade, conduz a elementos paradoxais, que, entretanto, dependem de pressupostos conceituais específicos. A discussão sobre a natureza, com efeito, é a tentativa mais radical proposta por Plotino para referir a uma causalidade de tipo inteligível cada aspecto do mundo, mesmo aqueles que aparentemente são mais difíceis de reportar a ela.

As teses de Plotino sobre a astrologia e o movimento astral dependem também elas, em última análise, dessa impostação conceitual geral. Plotino estava manifestamente interessado na astrologia e em seus pressupostos filosóficos:

em muitos lugares do *corpus* (em particular, III 1 [6], *Sobre o destino*, em que as teses dos astrólogos são criticadas junto com outras posições deterministas; IV 4 [28], 30-39, em que se encontra uma ampla discussão da causalidade astral; e, sobretudo, todo o tratado II 3 [52], *Se os astros influem*), ele aborda esses problemas de modo extenso e sua discussão é extremamente articulada[29]. Plotino nega que os astros determinam os eventos que ocorrem no mundo sublunar, destacando, ao contrário, que eles são meros sinais daquilo que ocorre em virtude da afinidade (*sumpatheia*) que vincula o todo. O cosmo plotiniano é um todo vivente estritamente unificado pela causalidade dos princípios inteligíveis na qual é contido. Em IV 4 [28], 33 Plotino compara, portanto, todo o movimento do cosmo ao de um dançarino. Um conhecedor da dança poderá compreender, observando algumas partes do corpo de um dançarino, qual posição está assumindo o resto de seu corpo. Do mesmo modo, o astrólogo poderá compreender, a partir da configuração assumida por uma parte do cosmo, os movimentos que ocorrem nas demais partes, como se dá no movimento de um único animal. Tal concepção poderia, todavia, dar lugar a algumas dificuldades: ainda que, de fato, seja excluído que os astros influam sobre os eventos do mundo sublunar determinando-os, a concepção unificada do cosmo plotiniano parece colocar em perigo nossa capacidade de autodeterminação. Além disso, também os seres humanos fazem parte do cosmo; suas ações serão, portanto, englobadas no movimento abrangente do todo. Como se verá no próximo capítulo, a concepção plotiniana da liberdade e da providência permite superar tais objeções por meio de sua concepção do verdadeiro si e da alma não descida.

O movimento circular dos astros é objeto de algumas discussões aprofundadas por parte de Plotino (em particular, no tratado II 2 [14], *Sobre o movimento circular*, e II 1 [40], *Sobre o mundo*). Assim como em relação à astrologia, há numerosos estudos recentes dedicados a esses aspectos do pensamento plotiniano que permaneceram por muito tempo descuidados[30]. Plotino afasta a

---

29. Cf. ADAMSON, P., Plotinus on Astrology, *Oxford Studies in Ancient Philosophy*, 35 (2008) 265-291; cf., também, SPINELLI, E., La semiologia del cielo. Astrologia e anti-astrologia in Sesto Empirico e Plotino, in: PÉREZ JIMÉNEZ, A.; CABALLERO, R. (org.), *Homo mathematicus*, Málaga, Charta Antiqua, 2002, 275-300.

30. Cf. FALCON, A., *Corpi e movimenti. Il De caelo di Aristotele e la sua fortuna nel mondo antico*, Nápoles, Bibliopolis, 2001; LINGUITI, A., Il cielo di Plotino, in: BONAZZI; TRABATONNI (org.), *Platone e la tradizione platonica*, 251-264; RASHED, M., Contre le mouvement rectiligne naturel: trois adversaires (Xénarque, Ptolémée, Plotin) pour une thèse, in: CHIARADONNA, R.; TRABATTONI, F. (org.), *Physics and Philosophy of Nature in Greek*

tese aristotélica segundo a qual o movimento circular dos astros seria associado ao corpo do qual são compostos, o éter, cujo movimento natural circular seria, desse modo, distinto do movimento retilíneo dos quatro elementos que compõem o cosmo sublunar (cf. II 2 [14], 1). Plotino sustenta, ao contrário, que os astros têm uma natureza ígnea: não há, portanto, necessidade de postular a existência de um elemento *ad hoc* para explicar seu movimento (II 1 [40], 6-7)[31]. Desde a Antiguidade (cf. Simplício, *In De Cael.*, 20.10-25 Heiberg) as teses de Plotino foram postas em paralelo com aquelas dos outros críticos do quinto elemento aristotélico, e em particular com as do peripatético Senarco (I a.C.), que não hesitou em afastar a doutrina do próprio mestre elaborando uma teoria dos movimentos naturais diferente. O paralelo entre Senarco e Plotino foi retomado e desenvolvido por estudos recentes. Não se pode excluir que Plotino tenha se apoiado efetivamente no peripatético, mas é preciso evitar descuidar do caráter específico da teoria de Plotino[32]. Sua doutrina do movimento natural é, na verdade, bem diferente daquela de Senarco, e, diversamente do peripatético, ele reporta o movimento circular dos astros à causalidade que a alma do mundo exerce sobre eles: "Mas, se a alma o faz girar, nem por isso se cansará: com efeito, não o move por atração nem contra a natureza, pois a natureza é aquilo que foi ordenado pela alma universal" (II 2 [14], 1.37-39). Mais uma vez, a análise das causas do movimento se apoia em Plotino na metafísica das substâncias inteligíveis que constitui o centro unificador de seu pensamento.

6.3. A matéria e o mal

A doutrina da matéria está entre as mais controvertidas da filosofia de Plotino e foi objeto de avaliações muito contrastantes desde a Antiguidade: Proclo, por exemplo, dedicou todo um tratado (o *De subsistentia malorum*) para contestar a

---

Neoplatonism, Leiden, Brill, 2009, 17-42. Há dois comentários recentes do tratado II 1 [40]: cf. DUFOUR, R., *Plotin. Sur le Ciel [Ennéade II.1 (40)]*, Paris, Vrin, 2003; WILBERDING, J., *Plotinus' Cosmology. A Study of Ennead II.1 (40)*, Oxford, Clarendon Press, 2006.

31. A relação dessa tese plotiniana com a cosmologia do *Timeu* de Platão é no mínimo problemática: cf. WILBERDING, *Plotinus' Cosmology*, 68-70.

32. Esse ponto é muito bem sublinhado por RASHED. Contre le mouvement rectiligne naturel..., que mostra como os pressupostos da dinâmica plotiniana são profundamente diferentes daqueles de seus possíveis "predecessores".

tese de Plotino sobre a matéria e o mal[33]. Em suas linhas gerais, a teoria é suficientemente clara: a matéria é o último grau na "processão" das realidades que têm origem no Uno. Se o Uno corresponde, na hierarquia metafísica plotiniana, a uma espécie de "infinito", a matéria corresponde, portanto, ao "zero": ela é privação de ser. O problema está em compreender qual é exatamente o estatuto de tal "privação" e qual sua relação com os graus que a precedem.

Três principais tendências podem ser encontradas no modo como Plotino aborda esse problema[34]:

1. A matéria como não-ser. Plotino sublinha que a matéria é não-ser, privação, estéril, incapaz de gerar o que quer que seja (e, portanto, privada de qualquer ação causal própria), sombra. Só de modo muito impróprio, por exemplo, podemos afirmar que as formas sensíveis estão "na" matéria, já que a matéria não é um sujeito capaz de acolhê-las. A rigor, nem sequer é correto falar de uma "informação" da matéria por parte da alma: a inerência das formas na matéria é comparada por Plotino ao modo como as formas aparecem refletidas em um espelho (III 6 [26], 9). Enquanto Aristóteles distingue de modo acurado a matéria, que é o sujeito da mudança, a partir da privação (cf. *Phys.*, I 7), para Plotino matéria e privação se identificam (II 4 [12], 14; 16)[35]. A privação própria da matéria não é suprimida na mudança que conduz à aquisição de uma certa forma; segundo Plotino, as formas se unem à matéria sem modificá-la ou determiná-la de nenhum modo; elas atravessam a matéria "sem dividi-la" (III 6 [26], 7.31). Como no caso do Uno, o fato de a matéria ser "não-ser" não implica que ela não exista ou que seja mera ficção. A matéria é "não-ser" uma vez que é algo somente na medida em que é outra em relação a tudo aquilo que é em sentido próprio, ou seja, o mundo das Formas. Enquanto o Uno é a fonte da qual tem origem a alteridade (sem que ele mesmo, princípio absolutamente simples, seja "outro"), a matéria é alteridade absoluta; ela não é "nada além de alteridade" (II 4 [12], 16)[36]. Tal condição é explicitada com fórmulas aparentemente contraditórias: Plotino afirma, assim, que a matéria "participa não

---

33. Cf. a tradução inglesa anotada de OPSOMER, J.; STEEL, C., *Proclus. On the Existence of Evils*, Londres, Duckworth, 2003.

34. Para uma clara apresentação geral, cf. agora LINGUITI, A., La materia dei corpi: sullo pseudoilomorfismo plotiniano, *Quaestio*, 7 (2007) 105-122, com detalhadas referências e indicações bibliográficas.

35. Cf., sobre esse ponto, O'BRIEN, La matière chez Plotin..., 45-71, em particular 63-66.

36. Sobre esse capítulo cf., agora, O'Brien, D., Le non-être et l'alterité..., que ilumina a complexa relação com o *Sofista* de Platão e com a *Física* de Aristóteles.

participando" (III 6 [26], 14.21-22). Ela não é objeto de nenhum conhecimento e é apreendida com um raciocínio vazio, espúrio, comparável à visão da obscuridade (II 4 [12], 10.14).

2. A matéria como princípio. Às passagens há pouco mencionadas acrescentam-se, contudo, outras, igualmente importantes, nas quais são atribuídas à matéria características e uma ação causal próprias. À matéria são, antes de tudo, remetidas as características dos corpos que os *distinguem* do mundo inteligível e, em particular, a extensão quantitativa (II 4 [12], 12). Somente sendo "na" matéria, as formas e as qualidades incorpóreas apresentam-se como aspectos inerentes a corpos extensos no espaço. Plotino vai, entretanto, além dessa posição, pois atribui à matéria uma capacidade autêntica de "resistir" à ação das causas inteligíveis e uma ação específica contrária àquela dos princípios divinos. A matéria apresenta-se, assim, como uma espécie de princípio oposto ao Uno e ao ser; sua "causalidade negativa" é concebida como origem do mal. Essa posição emerge em particular no tratado I 8 [51], *Sobre aquilo que são e de onde provêm os males*, em que Plotino parece remeter à matéria as exemplificações múltiplas e concretas do mal; a matéria é, assim, concebida como mal em si, essência do mal:

> Portanto, deve ser também algo ilimitado em si e em si informe, que tem aquelas propriedades já mencionadas, que caracterizam a natureza do mal; e, se após ela há algo do mesmo tipo, então isso é assim ou porque se mistura com o mal ou porque volta seu olhar para ele, ou ainda porque é produtor de algo desse modo. E aquilo que subjaz às figuras, às espécies, às formas, às medidas, aos limites [...] e assim por diante, é a substância do mal, caso possa haver uma substância do mal; e o raciocínio descobre que este é o mal primário, o mal em si (I 8 [51], 3.30-40)[37].

Plotino, o mais duro crítico da gnose, parece assim aproximar-se perigosamente dos elementos dualistas que outrora havia afastado de modo claro (ainda que o paralelo nunca seja completo: é notável a presença, mesmo nas linhas há pouco citadas, da prudente reserva "caso possa haver uma substância do mal", 3.38). Acentua essa impressão o fato de que Plotino deixa na sombra a questão

---

37. Cf., sobre essa passagem, o comentário de O'MEARA, D. J., *Plotin. Traité 51 (I, 8)*, Paris, Cerf, 1999, 109-111. O'Meara (Ibid., 30-36) ilustra bem a diferença entre as posições de Plotino e Proclo.

de como a matéria pode ter se gerado de princípios superiores, e não faltaram intérpretes que consideraram que a matéria do mundo sensível não foi de modo algum gerada[38].

3. A matéria como limite último da processão. Enfim, há textos significativos nos quais a matéria é considerada um "conceito-limite" da processão. O ser se aproxima desse limite negativo sem jamais "tocá-lo" efetivamente e a matéria é assim de algum modo reabsorvida no âmbito do ser e da forma, pois indica o limite do progressivo enfraquecimento da potência causal inteligível. Em tal perspectiva "continuísta" são lidas as passagens em que Plotino sustenta que a matéria conserva em si um traço de sua origem, da qual jamais se separou totalmente (II 9 [32], 3.18-21), e, além disso, chega a designá-la como "última forma" (V 8 [31], 7.18-23).

Ordenar asserções tão diversas e contrastantes é um empreendimento à primeira vista desesperador[39]. Naturalmente, é possível mencionar as várias fontes da doutrina plotiniana: em particular, a teoria da *chôra*, o receptáculo que recebe as imagens das Formas, exposta por Platão no *Timeu* (52b ss.), a concepção aristotélica da matéria, a doutrina estoica do princípio passivo do cosmo (a matéria sem qualidades), fornecem elementos úteis para compreender a gênese da doutrina de Plotino. Ainda mais do que em outros casos, entretanto, identificar fontes e passagens paralelas não basta para compreender o caráter específico e as dificuldades das teses plotinianas.

Alguns equívocos podem ser facilmente resolvidos. Em primeiro lugar, se não há dúvida de que o problema da geração da matéria não ocupou Plotino tanto quanto ocupou seus intérpretes modernos, todavia é igualmente verdadeiro que a matéria jamais é apresentada nas *Enéadas* como um princípio não engendrado. Em algumas passagens (de interpretação difícil), Plotino parece, ao contrário, remeter a geração da matéria às funções inferiores da alma (a alma-natureza, princípio de crescimento dos vegetais: III 4 [15], 1.5-12; III 9 [13], 3.7-16). Como Denis O'Brien demonstrou, a metafísica plotiniana pode ser considerada

---

38. Que a matéria plotiniana seja não gerada é uma interpretação defendida por SCHWYZER, H.-R., Zu Plotins Deutung der sogenannten platonischen Materie, in: *Zetesis. Festschrift E. de Strycker*, Antuérpia-Utrecht, De Nederlandsche Boekhandel, 1973, 266-280. A leitura de Schwyzer é criticada em O'BRIEN, D., *Plotinus on the Origin of Matter. An exercise in the Interpretation of the* Enneads, Nápoles, Bibliopolis, 1991, 27-41.

39. Não por acaso a literatura sobre esse tema é muito vasta; entre as muitas contribuições, limito-me a remeter a CORRIGAN, K., *Plotinus' Theory of Matter-Evil and the Question of Substance: Plato, Aristotle, and Alexander of Aphrodisias*, Leuven, Peeters, 1996.

um "emanacionismo integral" no qual não há espaço para um dualismo de princípios não gerados[40].

Estabelecido isso, entretanto, os problemas se tornam, se possível, ainda mais agudos e foram bem sublinhados já por Simplício (*In Cat.*, 109.13-23 Kalbfleisch): parece muito difícil admitir que a matéria é gerada e faz parte da processão que deriva do Uno e ao mesmo tempo é também causa de tudo aquilo que na processão é *oposto* à ação das causas inteligíveis. O problema é grave sobretudo no que diz respeito à natureza do mal. Plotino reporta a existência do mal à causalidade da matéria e parece, desse modo, conferir-lhe um poder ativo pouco adequado à sua posição de último resíduo da processão. A dificuldade é inegável, mas parece, entretanto, plausível admitir que – além de algumas formulações adotadas por Plotino no contexto de sua argumentação, as quais não são isoladas e tornadas absolutas – o papel da matéria é muito diverso daquele de um antiprincípio provido de potência causal autônoma. Ao caracterizar a matéria como princípio do mal, Plotino pretende sobretudo colocar em evidência sua irredutível falta ontológica. Tal falta provém do fato de a matéria, posta no fim da processão, ser o limite extremo da ação dos princípios metafísicos. A matéria é o "grau zero" da processão, mas não tem por isso reais qualidades positivas: é o ser que se "enfraquece" em seus graus inferiores, não é a matéria que o faz enfraquecer com sua ação perturbadora.

Plotino define a matéria como "causa da fraqueza da alma e do vício" (I 8 [51], 14.49-50). Mesmo nesse caso, contudo, tal asserção não é isolada da doutrina plotiniana mais geral da "queda" da alma. Se a alma é completamente absorvida pelo corpo, ela esquece sua origem e dirige sua atividade para aquilo que lhe é inferior sem nenhuma consciência de sua própria dignidade. Isso é propriamente o mal moral segundo Plotino, e a isso ele parece se referir quando designa a matéria como causa do vício da alma. Ou seja, ele não postula a existência de um princípio negativo que enfraquece a alma com sua ação perturbadora, mas afirma somente que a alma má é completamente absorvida naquilo que lhe é *inferior* em dignidade.

É inegável, todavia, que as palavras escolhidas por Plotino para exprimir o degradar-se da alma parecem remeter à existência de um princípio mau que a impulsiona com sua ação. Provavelmente, uma solução definitiva para tais questões é impossível: as afirmações de Plotino sobre a matéria são tão variadas e

---

40. Cf., em particular, O'BRIEN, *Plotinus on the Origin of Matter*.

contrastantes que resistem a qualquer tentativa de sistematização. Deve, entretanto, ao menos ser considerada a eventualidade de que, aqui como em outros lugares, Plotino veja o mesmo fenômeno de perspectivas diversas. A dificuldade peculiar de seu pensamento é que ele não possui uma sequência linear, mas impõe descrever conforme pontos de vista a cada vez diferentes uma realidade que é dada "em conjunto": é como (para usar uma analogia cara a Plotino) se uma esfera fosse descrita partindo ora do centro ora da superfície: a realidade é a mesma, mas o modo como a apresentamos pode ser radicalmente diverso conforme o ponto de vista escolhido. Há, portanto, uma situação análoga em relação à matéria: se a consideramos do ponto de vista dos princípios metafísicos, ela não é senão o resíduo último de sua ação causal, um puro não-ser ou uma espécie de conceito-limite. Se, de outro lado, abordamos o problema da matéria a partir de baixo (ou seja, partindo da existência do mal no mundo dos corpos), então ela se apresenta como um princípio de propriedades negativas. Mas não se trata tanto de dualismo quanto de um simples efeito de perspectiva.

CAPÍTULO SÉTIMO

Ética e mística

7.1. Virtude, felicidade, liberdade

O tratado eneádico I 2 [19], *Sobre as virtudes*, é com frequência citado como ponto de apoio de uma doutrina muito difundida entre os autores neoplatônicos tardios, mas também em importantes pensadores da Idade Média latina. Segundo essa doutrina, há diversos gêneros de virtude, dispostos em ordem hierárquica segundo uma escala na qual cada grau corresponde a um grau progressivo de perfeição moral. Na base dessa concepção está um esquema tripartite, que estabelece dispostas em sucessão as virtudes políticas ou civis, as virtudes catárticas ou purificadoras e um gênero de virtudes superiores que exprimem a plenitude da atividade contemplativa e teórica. Em alguns autores gregos e nos autores latinos que dele se apropriam, o esquema é completado por um quarto grau, o das virtudes divinas, chamadas com frequência de "paradigmáticas" ou "exemplares". Todavia em um estudo recente foi enfatizado o caráter pseudo-plotiniano dessa doutrina que, muito mais do que a Plotino, remonta à apresentação esquemática da doutrina plotiniana proposta por Porfírio na *Sentença* 32[1]. Em primeiro lugar, Plotino nega que os modelos das virtudes que se encontram no Intelecto sejam virtudes: pelas virtudes, com efeito, tornamo-nos semelhantes

---

1. Cf. CATAPANO, G., Alle origini della dottrina dei gradi di virtù: il trattato 19 di Plotino (*Enn., I 2*), *Medioevo*, 31 (2006) 9-28.

ao Intelecto, mas não é lícito afirmar por esse motivo que o Intelecto possui ele mesmo a virtude (I 2 [19], 1.31-50; 3.22-24; 6.18-19). Os modelos de virtude não são na verdade nada além de diversos aspectos da atividade que constitui o ser do Intelecto divino (I 2 [19], 6.15). Encontra-se aqui o tema, deveras familiar, da heterogeneidade da imagem em relação a seu modelo, ligado à crítica da autopredicação das Formas: a virtude é um grau de realidade inferior em relação a seu modelo, de modo que não é lícito atribuir ao modelo os aspectos que caracterizam aquilo que dele depende (do mesmo modo que não é correto atribuir ao número ideal e essencial o mesmo caráter quantitativo próprio do número matemático subordinado a ele). Em relação à apresentação esquemática fornecida por Porfírio, há sobretudo um aspecto que diferencia a doutrina originária de Plotino: ele reconhece somente dois tipos de virtude, a virtude política ou "inferior" e a virtude "superior", da qual são fornecidas, em I 2 [19], duas definições diferentes, uma referente à purificação da alma em relação ao corpo e outra à sua contemplação do Intelecto. A purificação não constitui, portanto, segundo Plotino, uma classe autônoma e autossubsistente de virtude, separada da contemplação, mas é apenas o grau preparatório da teoria. Diversamente do que sustentam os platônicos mais tardios (a começar o próprio Porfírio, que reservou um espaço, embora limitado e subordinado, à teoria filosófica, à teurgia), na doutrina das *Enéadas*, portanto, não há nenhum espaço para um tipo de purificação extrafilosófica e não intelectual.

A distinção plotiniana de dois tipos de virtude corresponde *grosso modo* à distinção entre virtude ativa e virtude contemplativa, na qual as primeiras (endereçadas ao mundo dos corpos) são rigorosamente subordinadas às segundas, que somente exprimem a possibilidade da alma de se elevar em relação ao mundo empírico e de se estabelecer no inteligível conforme sua natureza mais autêntica. O caráter secundário e subordinado das virtudes ligadas à ação não é obviamente considerado como se Plotino afirmasse que uma conduta prática virtuosa é privada de valor para a alma. Para refutar esse assunto, é válido remeter-se, mais do que a particularidades da biografia de Plotino (seu empenho na vida social romana da época, o projeto de construir a Platonópolis, uma cidade governada conforme as leis de Platão), à polêmica contra os gnósticos, ao longo da qual Plotino contesta asperamente uma concepção da vida contemplativa privada de bases éticas (II 9 [33], 15.22-40). Há, com efeito, uma autorizada linha dos estudos mais recentes que reivindica, contra a imagem tradicional de Plotino e dos outros neoplatônicos como filósofos metafísicos e desinteressados das vicissitudes do mundo, a importância de seu pensamento ético e político². Tais pesquisas tiveram o incontestável mérito de terem chamado a atenção para aspectos pouco considerados da reflexão neoplatônica; permanece, contudo, a impressão de que, ao menos no que diz respeito a Plotino, é muito mais difícil isolar uma reflexão ética de sua posição metafísica; além disso, sua metafísica e sua antropologia estabelecem dificuldades muito graves do ponto de vista ético-prático.

A concepção plotiniana da felicidade, apresentada nos dois tratados I 4 [46] e I 5 [36], fornece importantes elementos para abordar esses problemas. Nesses dois escritos, emerge em plenitude a doutrina do duplo caráter do "si", que recentemente atraiu a atenção de Pauliina Remes³. Conforme a antropologia plotiniana, cada um de nós é caracterizado por uma dupla condição ontológica e cognitiva, ligada a dois diferentes esquemas causais, ainda que vinculados reciprocamente. De um lado, há nosso si encarnado, o vivente composto da forma proveniente da alma e do corpo, que compartilha a condição ontológica das realidades sujeitas ao tempo e à mudança; de outro, há aquilo que somos em sentido próprio, o verdadeiro "si" que não deixa o mundo inteligível e se identifica com a parte superior de nossa alma. Já foram examinados os aspectos que caracterizam essa doutrina e as dificuldades suscitadas por ela no plano ontológico e gnosiológico. Do ponto de vista ético, os problemas são, se possível, ainda mais notáveis. Com efeito, a ênfase posta por Plotino em nosso si inteligível e racional, e a rigorosa subordinação a ele do si empírico e encarnado, colocam duas questões estritamente ligadas: em primeiro lugar, a de estabelecer qual seria o valor da ação na ética de Plotino, em segundo lugar, a de estabelecer quais são as consequências efetivas do aprimoramento do si, do modo como é entendido por Plotino, pela ação e empenho moral. De fato, parece difícil evitar a conclusão segundo a qual *a*) o valor da ação na ética de Plotino é reduzido mais à nossa melhor parte, ao nosso verdadeiro si (ou seja, à alma não descida) de todo subtraída à ação; *b*) o aprimoramento de si tal como é compreendido por Plotino tem consequências limitadas ao plano da ação e do compromisso moral

---

2. Limito-me a assinalar dois estudos recentes: O'MEARA, D. J., *Platonopolis: Platonic Political Philosophy in Late Antiquity*, Oxford, Clarendon Press, 2003; SCHNIEWIND, A., *L'Éthique du sage chez Plotin. Le paradigme du* spoudaios, Paris, Vrin, 2003 (e, da mesma autora, cf. também The Social Concern of the Plotinian Sage, in: SMITH, A. [org.], *The Philosopher and Society in Late Antiquity. Essays in Honour of Peter Brown*, Swansea, The Classical Press of Wales, 2005, 51-64).

3. Cf. REMES, *Plotinus on Self*.

no mundo. A felicidade autêntica, portanto, coloca-se no plano da alma não descida e é apresentada por Plotino como substancialmente independente da ação. Plotino emprega o conceito de "vida" para caracterizar o modo de ser do inteligível; "nós" somos capazes de possuir essa vida perfeita em virtude da parte superior de nossa alma, cuja atividade (a atividade do intelecto pensante: I 4 [46], 9.29) é rigorosamente distinta daquela da vida sensível. A felicidade não é outra coisa além da posse daquela vida perfeita (I 4 [46], 4.1-2). Portanto, não surpreende que, segundo Plotino, o sábio, mesmo quando age, não realiza o bem porque age, mas em virtude do bem que possui em si; a ação moral não fornece nenhuma contribuição significativa à felicidade: "mesmo quem não age pode ser feliz, e não menos, mas mais do que aquele que agiu" (I 5 [36], 10.10-12)[4].

Plotino distancia-se muito claramente de Aristóteles e de seus seguidores, segundo os quais a finalidade é mais o exercício da virtude do que a mera posse do hábito virtuoso. Diferente da concepção peripatética é a estoica, conforme a qual a postura interior do sábio vale mais do que a ação exterior: é a disposição virtuosa do sábio que determina a diferença entre ações perfeitas e imperfeitas, independentemente de essa diferença ser perceptível exteriormente em maior ou menor grau. A posição plotiniana apresenta alguma afinidade com a estoica, ao menos no escasso valor atribuído à ação por determinação da virtude. De outro lado, não é certo que Plotino esteja se apropriando do ideal estoico; ainda que haja pontos de contato indubitáveis, é importante sublinhar que a tese plotiniana apresenta uma "decisiva correção em sentido platônico"[5]. Com efeito, a atividade interior da alma à qual Plotino se refere é a pura capacidade racional de contemplação intelectual. Com as virtudes morais começa um processo de purificação da alma em relação ao corpo que, em seu termo, tornará possível a assimilação da alma a deus. Plotino segue uma tradição bem atestada no médio-platonismo, identificando na "assimilação a deus" (*homoiôsis theôi*) a finalidade da vida humana, conforme aquilo que o Sócrates platônico afirma no *Teeteto*[6].

Mais uma vez, é possível constatar que Plotino imprime uma decisiva torção nas posições expressas por Platão, torção que vai na mesma direção já observada na gnoseologia e na ontologia. É verdade que no *Teeteto* (176b) o Sócrates

---

4. Cito a tradução de LINGUITI, *La felicità e il tempo*, 137.
5. Ibid., 33.
6. Para os paralelos na tradição plotiniana, cf. WHITTAKER, *Alcinoos. Enseignement des doctrines de Platon*, 137, nota 451, *ad* 181.19.20 Hermann.

platônico exorta a fugir dos males do mundo sensível e a tornar-se semelhante a deus; de outro lado, contudo, Platão é muito prudente acerca da possibilidade de o homem conseguir já nesta vida completar a assimilação a deus e a separação do mundo sensível: não por acaso, no *Teeteto* fala-se de assimilação a deus "na medida do possível" (*kata to dunaton*). Esse não é um aspecto marginal da filosofia de Platão, que parece de fato oscilar entre duas concepções do comportamento moral: de um lado, o papel da razão consiste em suprimir, controlar e governar os elementos extrarracionais da alma; de outro, sua tarefa é a de organizar a alma como um todo de modo que ela se torne unificada e integrada[7]. Platão é muito prudente acerca do fato de ser possível, já nesta vida, compartilhar o modo de ser superior e puramente racional, prescindindo assim das partes inferiores da alma. Se há um indubitável motivo de tensão, há também um elemento de profundidade e riqueza, que emerge plenamente da complexa concepção política de Platão, na qual se torna manifesta a difícil relação entre a necessidade de regular a ação segundo um modelo ideal e o inevitável confronto com uma realidade concreta na qual o modelo está sujeito a limitações[8]. As tensões próprias do pensamento platônico são resolvidas por Plotino em sentido resolutamente transcendentalista, pois, de modo diferente de seu mestre, Plotino não tem nenhuma dúvida de que "nós" podemos nos assemelhar a deus já nesta vida, atingindo a norma ideal para a qual tendemos. Não é por acaso que, nas repetidas alusões plotinianas ao tema platônico da assimilação a deus (I 2 [19], 1.1-6; 3.6; 3.19-21; I 4 [46], 16.10-13 etc.), há geralmente silêncio em relação à importante cláusula *kata to dunaton*, formulada no *Teeteto*. Como ocorre na doutrina do conhecimento, Plotino considera que podemos atingir já nesta vida uma condição livre de qualquer limitação sensível, e, mais uma vez, a doutrina da alma não descida aparece como a verdadeira chave mediante a qual Plotino dissolve as tensões do pensamento platônico em sentido resolutamente transcendentalista[9]. De outro lado, sobretudo no caso da ética, é difícil subtrair-se à impressão de que a sistematização plotiniana implica um certo empobrecimento da filosofia de Platão e comporta aporias muito graves.

---

7. Cf., a respeito, as observações de REMES, *Plotinus on Self*, 187-191.

8. Acerca disso, limito-me a remeter a discussão de VEGETTI, M., Lo statuto dell'utopia nella *Repubblica*, in: ID. (org.). *Platone. La Repubblica*, Nápoles, Bibliopolis, 2000, v. IV, livro V, 107-147.

9. Cf., a esse respeito, LINGUITI, A., La felicità dell'anima non discesa, in: BRANCACCI (org.), *Antichi e moderni nella filosofia di età imperiale*, 213-236.

Com efeito, é bem difícil compreender como a alma não descida pode ser o verdadeiro "sujeito moral" se ela é indiferente à ação (o capítulo I 5 [36], 10 deixa poucas dúvidas a esse respeito). Além disso, se para *cada um* de nós vale o princípio de que a parte superior da alma não desceu do inteligível, e se essa alma possui uma condição feliz e virtuosa de modo independente daquilo que ocorre no mundo empírico, torna-se difícil furtar-se à ideia de que a filosofia de Plotino (além de algumas afirmações específicas e dos testemunhos biográficos sobre as boas ações realizadas por Plotino) reduz de modo considerável o papel da ação moral. Todo nosso esforço moral é, com efeito, concebido como um caminho para que nos reapropriemos de uma condição em relação à qual o comportamento empírico e as ações concretas perdem, de fato, muito de seu valor.

Plotino, é importante notar, não afirma explicitamente conclusões tão radicais. Por exemplo, ele sustenta que após a morte nossas almas conservam a memória das ações realizadas em vida: tais ações, portanto, não são desprovidas de importância. Todavia Plotino afirma de modo igualmente explícito que isso não se aplica à alma superior e não descida. Em IV 3 [27], 27, Plotino interpreta a distinção homérica (*Od.*, XI 601 ss.) entre a sombra de Héracles no Hades e o verdadeiro Héracles que senta-se feliz entre os deuses como uma alusão aos diversos destinos das duas almas postuladas por sua antropologia, a alma descida em um corpo e a que permanece no inteligível. Homero, observa Plotino, nos diz o que narra a sombra de Héracles no Hades, que recorda aquilo que ele realizou em vida; mas Homero não diz o que narraria o próprio Héracles, o "Héracles sem sombra":

> Ora, o Héracles de Homero poderia narrar suas ações heroicas, mas quem considera também essas coisas de pouca monta e se transferiu a um lugar mais santo chegou ao inteligível e derrotou Héracles naqueles trabalhos nos quais competem os sábios (IV 3 [27], 32.24-27).

É na teoria plotiniana da Providência e da liberdade que são plenamente iluminadas as questões agora suscitadas. "Liberdade" diz respeito nesse caso à expressão grega *to eph'hêmin*, que pode ser traduzida como "aquilo que depende de nós". Como ocorre em relação a tantas fórmulas típicas da filosofia grega, a expressão *to eph'hêmin* não era originalmente uma noção técnica, que foi gradualmente apropriada pelos filósofos e usada de modo cada vez mais específico. Plotino está no termo de uma história secular de reflexão e debates sobre "aquilo que depende de nós" que, a partir de Aristóteles, havia atravessado a Estoa e outras escolas helenísticas, as tradições platônica e aristotélica[10]. Plotino intervém diversas vezes nesse assunto e, em particular, em III 1 [3], *Sobre o destino*, em I 4 [46], *Sobre a felicidade*, em III 2 [47], *Sobre a Providência I*, e, sobretudo, em VI 8 [39], *Sobre a voluntariedade e a vontade do Uno*. São sobretudo as abordagens de III 2 [47] e VI 8 [39] que fornecem os elementos mais interessantes para reconstruir sua posição.

Como ocorre nos tratados *Sobre os gêneros do ser* (VI 1-3 [42-44]), ou nos tratados *Aporias sobre a alma* (IV 3-5 [27-29]), o tratado sobre a Providência era originalmente um único longo escrito, dividido em duas partes na edição porfiriana das *Enéadas* (III 2-3 [47-48]). Não é fácil reconstruir a doutrina plotiniana sobre a Providência, que apresenta algumas oscilações tanto na terminologia – em particular no que diz respeito à distinção entre Providência (*pronoia*) e destino (*heimarmenê*) – quanto no conteúdo[11]. De qualquer forma, nos tratados III 2-3 [47-48] Plotino enuncia com suficiente clareza a tese segundo a qual a ordem providencial provém das causas inteligíveis e está presente em todo o universo, ainda que de modo diferente em diversos lugares (III 3 [48], 5.1-3). A tarefa de transmitir a ordem do Intelecto ao mundo corpóreo, reproduzindo a estrutura daquilo que é perfeitamente unificado em um mundo composto de partes exteriores umas às outras, é confiado ao *logos*, o princípio racional universal que Plotino faz depender diretamente do Intelecto (III 2 [47], 2).

A concepção do *logos* universal apresentada nos tratados *Sobre a Providência* suscitou acaloradas discussões entre os intérpretes de Plotino. Parece, como foi notado de modo bem argumentado por A. H. Armstrong, que o *logos* universal acaba por configurar-se como uma quarta hipóstase, com uma estrutura complexa, que substitui a alma no papel de intermediário entre o Intelecto e o mundo visível[12]. A questão é complexa, mas parecem razoáveis as observações endereçadas contra a tese de Armstrong por John M. Rist, que sublinha como (além de uma indubitável diversidade de ênfase) há uma compatibilidade substancial entre aquilo que Plotino afirma em III 2-3 [47-48] e aquilo que ele afirma em outros lugares sobre a estrutura da alma e seu papel de mediador entre o *Nous* e

---

10. Cf. a abrangente discussão fornecida por ELIASSON, E., *The Notion of That Which Depends on Us in Plotinus and its Background*, Uppsala, Uppsala Universiteit, 2005.

11. Cf. Ibid., 165.

12. Cf. ARMSTRONG, A. H., *The Architecture of the Intelligible Universe in the Philosophy of Plotinus. An Analytical and Historical Study*, Cambridge, Cambridge University Press, 1940, 102-105.

o mundo visível. Como observa Rist, nos tratados *Sobre a Providência* "o *logos* é, muito simplesmente, aquele poder da alma relativo ao mundo visível"[13].

De qualquer forma, resta a ser compreendido como é possível reservar ao homem a possibilidade de autodeterminação em um cosmo rigorosamente regulado pelo *logos*. Em III 2 [47], 10, Plotino discute explicitamente esse problema, explicando de que modo é possível falar da ordem providencial em termos de necessidade sem com isso privar de sentido o louvor e o desprezo; trata-se de um tema já parcialmente discutido em relação à doutrina plotiniana da astrologia. A solução plotiniana é clara, e vai na direção já familiar: o fato de haver uma necessidade universal não implica que nada esteja em nosso poder. O poder de agir livremente origina-se nos homens, que são eles mesmos princípios em virtude da própria natureza, "e isso é um princípio autônomo" (10.19).

Parece, contudo, que há uma insanável aporia: agir livremente implica a possibilidade de escolher entre várias alternativas contingentes; ora, se tudo é regulado pelo *logos* providencial, tal possibilidade de escolha torna-se deficitária: a autonomia referida por Plotino será, portanto, impossível de justificar. Na verdade, a situação é diferente, pois para Plotino (como para muitos outros filósofos antigos) a liberdade e a autêntica autonomia não implicam a possibilidade de escolher segundo alternativas contingentes. O homem é perfeitamente autônomo não quando pode escolher sem constrição entre muitas alternativas, mas quando age conforme sua natureza mais verdadeira e racional. As verdadeiras causas não agem com base em cálculo e deliberação: sua ação depende, ao contrário, de sua própria natureza; ora, o homem perfeitamente livre e autônomo reproduz o mesmo modo de ação próprio das causas inteligíveis. Isso surge no tratado VI 8 [39], onde Plotino propõe uma discussão elaborada dos conceitos de "voluntário" (*hekousion*), "vontade" (*boulêsis*) e "aquilo que depende de nós" (*to eph'hêmin*). Como Erik Eliasson iluminou em um estudo recente, a tortuosa discussão plotiniana visa dar uma conotação fortemente restritiva e "normativa" "àquilo que depende de nós": a ação verdadeiramente autodeterminada é aquela que não depende de nada além da natureza autêntica do agente, ou seja, de sua racionalidade realizada (VI 8 [39], 6.26-31). Algo depende de um agente se, e somente se, isso ocorre mediante uma vontade que provém do pensamento e da contemplação da virtude[14]. É esse conceito rigorosamente normativo d'"aquilo que depende de nós" que Plotino considera no tratado VI 8

---

13. RIST, J. M., *Plotino. La via verso la realtà*, 140.
14. Cf. ELIASSON. *The Notion of That Which Depends on Us...*, 183.

[39], a fim de caracterizar a causalidade livre e autônoma do Intelecto e do próprio Uno[15]. De outro lado, são novamente perceptíveis nessas conclusões as dificuldades antes observadas a respeito da doutrina plotiniana da ação. A ação verdadeiramente autodeterminada deriva do pensamento e da contemplação da virtude. Ora, Plotino afirma com toda clareza (VI 8 [39], 6.10-22) que esse tipo de completa autodeterminação não se dirige tanto a atividades exteriores, mas "à atividade interior, ao pensamento e à visão da virtude em si". Mais uma vez, é lícito perguntar se tais teses podem fornecer um fundamento autêntico a ações moralmente "boas", ou se simplesmente suprimem a ação prática considerando-a vã e indiferente em relação à real obtenção da virtude. Plotino mostra uma decisiva insuficiência, que tange o desprezo, por aqueles que se detêm nos sofrimentos e tragédias que atingem a vida deste mundo e se perguntam como podem ser incluídos em uma ordem providencial. De qualquer forma, observa Plotino, a vida daqui não é senão um espetáculo que ocorre em um palco; os eventos e as ações que a povoam

> [...] são todos mudanças de cena, prantos encenados e lamentos encenados. Porque também aqui, em cada evento da vida, não é a alma interior, mas a exterior sombra do homem, a gemer e desesperar-se, e a realizar cada evento no palco que é a terra inteira, onde os homens representam em toda parte suas cenas. Assim age um homem que sabe viver somente para as coisas inferiores e exteriores, e que ignora que também entre lágrimas está apenas representando, mesmo quando chora lágrimas verdadeiras. Porque somente na parte nobre e séria do homem é permitido empenhar-se com seriedade em ações sérias, enquanto todo resto nele é um jogo (III 2 [47], 15.46-54).

Eric R. Dodds dedicou algumas páginas já clássicas a esse texto plotiniano. Dodds circunscreveu as origens do *topos* do teatro no pensamento filosófico antigo nas *Leis* de Platão, por meio das filosofias helenísticas, até Marco Aurélio, a Plotino e aos autores posteriores, tanto cristãos quanto pagãos. Nas linhas há pouco citadas de III 2 [47], Dodds vê "a última palavra de Plotino sobre a história trágica de seu tempo", um tempo caracterizado como "época de angústia"[16].

---

15. Sobre os problemas que isso comporta, em particular em relação à aplicação ao Uno, cf. Ibid., 186-193.
16. Cf. DODDS, E. R., *Pagani e cristiani in un'epoca di angoscia*, Florença, La Nuova Italia, 1970, 8-10 (ed. orig.: *Pagan and Christian in an Age of Anxiety*, Cambridge, Cambridge University Press, 1965). Sobre a metáfora do teatro, cf. também FERRETTI, S., Metafore della

De outro lado, como se procurou mostrar aqui, a posição plotiniana deriva com toda coerência dos princípios de seu platonismo sistemático e não apenas de suas fontes ou de uma atmosfera cultural e espiritual genérica.

7.2. A união mística

O verbo *epistrephein* e o substantivo *epistrophê* têm um papel central nas *Enéadas* e designam a "conversão" e o retorno de algo para aquilo no qual tem sua origem e que o precede na ordem da realidade. Tal movimento de conversão determina a gênese do grau inferior a partir da atividade que procede de sua origem. Mas a "conversão" tem também outro significado e designa a ação mediante a qual nós (ou seja, nossa alma) podemos nos voltar para a nossa origem e retornar a ela subtraindo-nos da dispersão do mundo sensível. O virtuoso, nota Plotino, é voltado para seu próprio interior (I 4 [46], 11.8) e não situa nas coisas exteriores o objeto de seu próprio querer. O itinerário da alma plotiniana se realiza quando ela retira sua atenção do mundo sensível, concentrando-a dentro de si e se apropria de sua natureza autêntica e inteligível (V 1 [10], 12). Desse modo, a parte superior de nossa alma, não descida do Intelecto, torna-se o centro unificador da atividade psíquica: tomamos, assim, consciência daquilo que realmente somos e compartilhamos a condição e o tipo de conhecimento próprios do *Nous*.

Plotino, contudo, não se detém nesse ponto. Em sua concepção da hierarquia ontológica, o grau superior não é separado daquilo que dele deriva, mas o contém em si mediante sua potência causal e é, nesse sentido, interior a ele. Nas *Enéadas* essa tese é expressa comparando-se o princípio superior e mais unitário ao centro de um círculo ou de uma esfera nos quais a periferia é constituída do grau inferior e mais múltiplo (cf. VI 5 [23], 4.17-5.10)[17]. Assim como o centro não é externo ao círculo, mas constitui seu ponto mais interior, do mesmo modo o princípio não é exterior àquilo que dele depende, mas encontra-se "dentro" da multiplicidade à qual dá origem. Como é previsível, Plotino preocupa-se também em especificar que essa analogia deve ser compreendida procurando dela eliminar qualquer conotação espacial: os princípios metafísicos não são

---

providenza. Plotino, *Enn.* III 2, in: ID., *Antichi e moderni. L'elaborazione del passato*, Pisa, ETS, 2005, 37-58.

17. Sobre a analogia da esfera em Plotino, cf. TORNAU, *Plotin. Enneaden VI 4-5...*, 370-376.

extensos e localizáveis; por essa razão, no uso da analogia do círculo deve-se proceder subtraindo com o pensamento qualquer extensão: se terá de tal modo "centros unificados em um único centro" (VI 5 [23], 5.8-10). Em VI 8 [39], 18 a analogia do círculo é empregada em relação à dependência do Intelecto em relação ao Uno: o círculo tem, segundo Plotino, "a forma do centro" (*kentroeidês*: 18.19), pois o centro é o ponto no qual convergem os raios e do qual eles nascem e se desprendem como de uma origem e de um poder causal; de modo análogo, o Intelecto e o ser se desprendem de sua origem, o Uno. Essa concepção plotiniana particular da hierarquia, na qual a origem não é externa e distante daquilo que ela gera, mas é interna ao gerado, pois o contém em sua potência causal, pode dar conta da afirmação de V 1 [10], 11, em que Plotino sustenta que em "nós", ou seja, em nossa alma, há realidades maiores, isto é, o Intelecto e o próprio primeiro princípio, o Uno. De modo significativo, Plotino serve-se da analogia do círculo, do centro e dos raios para exprimir a interioridade dos primeiros princípios em nós (11.10ss.).

Se, então, em nós está presente e age não apenas o Intelecto, mas também o Uno superior ao ser e ao Intelecto, segue-se que a conversão da alma para seu interior e sua origem não pode se concluir com a apropriação de sua condição inteligível e com a conjunção de nosso si empírico com a sua parte mais elevada não descida do Intelecto. A alma deverá voltar-se, além do Intelecto, para a origem de tudo, da qual ela mesma depende, ou seja, o Uno, o primeiro princípio absolutamente simples. Em VI 9 [9], 11.51, Plotino caracteriza como uma "fuga do só para o Só" a vida dos deuses e dos homens bem-aventurados que se libertam das coisas daqui reunindo-se, por meio do Intelecto e além dele, ao Uno, o primeiro princípio. É muito difícil compreender como tal processo pode ocorrer. Nesse caso, com efeito, não há nenhuma faculdade psíquica que possa garantir a adequação de nosso contato com o princípio para o qual nos voltamos. Não há, nem pode haver, uma parte da alma posta no plano no Uno, já que o Uno excede qualquer realidade e qualquer forma de conhecimento e pensamento. Todavia Plotino enuncia com grande força a possibilidade de que a alma chegue a uma visão supraintelectual, unificando-se com a própria origem. Em textos famosos como VI 9 [9], 9-10 e VI 7 [38], 35, ele delineia as condições que caracterizam esse tipo de experiência e de unificação. Ela aparece como diferente de qualquer pensamento possível e irredutível a uma apreensão intelectual. De modo significativo, ao caracterizar a unificação da alma com o Uno, Plotino usa então um vocabulário que remete abertamente à esfera erótica (VI 7 [38], 34-35).

Se o Uno pode ser atingido, isso ocorre apenas no silêncio da experiência com a qual a alma suprime toda alteridade de si (VI 9 [9], 8.34-35), esvazia-se de todo conteúdo e de toda forma, volta-se para o Uno e é possuída por ele (VI 9 [9], 7.16 ss.). O pensamento já não faz parte dessa experiência:

> [...] naquele momento a alma não se move, pois nem sequer o Bem em si se move. Não é alma porque o Bem não vive, mas é além da vida; não é sequer Intelecto, pois o Bem não pensa e ela deve fazer-se similar ao Bem, nem sequer pensa que não pensa (VI 7 [38], 35.42-45).

Embora alguns reconhecidos intérpretes, por exemplo John M. Rist e Lloyd P. Gerson, tenham qualificado ou mesmo contestado a possibilidade de encontrar elementos místicos na filosofia de Plotino, parece verdadeiramente difícil caracterizar de modo diferente a experiência de unificação direta e supraintelectual da alma em relação ao Uno[18]. É preciso, todavia, especificar bem qual é o tipo de "mística" próprio de Plotino. Assim como ocorre acerca da teoria do Uno, a doutrina da união mística aparece como êxito extremo dos pressupostos que governam toda a filosofia plotiniana; portanto, ela não é o mero resultado de uma experiência pessoal, ainda que tal experiência transpareça efetivamente nas palavras dedicadas à união com o Uno[19]. Como já foi observado muitas vezes, segundo Plotino o primeiro princípio, por ser verdadeiramente primeiro, deve ser superior ao ser e ao pensamento. Ora, dizer que o pensamento é insuficiente para apreender o Uno poderia levar a pensar que ele é uma espécie de objeto misterioso ao qual o Intelecto, por seus limites, não pode chegar. Esse tipo de conclusão, contudo, é evidentemente equívoca: o Uno não pode ser conhecido *por nós* porque não é cognoscível nem mesmo *em si e por si mesmo*, e não é cognoscível porque, se o fosse, seria necessariamente múltiplo, não podendo assim exercer sua função de primeiro princípio absolutamente simples. Segundo Plotino, todo "ser", como tal, deve poder ser conhecido, e deve poder ser conhecido por nossa alma de modo adequado. Mas ser e conhecimento implicam a multiplicidade e remetem a um princípio superior, absolutamente simples, que não pode ser apreendido senão pela superação do pensamento e do

---

18. Cf. RIST, *Plotino. La via verso la realtà*, 278-300; GERSON, *Plotinus*, 218-224. REMES, *Plotinus on Self*, 248-253 oferece uma interessante discussão da leitura de Gerson.

19. Porfírio informa que durante o período de sua permanência junto a Plotino ele chegou quatro vezes à união estática com o primeiro princípio (cf. *Vita Plot.*, 23.16).

conhecimento. A doutrina plotiniana do êxtase místico responde a essa extrema exigência do platonismo sistemático plotiniano.

Não é claro se a união com o Uno implica ou não que a alma abandone sua própria identidade individual voltando-se para o princípio do qual procedeu. Alguns intérpretes buscaram, de modo engenhoso, afastar tais conclusões, que são, contudo, sugeridas de modo explícito pelas palavras usadas por Plotino. Com efeito, parece que a união com o Uno é caracterizada por uma profunda ambivalência: de um lado, é manifestação suprema de independência e autonomia para a alma que a atinge; de outro, implica que a subjetividade e a individualidade de cada um sejam de algum modo sacrificadas[20].

Em relação à união com o Uno vale com muito maior razão aquilo que já se notou acerca da condição da alma não descida: a filosofia pode explicar os pressupostos dessas doutrinas, as razões que induzem a postulá-los, as condições necessárias para sua realização. Mas tudo isso permanece uma espécie de estrutura vazia, que Plotino preencheu com sua própria experiência de união com o Intelecto e com o Uno. Dificilmente tal experiência pode ser comunicada e tornada acessível àqueles que por sua vez não a experimentaram, e disso Plotino estava bem consciente: em VI 9 [9], 9.46-47 ele repete, dela apropriando-se, a fórmula dos mistérios de Elêusis: "aquele que viu sabe o que digo". Aqueles que não viram, contudo, dificilmente escaparão da impressão de que no fundo da filosofia plotiniana há algo inacessível, que resiste a qualquer explicação e a qualquer interpretação do texto eneádico.

---

20. Cf. as agudas observações de REMES, *Plotinus on Self*, 253.

Conclusão

Seria possível citar em particular muitas passagens de Plotino; mas assim como em suas obras certos pensamentos fundamentais são repetidos ao infinito, sua leitura torna-se cansativa. Assim como Plotino tem o sistema de referir o particular ao universal do qual se parte, bastam alguns de seus livros para dar-nos uma notícia exata de suas ideias; a leitura do texto não nos mostra nenhum progresso verdadeiro[1].

Esse juízo, formulado por Hegel, pode, sem dúvida, parecer muito severo, mas não deixa de ter algum fundamento: a filosofia de Plotino baseia-se em uma intuição profundamente unitária, que é encontrada nos vários tratados e à qual são referidas as múltiplas questões particulares. Nesta apresentação sintética buscou-se identificar na concepção da causalidade inteligível o verdadeiro centro unificador da filosofia de Plotino, em torno do qual se organizam suas doutrinas sobre a ontologia, a epistemologia, a antropologia, a física, a ética. A própria teoria do primeiro princípio superior ao ser pode ser adequadamente compreendida como o êxito extremo ao qual conduzem os mesmos pressupostos teóricos postos na abordagem dos inteligíveis como causas.

Tudo, ou quase tudo, nasce, na filosofia de Plotino, da exegese dos diálogos de Platão. De outro lado, observou-se muitas vezes como a exegese de Plotino

---

1. HEGEL, G. W. F., *Lezioni sulla storia della filosofia*, III, 1, Florença, La Nuova Italia, 1934, 35.

é orientada por pressupostos precisos, que seria difícil encontrar como tais no pensamento de seu mestre. Emilsson caracterizou muito bem a doutrina plotiniana da causalidade como a tentativa de dar conta das causas platônicas mais do ponto de vista das próprias causas do que do ponto de vista de seus efeitos[2]. Algumas das doutrinas mais difíceis e originais de Plotino (em particular a doutrina do conhecimento adequado dos princípios por parte da alma não descida) podem ser muito bem compreendidas dessa perspectiva. Plotino leva às últimas consequências uma linha possível de desenvolvimento do platonismo: nisso está um dos principais motivos de interesse de sua filosofia, mas também um de seus aspectos mais controvertidos. Não é por acaso que a recepção de Plotino foi tão tormentosa, para dizer o mínimo, desde a Antiguidade. Geralmente, ele é considerado o fundador do neoplatonismo. Essa tese, contudo, ao menos em parte é enganadora. Em primeiro lugar, não houve uma única "escola" neoplatônica: a filosofia tardo-antiga foi geralmente platônica, mas incluía em si orientações, escolas e círculos intelectuais muitos diversos[3]. Além disso, a posição histórica de Plotino é muito complexa. A ele remontam certamente alguns dos elementos fundamentais que caracterizam o platonismo da Antiguidade Tardia (séculos III-VI d.C.): a centralidade da metafísica, a interpretação teológica do Parmênides de Platão, o conhecimento particularizado de Aristóteles. Os autores posteriores a Plotino tiveram grande respeito e veneração para com ele. No início da *Teologia platônica* (I 1.16-20), Proclo honra Plotino e seus sucessores como pensadores de inspiração divina, que "deram para nós as mais santas explicações sobre os princípios divinos, pois receberam uma natureza quase igual à de seu Mestre"[4], ou seja, Platão. De outro lado, alguns aspectos que caracterizam a reflexão plotiniana foram logo abandonados, corrigidos tacitamente ou abertamente contestados. Já Porfírio, discípulo e editor de Plotino, foi *pessoalmente* um filósofo muito diferente em relação a seu mestre. Os autores mais tardios não hesitaram em criticar abertamente algumas teses centrais de Plotino. Proclo compôs todo um tratado contra a doutrina plotiniana da matéria e do mal;

---

2. Cf. EMILSSON, *Plotinus on Intellect*, 67.
3. Cf., a esse respeito, PRAECHTER, K., Richtungen und Schulen im Neuplatonismus, in: ID., *Kleine Schriften*, Nova York-Hildesheim, Olms, 1973, 165-216 (ed. orig. in: *Genethliakon für Carl Robert*, Berlim, 1910, 105-156). Embora muitos pontos particulares da reconstrução de Praechter tenham sido criticados, continua perfeitamente válida sua abordagem geral.
4. Trad. de M. Casaglia em CASAGLIA, M.; LINGUITI, A., *Proclo. Teologia platonica*, Turim, UTET, 2007, 72.

CONCLUSÃO

além disso, ele toma abertamente distância da doutrina da alma não descida, alinhando-se às ásperas críticas já feitas por Jâmblico. A abordagem crítica de Plotino para com Aristóteles foi também abertamente corrigida, como testemunha o comentário de Simplício às *Categorias*. Em suma: em relação a Plotino a veneração se associava já nos platônicos da Antiguidade Tardia a um real distanciamento de alguns dos aspectos mais característicos de sua filosofia. É, de certo modo, significativo que nem mesmo as numerosas retomadas da filosofia de Plotino nos vários ambientes e nas várias épocas em que se exerceu sua influência (em geral de forma mediada e indireta)[5] foram dispostas a acolher os aspectos distintivos de seu platonismo, que somente os estudos recentes progressivamente destacaram de modo pleno.

John M. Rist escreveu, retomando o juízo de Plotino sobre Longino, que Plotino não é "um filósofo para filólogos"[6]. Trata-se de uma afirmação peremptória, desmentida pelo fato de que alguns dentre os mais profundos leitores das *Enéadas* foram justamente filólogos ilustres. Todavia há algo verdadeiro no juízo formulado por Rist: os mais rigorosos métodos históricos e filológicos, os mais eruditos estudos sobre a tradição textual não bastam para nos aproximar de modo satisfatório da obra de Plotino, se não são completados por uma real inteligência de sua difícil reflexão. O entrecruzamento verdadeiramente indissolúvel

---

5. Sobre a posteridade de Plotino nos autores latinos da Antiguidade Tardia e da alta Idade Média (em particular, Agostinho), cf. recentemente CATAPANO, G., *Tota sentit in singulis*. Agostino e la fortuna di un tema plotiniano nella psicologia altomedievale, in: CHIARADONNA (org.), *Studi sull'anima in Plotino*, 353-400. Sobre a complexa posteridade árabe das *Enéadas* a literatura recente é muito rica; cf., para uma apresentação sintética, D'ANCONA, C., Le traduzioni di opere greche e la formazione del corpus filosofico arabo, in: ID. (org.), *Storia della filosofia nell'Islam medievale*, Turim, Einaudi, 2005, v. I, 204-208. Abordagens mais aprofundadas encontram-se em D'ANCONA et al., *Plotino: La discesa dell'anima nei corpi...*; e ADAMSON, P., *The Arabic Plotinus. A Philosophical Study of the* Theology of Aristotle, Londres, Duckworth, 2002. Sobre a tradução e o comentário das *Enéadas* feitos por Marsílio Ficino, publicados em Florença em 1492, cf. SAFFREY, H. D., Florence, 1492: The Reappearence of Plotinus, in: ID., *Le néoplatonisme après Plotin*, 277-293 (ed. orig.: *Renaissance Quarterly*, 49 [1996] 488-508); sobre a recepção de Plotino em Ficino e no platonismo renascentista, cf. GARIN, E., Plotino nel Rinascimento, in: *Plotino e il Neoplatonismo in Oriente e in Occidente*, 537-553; Id., La rinascita di Plotino, in: ID., *Rinascite e rivoluzioni. Movimenti culturali dal XIV al XVIII secolo*, Roma-Bari, Laterza, 1975, 89-129. No que diz respeito à tradição mais recente, remeto a Beierwaltes, W., *Platonismo e idealismo*, Bolonha, Il Mulino, 1987 (ed. orig.: *Platonismus und Idealismus*, Frankfurt a.M., Klostermann, 1972), acerca da recepção de Plotino no idealismo alemão.

6. RIST, *Plotino. La via verso la realtà*, 321.

de refinada argumentação filosófica com experiência mística faz do pensamento plotiniano um pensamento de certo modo único, que muito raramente pode deixar indiferente quem dele se aproxima.

ANEXO

O debate recente sobre Plotino e a gnose
(RICCARDO CHIARADONNA E MAURICIO PAGOTTO MARSOLA)

Desde o célebre artigo de R. Harder[1], que data dos anos 30, é amplamente discutida a posição segundo a qual a polêmica antignóstica ocuparia um lugar bem definido no *corpus* plotiniano. Os tratados 30-33, em geral chamados de *Großschrift*, marcariam o campo cronologicamente definido de tal polêmica. Trata-se, segundo alguns, de um período singular se comparado a outros períodos da trajetória intelectual plotiniana e da formação de seus escritos.

A pesquisa plotiniana nos últimos anos contribuiu para mostrar que a oposição de Plotino aos gnósticos ocupa um lugar muito mais importante que outrora se imaginava. De um lado, os escritos gnósticos testemunham uma força especulativa e uma inventividade muito maiores do que se supunha. Muitos enunciados cuja originalidade é atribuída a Plotino possuem uma história anterior ao próprio corpo dos escritos gnósticos e herméticos. De outro lado, a resposta de Plotino aos gnósticos, para alguns estudiosos contemporâneos[2], não estaria

---

1. HARDER, R., Eine neue Schrift Plotins, *Hermes*, 71, 1936, 1-10.
2. Acerca da discussão sobre a substituição da noção de um *Großschrift*, que indicaria a unidade entre os tratados 30, 31, 32 e 33, estabelecida no já citado artigo de HARDER, R., Eine neue Schrift Plotins, *Hermes*, 71, 1936, 1-10 pela de um *Großzyklus* (isto é, um ciclo de escrita e reflexão anti-gnóstica que vai além das fronteiras dos referidos tratados), cf. ROLOFF, D., *Die Großschrift III 8 – V 8 – V 5 – II 9*, Berlim, De Gruyter, 1970. Sobre *Vita Plotini* 16, cf. TARDIEU, M., Les gnostiques dans la *Vie de Plotin*, in: PÉPIN, J. (ed.), *Porphyre. La vie de Plotin*, Paris, Vrin, 1992, vol. II, 503-563 [com repertório bibliográfico anexo]; TURNER, J., *Sethian gnosticism and the platonic tradition*, Biblithèque copte de Nag Hamadi, section

limitada ao pseudo *Großschrift*, construído pelos tratados 30-33, uma vez que o problema antignóstico não estaria liquidado de uma vez por todas. De fato, para estes seria propriamente ao longo de sua carreira intelectual que se confrontou com e que reagiu às teses gnósticas. Dessa forma, as conferências abordarão os tratados do ciclo antignóstico (30-33), mas igualmente identificando tais elementos nos tratados psicológicos (22-28) e da primeira fase (1-7).

No entanto, essa perspectiva foi questionada e ampliada. Uma das hipóteses levantadas a esse respeito é a tese da familiaridade de Plotino com as doutrinas gnósticas iniciada no período de sua permanência em Alexandria e que se distenderia até o período romano[3]. Além disso, a comparação entre alguns elementos da argumentação de Plotino e passos paralelos em alguns heresiólogos, tais como Irineu de Lyon (no *Adv. Haeres.*) e Clemente de Alexandria (nos *Extratos de Teodoto*)[4], tem sido recentemente apontada, embora ainda não suficientemente explorada.

"Études", 6. Quebec/Louvain, Presses de l'Université Laval/Peeters, 2001. E a obra recente de NARBONNE, J.-M., *Plotinus in dialogue with the gnostics*, Leiden/Boston, Brill, 2001, notadamente p. 1-9; WOLTERS, A. M., Notes on the structure of Enneads II 9, in: GOOT, H. V. (ed.), *Life is religion. Essays in honor of H. Evan Runner*, St. Catharines (Ontário), Paideia, 1981, 83-96; NARBONNE, J.-M., *Plotinus in dialogue with the gnostics*, 4-7 e NARBONNE, J.-M. et al., Plotin, *Oeuvres completes*, Paris, Les Belles Lettres, vol. I, introdução, 2012.

3. Cf. RUDOLPH, K., *Die Gnosis. Wessen und Geschichte einer spätantike religion*, Göttingen, Vandenhoeck & Ruprecht, 1990 (trad. italiana: *La gnosi. Natura e storia di una religione tardoantica*, sob a direção de C. Gianotto, Brescia, Paidea Editrice, 2000); menção ao problema histórico da relação entre os textos gnósticos citados por Porfírio (*Vita Plotini* 16), tais como *Zostriano*, *Alogenes* e *Nicoteus*, cf. CLAUDE, P., *Les trois stèles de Seth. Hymne gnostic à la Triade* [NH VII 5], Bibliothèque copte de Nag Hammadi, Quebec, Presses Université Laval, 1983, 31 ss. Já mencionamos, a respeito de *Vita Plotini* 16, o texto de TARDIEU, M., Les gnostiques dans la *Vie de Plotin*, in: PÉPIN, J. (ed.), *Porphyre. La vie de Plotin*, 503-563, que discute a difícil passagem das linhas 1-2: "*polloì mèn kaì álloi*", referida a "*tôn khristianôn*" (linha 1), para os quais, no dizer de Porfírio, Platão não teria atingido "a profundidade da essência inteligível" (*tò báthos tês noêtês ousías*: linhas 8-9) e que, por isso, seriam alvo das críticas de Plotino. A discussão acerca dessa passagem, traduzida de muitas maneiras (cf. Igal, *Enéadas*, vol. 1. Madri, Gredos, 2001, 152-153; Bréhier, *Ennéades*, vol. 1, Paris, Les Belles Lettres, [7]2003; Brisson, *La vie de Plotin*, in: Plotin *Traités 51-54*, Porphyre, *La vie de Plotin*, Paris, Flammarion, 2010, 294 e nota 157; Radice, *Enneadi*, Milão, Mondadori, 2003; Casaglia/Guidelli/Linguitti/Morani, *Enneadi*, vol. 1., Turim, UTET, 1997; Armstrong, *Enneads*, vol. 1, Harvard University Press, 2000; Harder/Beutler/Theiler, *Plotins Schriften*, Hamburgo, Felix Meiner, 1971), é decisiva sobre a forma da presença dos gnósticos na escola de Plotino.

4. Acerca das passagens investigadas, cf. Plotino, 5 (V 9), 1-2; 20 (I 3), 1-3 (cf 1 [I $6_{,}$, 4]; 9 [VI 9], 4, 18; 9, 30 *sq.*); tratado 33, o cap. 9, 75-83. Clemente de Alexandria, *Excerpta ex*

De igual modo, os efeitos de tal polêmica poderão ser constatados em tratados tardios, tais como os 47-48, que tratam da providência, e especialmente no tratado 51 (acerca da origem dos males)[5], que traz vários elementos decisivos para a compreensão das transformações da investigação plotiniana sobre a matéria. W. Theiler, por exemplo, já considerava que as partes de um ciclo *não são elementos de uma construção sistemática*[6].

O tratado 33 (II 9), sem dúvida, constitui o eixo de um longo desenvolvimento conceitual que abrange os tratados 30, 31 e 32, mas elaborado ao longo de vários tratados plotinianos que apresentavam visões de conjunto, tais como a primeira parte do tratado 9 (caps. 1-8), ou que serão rearticulados posteriormente, tais como os tratados 37 e 38, que investigam o Intelecto e as relações de liberdade e necessidade no que diz respeito à causalidade do Princípio Primeiro. No entanto, o tratado *Contra os gnósticos* (33 [II 9]) marca a afirmação de várias características metodológicas, que encontrávamos de modo menos acentuado e variável anteriormente[7]. Isso se mostra de modo particular na postura plotiniana com relação ao modo de referir-se ao próprio passado e à tradição helênica, da qual o filósofo desde o início se autodeclara exegeta (cf. 10 [V 1], 8).

Tal postura plotiniana frente ao passado e a reprovação do distanciamento dos gnósticos com relação à tradição helênica envolve uma gama de elementos conceituais que norteiam a exegese plotiniana de Platão e que instauram toda a articulação do tratado 33. No entanto, ela é preparada, como já apontamos, em tratados anteriores e se estende a tratados tardios. Isso se mostra nos pressupostos teológicos, antropológicos e cosmológicos que Plotino recapitula no início (caps. 1-3) do referido tratado *Contra os gnósticos*.

Theodoto, 54, 1; Irineu, *Adv. Haeres*. I 7, 5; textos gnósticos: *Tratado tripartite* (NH I 5, 118-119). Cf. *Le Traité tripartite NH I 5*. Texto, introd., coment., E. Thomassem; trad. L. Pinchaud e E. Thomassem, BCNH, Quebec, Presses de l'Université Laval, 1989; *Zostriano* NH VIII 1, 42-44. Cf. *Zostrien (NH VIII, 1)*. Texto, coment., notas e trad. de C. Barry, W.-P. Funk, P.-H. Poirier e J. Turner, Quebec/Paris, Presses de l'Université Laval/Peeters, 2000.

5. Cf. o comentário de O'MEARA, D. J., Plotin, *Traité 51. Sur l'origine des maux*, introd., trad., notas e coment., D. J. O'Meara, Paris, Cerf, 1999.

6. Cf. *Plotins Schriften*. Band IIIb. Hamburgo, Felix Meiner, 1964, 414; cf. a discussão de NARBONNE, J.-M. *Plotinus in dialogue with the gnostics*, ibid. Observe-se que uma discussão a esse respeito pode ser lida em NARBONNE, J.-M. et al. Plotin, *Oeuvres complètes*, Paris, Les Belles Lettres, vol. I, introdução, 2012.

7. Cf. WOLTERS, A. M., Notes on the structure of *Enneads* II 9, in: GOOT, H. V. (ed.), *Life is religion. Essays in honor of H. Evan Runner*, St. Catharines (Ontário), Paideia, 1981, 83-96; cf. NARBONNE, J.-M., *Plotinus in dialogue with the gnostics*, 4-7.

Esses elementos serão explanados na primeira série de críticas, que se estende do capítulo 4 ao 9. Ora, na visão de Plotino, os gnósticos constroem suas teses envoltos por um desprezo pelo cosmos e por uma incompreensão acerca de seu governo (caps. 4-5; 7-8), já que, para eles, o mundo é fruto do erro de um demiurgo decadente, que mergulha na matéria e cria o sensível. À matéria está associado o mal, que se distende do plano físico ao antropológico, uma vez que a humanidade se divide em diversos gêneros de homens, sendo que alguns são já "eleitos" e "salvos" pelo conhecimento do qual são dotados[8]. Estes são os gnósticos. A essa tipologia antropológica, Plotino reage no capítulo 9, apontando para uma incompreensão com relação ao que seria a Providência (já no capítulo 8) e a instauração de um certo elitismo[9]. Não se deve questionar a Providência

---

8. Cf. Irineu, *Adv. haereses*, I 7, 5; *Excerpta ex Theodoto*, 54-57; *Tratado tripartite* (NH I 5, 118-119); *Zostriano* (NH VIII 1, 42-44). Tanto Igal (ad. loc., 511, nota 85) quanto Dufour, *Traité 33*, 263, nota 155, destacam a oposição plotiniana frente às três raças ou castas originárias. Vale citar o texto de Irineu. *Adv. haer.*, I, 7, 5: "Eles estabelecem como fundamento três raças de homem: pneumático, psíquico e *khoiko* (*pneumatikón, psykhikón, khoikon*), segundo o que foram Caim, Abel e Set: pois, a partir desses, pretendem estabelecer a existência de três naturezas (*tas treîs physeis*), não em um único indivíduo, mas no conjunto da raça humana. O elemento *khoiko* se corromperá. [...] As almas, dizem, subdividem-se em duas categorias: aquelas que são boas por natureza (*physei agathás*) e aquelas que são más por natureza (*physei ponêrás*)". Tomamos o texto e a tradução da edição SC, modificando-a. E, ainda, o *Tratado tripartite*: "Porque a humanidade chegou a ser de três tipos essenciais (*katà ousían*): o espiritual, o psíquico e o material, reproduzindo o modelo da tripla disposição do Logos pela qual se produziram os materiais, os psíquicos e os espirituais. Cada uma das essências das três raças é conhecida por seu fruto e, no entanto, não foram conhecidas desde sempre, mas somente com a vinda do Salvador, que iluminou todos os santos e revelou o que cada um era. [...] A raça material, por sua vez, é estrangeira com relação a tudo; é como as trevas, que impedem a irradiação da luz, porque sua manifestação as dissolve, de modo que não aceitou sua manifestação, que é superior, e odeia o Senhor em sua manifestação. A raça espiritual receberá uma salvação completa e total, mas a material receberá a destruição absoluta, tal como aquilo que é refratário" (Cf. a trad. em *Le Traité tripartite NH I 5*. Texto, introd., coment., E. Thomassem; trad. L. Pinchaud e E. Thomassem, BCNH, Quebec, Presses de l'Université Laval, 1989).

9. Os textos plotinianos acerca dos três tipos de homem são: 5 [V 9], 1-2; 20 [I 3], 1-3 (cf. 1 [I 6] 4; 9 [VI 9], 4, 18; 9-11); 33, 9, 75-83; cf. Alcino. *Didaskalikos* 156, 5-10 (Whittaker 7, 18-23). Já tivemos ocasião de analisar essa tipologia em "Les trois types d'Homme chez Plotin: exégèse platonicienne et polemique anti-gnostique". Texto apresentado no colóquio "La mystique dans la gnose et chez Plotin", na Université Laval, em março de 2009, no quadro de trabalhos do "Projet Plotin". Continuamos atualmente o trabalho de pesquisa sobre esse tópico. O resumo que apresentamos para o colóquio agora proposto é um dos desenvolvimentos desse tema.

por causa da desigualdade entre os homens, nem pela existência de injustiças (cf. 9, 1-26) e nem pela pretensão de que sejam os únicos perfeitos (9, 26-64), não há Providência senão somente para eles (9, 64-83). Ora, contra a concepção gnóstica da existência de três naturezas humanas distintas (pneumática, psíquica e hílica), Plotino enuncia a tese da alma como sendo uma única natureza, que possui uma multiplicidade de potências redutíveis a três níveis psíquicos: intelectivo, racional e sensitivo-vegetativo.

O contraste entre o ideário gnóstico e o plotiniano acentua-se na segunda série de críticas (caps. 10-14), na qual serão discutidos temas como a mitologia gnóstica (queda de Sofia; criação pelo erro do demiurgo); os pretensos poderes da magia (14, 1-34), trecho que possui profundas implicações éticas para além da discussão sobre esse tema, que envolve uma série de pressupostos que se consolidarão ao longo da tradição hermética[10].

A terceira série de críticas (caps. 15-18) aponta para a ausência de preocupação da gnose com relação à virtude e com questões éticas (cap. 15). A partir do capítulo 16, retornam as questões cosmológicas, pois Plotino dirá que se há um desprezo pelos deuses cósmicos, então não se pode honrar os deuses transcendentes, criticando o dualismo gnóstico entre os planos sensível e inteligível e seu desprezo pelo primeiro: quem não sabe contemplar o mundo sensível é porque não vislumbra o inteligível (16, 27-56). É assim que a referência gnóstica a Platão é equivocada e carece de base (cap. 17).

Esse quadro, cujo esboço apresentamos a título de menção e de modo abreviado, instaurado no tratado 33, concentra um universo conceitual que pode ser de grande valia na compreensão de inúmeras passagens de grande dificuldade interpretativa ao longo dos tratados plotinianos. Nesse sentido, a presente obra leva em consideração tais elementos da significação da polêmica gnóstica plotiniana.

Mauricio Pagotto Marsola

Nas páginas precedentes, Mauricio Marsola descreveu com precisão admirável os termos do debate recente acerca da questão "Plotino e os gnósticos"[11].

---

10. Sobre o contexto da discussão, cf. Igal, vol. 1, 2001, nota *in locu* e Introdução ao tratado 33; cf. FESTUGIÈRE, J., *La révelation d'Hermes Trismegiste*, Reimpressão, Paris, Les Belles Lettres, 2009.

11. Para um ótimo recente *status quaestionis*, ver também D'ANCONA, C., Plotin, in: GOULET, R. (dir.), *Dictionnaire des philosophes antiques*, vol. V a, Paris, CNRS Éditions, 2012, 885-1070, especialmente as páginas 982-993.

Em meu livro de introdução a Plotino emerge, todavia, uma posição muito prudente acerca desse debate. A prudência não diz respeito, que fique bem claro, à hipótese de que Plotino conheceria as especulações gnósticas e seria familiar à cultura do ambiente alexandrino. Negá-lo não teria nenhum sentido e, acerca disso, remeto às observações precedentes de Mauricio Marsola. O próprio Porfírio atesta que as aulas de Plotino em Roma eram frequentadas também por ouvintes gnósticos, ouvintes que Porfírio – como parece emergir de algumas linhas de difícil interpretação – identifica como "cristãos hereges" (*Vita de Plotino*, 16, 1-2)[12]. Como relata Porfírio, os gnósticos na escola de Plotino baseavam suas doutrinas em alguns textos, e os títulos reportados por Porfírio coincidem em parte (*Zostriano* e *Alógenes*) com os dos tratados gnósticos encontrados na biblioteca de Nag Hammadi, que contêm efetivamente doutrinas platônicas ou platonizantes cuja convergência com aquela de Plotino foi posta em evidência pelos especialistas[13].

Alguns intérpretes formularam a hipótese de que a gnose platonizante, cujos textos circulavam na escola de Plotino, tenha tido um impacto real sobre seu pensamento. Plotino teria, portanto, tomado da gnose determinados conteúdos doutrinais. Isso teria ocorrido em relação à leitura metafísica do Parmênides e à teoria da alma não-descida, que talvez constituam suas teses filosóficas mais características. Não apenas isso: toda a filosofia de Plotino se desenvolveria, na realidade, como um constante diálogo crítico com os gnósticos e seria somente essa perspectiva que permitiria compreender adequadamente sua base conceitual[14]. A questão permanece, contudo, muito controvertida. A datação das fontes gnósticas é incerta (são, de fato, tratados que circulavam na escola de Plotino ou de redações posteriores que integravam voluntariamente as teses de Plotino e Porfírio? Os pareceres dos estudiosos são discordantes). Igualmente incerta e difícil é a avaliação de seu conteúdo e a identificação das várias correntes internas ao movimento[15]. Como quer que sejam as coisas, é preciso distinguir duas

---

12. Ver a contribuição fundamental de TARDIEU, M., Les gnostiques dans la *Vie de Plotin*, citado anteriormente.

13. Para mais detalhes, ver as indicações fornecidas anteriormente por Mauricio Marsola.

14. Para essa leitura, veja-se em particular NARBONNE, J.-M., *Plotinus in Dialogue with the Gnostics*, Leiden, Brill, 2011.

15. Veja-se o que observa P. Adamson (Booknotes, in: *Phronesis*, 57, 2012, 380-399) acerca do recente estudo de J.-M. Narbonne acima citado: "Está longe de ser evidente que eles eram mais importantes para Plotino do que platônicos contemporâneos e anteriores (como assumido, por exemplo, nas páginas 68-69, 119-120 – a repetição de 'é claro', que marca a

ordens de considerações. É indubitável que haja um terreno comum de termos e concepções apropriadas tanto da parte Plotino quanto das correntes religiosas de seu tempo: o contrário seria surpreendente. É igualmente indubitável que muito trabalho esteja ainda por ser feito e que alusões às concepções gnósticas se encontrem em numerosos lugares das *Enéadas*. Posto isso, contudo, permanece, em minha opinião, pouco plausível concluir que na gnose se encontrem já formuladas teses próprias da sistematização filosófica plotiniana, ou que a gnose seja o termo de referência privilegiado para a construção da filosofia de Plotino e que, portanto, a base religiosa seja anteposta ao contexto mais propriamente filosófico.

É certamente possível encontrar paralelos de tais doutrinas como a distinção entre os princípios hipostáticos e a alma não-descida. Todavia, como procuro argumentar neste volume, similares teorias podem ser compreendidas adequadamente somente partindo dos pressupostos metafísicos e epistemológicos próprios da filosofia de Plotino, fundados sobre sua interpretação de Platão e de Aristóteles. Entre tantas hipóteses formuladas pelos intérpretes, o único fato certo é que Plotino dedica aos gnósticos um tratado (II.9 [33]) no qual critica suas especulações teológicas à luz de sua metafísica platônica na medida em que seriam portadoras de opiniões sobre a divindade e sobre o mundo que são irracionais e grosseiramente antropomórficas, incapazes de apreender a natureza e o tipo de causalidade próprios dos princípios autênticos. Daqui os principais erros imputados aos gnósticos: a multiplicação dos princípios inteligíveis e a ideia de que o mundo material é intrinsecamente mau: cf. II.9 [33], 1.12-16; 8.17-20). Para Plotino, os gnósticos constituem um quadro polêmico ao proporem uma leitura inadequada de Platão (II.9 [33], 6).

A posição que Plotino faz valer contra eles é de todo análoga àquela que ele faz valer contra outros adversários (em particular o estoicismo): seu escopo é chegar a uma compreensão apropriada dos princípios inteligíveis que seja privada de conotações físicas ou antropomórficas. É, portanto, totalmente equivocado falar, a propósito de Plotino, de uma "profissão de fé" platônica oposta à gnóstica[16].

---

prosa de Narbonne), acerca de tópicos como a descida da alma e o princípio do cosmos". No que diz respeito ao tema da geração do cosmos, critiquei em detalhe a interpretação de Narbonne em CHIARADONNA, R., Plotinus' Account of Demiurgic Causation and its Philosophical Background, in: PRICE, B. e MARMODORO, A. (eds.), *Causality and Creation in Classical and Late Antiquity*, Cambridge, Cambridge University Press, 2015.

16. Tal como faz ATHANASSIADI, P., *La Lutte pour l'orthodoxie dans le platonisme tardif de Numénius à Damascius*, Paris, Les Belles Lettres, 2006, 128-132.

Para Plotino, os gnósticos são condenados porque renunciam às características próprias da verdadeira filosofia fundada no raciocínio (*meta logou*: II.9 [33], 14.41). As doutrinas que Plotino elabora a partir de Platão são algo diverso de um conjunto de meditações e exercícios espirituais conduzidos comentando textos e votados a realizar a purificação interior de quem as realiza. A finalidade, para ele, não é tanto a edificação moral, mas a compreensão daquilo que é investigado (III.7 [45], 1.15; IV.8 [6], 1.25-26). Ou, melhor dizendo, a finalidade é a ascese filosófica obtida de modo intelectual, mediante a compreensão teórica dos problemas discutidos. No presente volume, busca-se fazer justiça à coerência filosófica de Plotino, reconstruindo as coordenadas de sua leitura de Platão, toda centrada na concepção dos inteligíveis e de sua causalidade.

Riccardo Chiaradonna

Cronologia da vida e das obras[1]

205

Nascimento de Plotino, provavelmente no Egito, no décimo terceiro ano do reinado de Septímio Severo (*Vita Plot.*, 2.36). Porfírio não informa o lugar de nascimento, que fontes posteriores identificam com a cidade de Licópolis.

212

O único fato conhecido da infância de Plotino é reportado em *Vita Plot.*, 2.2-6. Com a idade de oito anos, embora já vá à escola de gramática, ainda frequenta sua ama e lhe desnuda o seio, desejoso de sugá-lo. Deixa de fazê-lo quando ouve dizer que é um menino viciado.

---

1. O sistema cronológico usado por Porfírio na *Vida de Plotino* é de difícil interpretação. Atenho-me às conclusões de GOULET, R., Le système chronologique de la Vie de Plotin, in: ID., *Études sur les Vies de philosophes de Antiquité tardive*, Paris, Vrin, 2001, 153-190 (cf., em particular, 177, quadro) (ed. orig. in: BRISSON et al., *Porphyre...*, v. I. *Travaux préliminaires et index grec complet*, 187-227).

232-243

Com 28 anos, Plotino se converte à filosofia e se torna discípulo de Amônio Sacas em Alexandria do Egito. Permanece na escola de Amônio por onze anos. São também alunos de Amônio: Erênio, o teólogo cristão Orígenes e um segundo Orígenes, filósofo platônico pagão.

243

Plotino segue o imperador Gordiano III em sua expedição contra os persas, desejoso, segundo afirma Porfírio, de fazer a experiência da filosofia praticada entre os persas e da que predominava entre os hindus (*Vita Plot.*, 3.16-17).

243-244

Plotino foge para Antioquia após a morte de Gordiano. Chegada a Roma.

246

Como informa Porfírio, durante o terceiro ano do reinado de Filipe, o Árabe, terceiro da permanência de Plotino em Roma, Amélio vem para junto de Plotino (*Vita Plot.*, 3.38-40), que está já à frente de uma "escola" (ou, como talvez fosse mais apropriado dizer, de um círculo de intelectuais que se reúnem em torno a ele). Entre seus alunos estão intelectuais, médicos, mas também personalidades influentes e representantes do senado (*Vita Plot.*, 7).

254

Primeiro ano do reinado de Galiano, que chega ao poder junto com o pai Valeriano. Começa a atividade literária de Plotino após dez anos de ensino exclusivamente oral. Como atesta Porfírio, Plotino havia se mantido até então fiel ao pacto de não revelar o ensinamento de Amônio.

254-263

Plotino escreve seus primeiros 21 tratados.

263

Chegada de Porfírio à escola de Plotino, no décimo ano do reinado de Galiano. Plotino goza da amizade do imperador e de sua mulher, Salonina. Valendo-se de seu apoio, tem o projeto de construir na Campânia uma cidade de filósofos governada segundo as leis de Platão, denominada Platonópolis. O projeto, todavia, fracassa (cf. *Vita Plot.*, 12).

263-268

Composição dos tratados 22-45.

268

Porfírio retira-se para a Sicília, em Lilibeu, aconselhado (conforme o que ele afirma em *Vita Plot.*, 11.11-19) pelo próprio Plotino, que consegue de tal modo demover seu aluno da melancolia que o havia levado a pensar no suicídio.

269

Primeiro ano do reinado do imperador Cláudio II, o Gótico. Plotino, gravemente enfermo, deixa Roma e vai para a Campânia, retirando-se na vila de seu velho amigo Zeto, já morto na ocasião (*Vita Plot.*, 2.17-23).

269-270

Composição e envio a Porfírio dos tratados 46-54.

270

Plotino morre assistido por seu discípulo Eustóquio. Porfírio reporta suas últimas palavras (*Vita Plot.*, 2.26-27): "busquemos remeter o que há de divino em nós ao divino que está no todo"[2].

301

Composição da *Vida de Plotino* por Porfírio.

---

2. A interpretação dessas linhas é muito debatida: cf. D'ANCONA, "To Bring Back the Divine in Us to the Divine in the All"..., 517-565.

Bibliografia

1. Repertórios bibliográficos

DUFOUR, R. *Plotinus. A Bibliography 1950-2000*. Leiden: Brill, 2002 (atualizações disponíveis on-line no site http://rdufour.free.fr/BibPlotin/Plotin-Biblio.html).

2. Edições críticas

Plotini opera. Org. P. Henry e H.-R. Schwyzer. Paris/Bruxelas: Desclée de Brouwer/ L'Édition Universelle, 1951-1959, v. 1 e 2; Paris/Leiden: Desclée de Brouwer/Brill, 1973, v. 3. *Editio maior*.
Plotini opera. Org. P. Henry e H.-R. Schwyzer. Oxford: Clarendon Press, 1964-1982, 3 v. (*editio minor*).

3. Léxicos

SLEEMAN, J. H.; POLLET, G. *Lexicon plotinianum*. Leiden/Leuven: Brill/Leuven University Press, 1980.

4. Traduções

Plotin. Ennéades. Trad., introd. e coment. É. Bréhier. Paris: Les Belles Lettres, 1924-1938, 6 v., 7 t.

Plotins Schriften. Trad. e coment. R. Harder. Leipzig, 1930-1937, 2. ed. reelab. R. Beutler e W. Theiler. Hamburgo: Felix Meiner, 1956-1971, 6 v., 12 t.

Plotinus. Enneads. Trad. e coment. A. H. Armstrong. Cambridge (Mass.)/Londres: Harvard University Press/William Heinemann Ltda., 1966-1988, 7 v.

Plotino. Enéadas. Trad. e coment. J. Igal. Madri: Gredos, 1982-1998, 3 v.

Plotin. Ausgewählte Schriften. Trad. e coment. C. Tornau. Stuttgart: Reclam, 2001.

Plotin. Traités. Trad. e org. L. Brisson e J.-F. Pradeau. Paris: Flammarion, 2002-2010, 9 v.

Plotinou. Enneas I-III. Trad. e coment. P. Kalligas. Atenas, 1994-2004, 3 v. (trad. comentada em grego moderno).

Plotino. Enneadi. Trad. e coment. V. Cilento. Bari: Laterza, 1947-1949, 4 v.

Enneadi di Plotino. Trad. M. Casaglia, C. Guidelli, A. Linguiti e F. Moriani; pref. F. Adorno. Turim: UTET, 1997, 2 v.

Plotino. Il Pensiero come diverso dall'Uno. Quinta Enneade. Trad. e coment. M. Ninci. Milão: Rizzoli, 2000.

Plotino. Enneadi. Trad. e notas G. Girgenti, R. Radice e G. Reale. Milão: Mondadori, 2002.

5. Traduções e comentários de tratados publicados separadamente

ATKINSON, M. *Plotinus: Ennead V. 1. On the Three Principal Hypostases*. Oxford: Clarendon Press, 1983.

AUBRY, G. *Plotin. Traité 53 (I, 1)*. Paris: Cerf, 2005.

BEIERWALTES, W. *Autoconoscenza ed esperienza dell'unità. Plotino*, Enneade *V, 3*. Milão: Vita e Pensiero, 1995 (ed. orig.: *Selbsterkenntnis und Erfahung der Einheit: Plotins Enneade V 3*. Frankfurt a.M., Klostermann, 1991).

_____. *Eternità e tempo. Plotino*, Enneade *III 7*. Milão: Vita e Pensiero, 1995 (ed. orig.: *Plotin. Über Ewigkeit und Zeit, Enneade III 7*. Frankfurt a.M., Klostermann, ⁴1995).

BERTIER, J. et al. *Plotin. Traité sur les nombres (Ennéade VI 6 [34])*. Paris: Vrin, 1980.

CATAPANO, G. *Plotino. Sulle virtù (I 2 [19])*. Pisa: Plus, 2006.

CHAPPUIS, M. *Plotin. Traité 4 (IV, 2)*. Paris: Cerf, 2006.

_____. *Plotin. Traité 3 (III, 1)*. Paris: Cerf, 2006.

_____. *Plotin. Traité 21 (IV, 1)*. Paris: Cerf, 2006.

D'ANCONA, C. et al. *Plotino. La discesa dell'anima nei corpi (Enn. IV 8 [6]). Plotiniana arabica (Pseudo-Teologia di Aristotele, capitoli 4 e 7; "Detti del sapiente greco")*. Pádua: Il Poligrafo, 2003.

DARRAS-WORMS, A.-L. *Plotin. Traité 1 (I, 6)*. Paris: Cerf, 2007.

DUFOUR, R. *Plotin. Sur le ciel [Ennéade II, 1 (40)]*. Paris: Vrin, 2003.

FERRARI, F.; VEGETTI, M. *Plotino. L'eternità e il tempo*. Milão: EGEA, 1991.

FLEET, B. *Plotinus. Ennead III.6. On the Impassivity of Bodiless*. Oxford: Clarendon Press, 1995.

HADOT, P. *Plotin. Traité 38 (VI, 7)*. Paris: Cerf, 1988.

_____. *Plotin. Traité 50 (III, 5)*. Paris: Cerf, 1990.
_____. *Plotin. Traité 9 (VI, 9)*. Paris: Cerf, 1994.
HAM, B. *Plotin. Traité 49 (V, 3)*. Paris: Cerf, 2007.
ISNARDI PARENTE, M. *Enneadi VI 1-3*. Nápoles: Loffredo, 1994.
JANKÉLÉVITCH, V. *Plotin. Ennéade I, 3. Sur la dialectique*. Pref. L. Jerphagnon. Paris: Cerf, 1998.
LEROUX, G. *Plotin. Traité sur la liberté et la volonté de l'Un [Ennéade VI, 8 (39)]*. Paris: Vrin, 1990.
LINGUITI, A. *La felicità e il tempo. Plotino, Enneadi, I 4-I 5*. Milão: LED, 2000.
_____. *Plotin. Traité 36 (I, 5)*. Paris: Cerf, 2007.
MARZOLO, C. *Plotino: Che cos'è l'essere vivente e che cos'è l'uomo? (I 1 [53])*. Pref. C. D'Ancona. Pisa: Plus, 2006.
MCGROARTY, K. *Plotinus on* Eudaimonia: *A Commentary on Ennead I.4*. Oxford: Clarendon Press, 2006.
NARBONNE, J.-M. *Plotin. Les deux matières [Ennéade II, 4 (12)]*. Paris: Vrin, 1993.
_____. *Plotin. Traité 25 (II, 5)*. Paris: Cerf, 1998.
O'MEARA, D. J. *Plotin. Traité 51 (I, 8)*. Paris: Cerf, 1999.
_____. *Plotin. Traité 19 (I, 2)*. Paris: Cerf, 2019.
OOSTHOUT, H. *Modes of Knowledge and the Transcendental: An Introduction to Plotinus Ennead 5, 3 [49]*. Amsterdam: Grüner, 1991.
PIGLER, A. *Plotin. Traité 54 (I, 7)*. Paris: Cerf, 2005.
SCHNIEWIND, A. *Plotin. Traité 5 (V, 9)*. Paris: Cerf, 2007.
SCHRÖDER, E. *Plotinus Abhandlung Pothen ta Kaká (Enn., I, 8)*. Borna-Leipzig, 1916.
SUSANETTI, D. *Plotino. Sul Bello. Enneade I, 6*. Pádua: Università di Padova, 1995.
TORNAU, C. *Plotin. Enneaden VI 4-5 [22-23]. Ein Kommentar*. Stuttgart-Leipzig: Teubner, 1998.
VORWERK, M. *Plotins Schrift "Über den Geist, die Ideen und das Seiende". Enneade V 9 [5]*. Munique-Leipzig: Saur, 2001.
WILBERDING, J. *Plotinus' Cosmology. A Study of Ennead II. 1. (40)*. Oxford: Clarendon Press, 2006.
WOLTERS, A. M. *Plotinus "On Eros" (Enn. III, 5)*. Toronto: Wedge Publishing Foundation, 1984.

6. Coletâneas de estudos

ARMSTRONG, A. H. et al. *Les sources de Plotin*. Vandoeuvres-Genebra: Fondation Hardt, 1960.
BAINE HARRIS, R. (org.). *Neoplatonism and Indian Thought*. Albany (NY): State University of New York Press, 1982.
CHIARADONNA, R. (org.). *Studi sull'anima in Plotino*. Nápoles: Bibliopolis, 2005.

DIXSAUT, M. (org.). *La Connaissance de soi. Sur le Traité 49 de Plotin.* Colab. P.-M. Morel e K. Tordo-Rombaut. Paris: Vrin, 2002.
FATTAL, M. (org.). *Études sur Plotin.* Paris: L'Harmattan, 2000.
GERSON, L. P. (org.). *The Cambridge Companion to Plotinus.* Cambridge: Cambridge University Press, 1996 (trad. bras. *Plotino.* São Paulo: Ideias&Letras, 2017).
Plotino e il Neoplatonismo in Oriente e in Occidente. Roma: Accademia Nazionale dei Lincei, 1974.
WAGNER, M. F. (org.). *Neoplatonism and Nature. Studies in Plotinus' Enneads.* Albany (NY): State University of New York Press, 2002.

7. Estudos gerais

BRÉHIER, É. *La philosophie de Plotin.* Paris: Vrin, 2005.
CASAGLIA, M. et al. Introduzione. In: *Enneadi di Plotino.* Turim: UTET, 1997, v. 1, 17-83.
GERSON, L. P. *Plotinus.* Londres-Nova York: Routledge, 1994.
HADOT, P. *Plotin ou la simplicité du regard.* Paris: Plon, 1963 (reed.: Paris: Gallimard, 1997).
HALFWASSEN, J. *Plotin und der Neuplatonismus.* Munique: Beck, 2004.
ISNARDI PARENTE, M. *Introduzione a Plotino.* Roma-Bari: Laterza, 1984 (trad. port. *Introdução a Plotino.* Lisboa: Edições 70, 2006).
LACROSSE, J. *La philosophie de Plotin. Intellect et discursivité.* Paris: Les Belles Lettres, 2003.
O'MEARA, D. J. *Plotin. Une introduction aux* Ennéades. Friboug/Paris: Academic Press/ Cerf, ²2004 (ed. orig.: *Plotinus. An Introduction to the* Enneads. Oxford: Clarendon Press, 1993).
RIST, J. M. *Plotino. La via verso la realtà.* Gênova: Il Melangolo, 1995 (ed. orig.: *Plotinus. The Road to Reality.* Cambridge: Cambridge University Press, 1967).
SCHWYZER, H.-R. Plotinos. In: *Paulys Realencyclopädie der Altertumswissenschaft,* XXI, I, 1951, coll. 471-592; Supplement Band XV, 1978, coll. 310-28.

8. Plotino e as tradições filosóficas

ARMSTRONG, A. H. The Background of the Doctrine That the Intelligibles are not outside the Intellect. In: _____. et al. *Les sources de Plotin.* Vandoeuvres-Genebra: Fondation Hardt, 1960, 391-425.
BARNES, J. *Porphyry. Introduction.* Oxford: Clarendon Press, 2003.
_____. Roman Aristotle. In: _____; GRIFFIN, M. (org.). *Philosophia Togata II. Plato and Aristotle at Rome.* Oxford: Clarendon Press, 1997, 1-69.
BONAZZI, M. Eudoro di Alessandria alle origini del platonismo imperiale. In: _____; CELLUPRICA, V. (org.). *L'eredità platonica.* Nápoles: Bibliopolis, 2005, 115-160.

Bibliografia

_____. Plotino e la tradizione pitagorica. *Acme*, 53 (2000) 38-73.
_____., LÉVY, C.; STEEL, C. (org.). *A Platonic Pythagoras: Platonism and Pythagorism in the Imperial Age*. Turnhout: Brepols, 2007.
BRISSON, L. et al. *Porphyre. La vie de Plotin*, II. *Études d'introduction, texte grec et traduction française, notes complémentaires, bibliographie*. Paris: Vrin, 1992.
BRISSON, L. et al. *Porphyre. La vie de Plotin*, I. *Travaux préliminaires et index grec complet*. Paris: Vrin, 1982.
CENTRONE, B. Cosa vuole dire essere pitagorico in età imperiale. Per una riconsiderazione della categoria storiografica di "neopitagorismo". In: BRANCACCI, A. *La filosofia in età imperiale. Le scuole e le tradizioni filosofiche*. Nápoles: Bibliopolis, 2000, 137-168.
CHIARADONNA, R. L'anima e la mistione stoica. *Enn*. IV 7 [2], 8. In: _____. (org.). *Studi sull'anima in Plotino*. Nápoles: Bibliopolis, 2005, 127-147.
_____. Plotino e la corrente antiaristotelica del platonismo imperiale: analogie e differenze. In: BONAZZI, M.; CELLUPRICA, V. (org.). *L'eredità platonica. Studi sul platonismo da Arcesilao a Proclo*. Nápoles: Bibliopolis, 2005, 235-274.
_____. What is Porphyry's *Isagoge*. *Documenti e studi sulla tradizione filosofica medievale*, 18 (2008) 1-30.
_____. Esegesi e sistema in Plotino. In: NESCHKE, A. (org.). *Argumenta in dialogos Platonis*, 1. Basileia: Schwabe, 2010.
_____. Galeno and Middle Platonism. In: GILL, C.; WHITMARSH, T; WILKINS, J. (org.). *Galen and the World of Knowledge*. Cambridge: Cambridge University Press.
_____. Hylémorphisme et causalité des intelligibles. Plotin et Alexandre d'Aphrodise. *Les études philosophiques*, v. 86, n. 3 (2008) 379-397.
_____. Concetti generali, astrazioni e forme in Porfirio. In: Ch. Erismann (ed.). *De la logique à l'ontologie. Éstudes sur la philosophie de Porphyre et son influence durant l'Antiquité tardive et le haut Moyen Âge, Atti della giornata di studio "La filosofia di Porfirio e la sua ricezione tardo-antica e alto-medievale"*. Istituto Svizzero, Roma, 04 abr. 2004, Paris: Vrin (prelo).
DES PLACES, É. *Atticus. Fragments*. Paris: Les Belles Lettres, 1977.
DODDS, E. R. The Parmenides of Plato and the Origins of the Neoplatonic "One". *The Classical Quarterly*, 22 (1928) 129-142.
DONINI, P. *Le scuole, l'anima, l'impero. La filosofia antica da Antioco a Plotino*. Turim: Rosenberg & Sellier, 1982.
_____. Medioplatonismo e filosofi medioplatonici. Una raccolta di studi. *Elenchos*, 11 (1990) 79-93.
_____. Platone e Aristotele nella tradizione pitagorica secondo Plotino. In: PÉREZ JIMÉNEZ, A.; AGUILAR, R. M. (org.). *Plutarco, Platon y Aristóteles*. Madri: Ediciones Clásicas, 1999, 9-24.
_____. *Tre studi sull'aristotelismo del II secolo d.C.* Turim: Paravia, 1974.
_____. Testi e commenti, manuali e insegnamento: la forma sistematica e i metodi della filosofia in età postellenistica. In: *Aufstieg und Niedergang der römischen Welt*, II, 36.7. Berlim-Nova York: De Gruyter, 1994, 5027-5100.

_____. L'objet de la métaphysique selon Alexandre d'Aphrodisie. In: NARCY, M.; TORDESILLAS, A. (org.). *La "Métaphysique" d'Aristote. Perspectives contemporaines.* Paris/Bruxelas: Vrin/Ousia, 2006, 81-98.

DÖRRIE, H.; BALTES, M. *Der Platonismus in der Antike.* Stuttgart-Bad Cannstatt: Frommann Holzboog, 1987-2008, 7 v., 9 t. publicados.

FATTAL, M. *Plotino, gli Gnostici e Agostino.* Nápoles: Loffredo, 2008.

FERRARI, F. *Dio, idee e materia. La struttura del cosmo in Plutarco di Cheronea.* Nápoles: D'Auria, 1995.

FREDE, M. Epilogue. In: ALGRA, K. et al. (org.). *The Cambridge History of Hellenistic Philosophy.* Cambridge: Cambridge University Press, 1999, 771-797.

_____. Numenius. In: *Aufstieg und Niedergang der römischen Welt*, II, 36.2. Berlim-Nova York: De Gruyter, 1987, 1034-1075.

GOULET, R. Porphyre, Ammonius, les deux Origène et les autres... In: _____. *Études sur les Vies de philosophes de l'Antiquité tardive. Diogène Laërce, Porphyre de Tyr, Eunape de Sardes.* Paris: Vrin, 2001, 267-290, com atualizações, 394 (ed. orig.: *Revue d'histoire et de philosophie religieuse*, 57 [1977] 471-496).

GRAESER, A. *Plotinus and the Stoics. A Preliminary Study.* Leiden: Brill, 1972.

HADOT, P. Être, vie, pensée chez Plotin et avant Plotin. In: _____. *Plotin, Porphyre. Études néoplatoniciennes.* Paris: Les Belles Lettres, 1999, 127-181 (ed. orig. in: ARMSTRONG, A. H. et al. *Les sources de Plotin.* Vandoeuvres-Genebra: Fondation Hardt, 1960, 107-157).

_____. Plotin et les Gnostiques. In: _____. *Plotin, Porphyre. Études néoplatoniciennes.* Paris: Les Belles Lettres, 1999, 211-223 (ed. orig.: *Annuaire de l'École Pratique des Hautes Études*, Ve. section, 1971-1972, 55-58; 1973-1974, 64-65; 1974-1975, 67-69; 1975-1976, 75-77).

_____. Théologie, exegese, révélation, écriture dans la philosophie grecque. In: _____. *Études de philosophie ancienne.* Paris: Les Belles Lettres, 1998, 27-58 (ed. orig. in: TARDIEU, M. *Les règles de l'interprétation.* Paris: Cerf, 1987, 13-34).

HENRY, P. Une comparaison chez Aristote, Plotin et Alexandre d'Aphrodise. In: Armstrong, A. H. et al. *Les sources de Plotin.* Vandoeuvres-Genebra: Fondation Hardt, 1960, 429-449.

HOFFMANN, P. Catégories et langage selon Simplicius. La question du *"skopos"* du traité aristotélicien des *Catégories*. In: HADOT, I. (org.). *Simplicius. Sa vie, son oeuvre, sa survie.* Berlim-Nova York, De Gruyter, 1987, 61-90.

KARAMANOLIS, G. *Plato and Aristotle in Agreement? Platonists on Aristotle from Antiochus to Porphyry.* Oxford: Clarendon Press, 2006.

_____. Porphyry: The First Platonist Commentator on Aristotle. In: ADAMSON, P.; BALTUSSEN, H.; STONE, M. W. F. (org.). *Philosophy, Science and Exegesis in Greek, Arabic and Latin Commentaries*, I. Londres: Intitute of Classical Studies, 2004, 97-120.

LUNA, C. *Simplicius. Commentaire sur les* Catégories *d'Aristote. Chapitres 2-4.* Paris: Les Belles Lettres, 2001.

MANSFELD, J. *Heresiology in Context: Hyppolitus'* Elenchos *as a Source for Greek Philosophy*. Leiden: Brill, 1992.
_____. *Prolegomena. Questions to be Settled before the Study of an Author, or a Text*. Leiden: Brill, 1994.
MORAUX, P. *Der Aristotelismus bei den Griechen von Andronikos bis Alexander von Aphrodisias*. Berlim-Nova York: De Gruyter, 1973-2001, 3 v.
RASHED, M. *Essentialisme. Alexandre d'Aphrodise entre logique, physique et cosmologie*. Berlim-Nova York: De Gruyter, 2007.
SEDLEY, D. Plato's Auctoritas and the Rebirth of the Commentary Tradition. In: BARNES, J.; GRIFFIN, M. (org.). *Philosophia Togata II. Plato and Aristotle at Rome*. Oxford: Clarendon Press, 1997, 110-129.
_____. Philodemus and the Decentralisation of Philosophy. *Cronache Ercolanesi*, 33 (2003) 31-41.
SHARPLES, R. W. Alexander of Aphrodisias on Divine Providence: Two Problems. *Classical Quarterly*, 32 (1982) 198-211.
_____. Alexander of Aphrodisias: Scholasticism and Innovation. In: *Aufstieg und Niedergang der römischen Welt*, II, 36.2. Berlim-Nova York: De Gruyter, 1987, 1220-1224.
SORABJI, R. The Ancient Commentators on Aristotle. In: _____. (org.). *Aristotle Trasformed: The Ancient Commentators and Their Influence*. Londres: Duckworth, 1990, 1-30.
TIELEMAN, T. Plotinus on the Seat of the Soul: Reverberations of Galen and Alexander in *Enn*. IV 3 [27], 23. *Phronesis*, 43 (1998) 306-325.
TORNAU, C. Die Prinzipienlehre des Moderatos von Gades. Zu Simplikios in Ph. 230,34-231,24 Diels. *Rheinisches Museum*, 143 (2000) 197-220.
TURNER, J. D. The Gnostic Sethians and Middle Platonism: Interpretations of the Timaeus and Parmenides. *Vigiliae Christianae*, 60 (2006) 9-64.
WHITTAKER, J. Ammonius on the Delphic E. *Classical Quarterly*, 19 (1969) 185-192.
_____. *Alcinoos. Enseignement des doctrines de Platon*. Paris: Les Belles Lettres, 1990.
_____. Plotinus at Alexandria: Scholastic Experiences in the Second and Third Centuries. *Documenti e Studi sulla Tradizione Filosofica Medievale*, 8 (1997) 159-190.
ZAMBON, M. Edizione e prima circolazione degli scriti di Plotino: Porfirio e Eusebio di Cesarea. In: BIANCHETTI, M. (org.). *Plotino e l'ontologia. Sostanza, assimilazione, bellezza*. Milão: Albo Versorio, 2006, 55-78.
_____. *Porphyre et le Moyen Platonisme*. Paris: Vrin, 2002.

9. O mundo inteligível: alma e intelecto

ARMSTRONG, A. H. Emanation in Plotinus. *Mind*, 46 (1937) 61-66.
_____. *The Architecture of the Intelligible Universe in the Philosophy of Plotinus. An Analytical and Historical Study*. Cambridge: Cambridge University Press, 1940 (reed. 2017).

BEIERWALTES, W. Plotins Metaphysik des Lichtes. *Zeitschrift für Philosophische Forschung*, 15 (1961) 334-362.
BLUMENTHAL, H. Soul, World Soul, and Individual Soul in Plotinus. In: SCHUHL, P.-M.; HADOT, P. (org.). *Le Néoplatonisme*. Paris: CNRS, 1971, 55-66.
CATAPANO, G. La teoria dei due tipi di assimilazione nel trattato 19 (*Enn.* I 2): la soluzione plotiniana dell'aporia di Parm. 132d-133a. In: BIANCHETTI, M. (org.). *Plotino e l'ontologia. Sostanza, assimilazione, bellezza*. Milão: Albo Versorio, 2006.
CHARRUE, J.-M. *Plotin lecteur de Platon*. Paris: Les Belles Lettres, 1978.
CHIARADONNA, R. Connaissance des intelligibles et degés de lá substance – Plotin et Aristote. *Études Platoniciennes*, 3 (2006) 57-85.
_____. L'anima e la mistione stoica. *Enn.* IV 7 [2],9. In: _____. (org.). *Studi sull'anima in Plotino*. Nápoles: Bibliopolis, 2005, 127-147.
D'ANCONA, C. AMORPHON KAI ANEIDEON. Causalité des formes et causalité de l'Un chez Plotin. *Revue de Philosophie Ancienne*, 10 (1992) 71-113.
_____. Plotinus and Later Platonic Philosophers on the Causality of the First Principle. In: GERSON, L. P. (org.). *The Cambridge Companion to Plotinus*. Cambridge: Cambridge University Press, 1996, 356-385.
EMILSSON, E. K. Cognition and its Object. In: GERSON, L. P. (org.). The Cambridge Companion to Plotinus. Cambridge: Cambridge University Press, 1996.
_____. *Plotinus on Intellect*. Oxford: Clarendon Press, 2007.
FERRETTI, S. Bellezza sensibile e intelligibile. In: _____. *Antichi e moderni: l'elaborazione del passato*. Pisa: ETS, 2005, 59-84.
GUIDELLI, C. *Dall'ordine alla vita: mutamenti del bello nel platonismo antico*. Bolonha: CLUEB, 1999.
HADOT, P. La conception plotinienne de l'identité entre l'intellect et son objet. Plotin et le De anima d'Aristote. In: _____. *Plotin, Porphyre. Études néoplatoniciennes*. Paris: Les Belles Lettres, 1999, 267-278 (ed. orig. in: ROMEYER-DHERBEY, G. *Corps et âme. Sur le De anima d'Aristote*. Paris: Vrin, 1996, 367-376).
_____. *Porfirio e Vittorino*. Milão: Vita e Pensiero, 1993, 196-203 (ed. orig.: *Porphyre et Victorinus*, I. Paris: Études Augustiniennes, 1968).
HORN, C. *Plotin über Sein, Zahl und Einheit*. Stuttgart-Leipzig: Teubner, 1995.
KÜHN, W. Comment il ne faut pas expliquer la connaissance de soi-même (Ennéade V,3 [49], 5.1-17). In: DIXSAUT, M. (org.). *La connaissance de soi. Sur le Traité 49 de Plotin*. Colab. P.-M. Morel e K. Tordo-Rombaut. Paris: Vrin, 2002, 229-266.
LLOYD, A. C. Non-propositional Thought – An Enigma for Greek Philosophy. *Proceedings of the Aristotelian Society*, 70 (1970) 261-274.
_____. Non-propositional Thought in Plotinus. *Phronesis*, 31 (1986) 258-265.
_____. *The Anatomy of Neoplatonism*. Oxford: Clarendon Press, 1990.
NARBONNE, J.-M. *La métaphysique de Plotin*. Paris: Vrin, ^{2}2001 (trad. bras. *A metafísica de Plotino*. São Paulo: Paulus, 2016).
O'BRIEN, D. Le non-être dans la philosophie grecque: Parménide, Platon, Plotin. In: AUBENQUE, P. *Études sur le* Sophiste *de Platon*. Nápoles: Bibliopolis, 1991, 317-364.

O'MEARA, D. J. Scepticisme et ineffabilité chez Plotin. In: DIXSAUT, M. (org.). *La connaissance de soi. Sur le Traité 49 de Plotin.* Colab. P.-M. Morel e K. Tordo-Rombaut. Paris: Vrin, 2002, 91-103.

_____. *Structures Hiérarchiques dans la pensée de Plotin.* Leiden: Brill, 1975.

REGEN, F. *Formlose Formen. Plotins Philosophie als Versuch, die Regreprobleme des Platonischen Parmenides zu lösen.* Göttingen: Vandenhoek & Ruprecht, 1988.

RUTTEN, C. La doctrine des deux actes dans la philosophie de Plotin. *Revue philosophique de la France et de l'étranger*, 146 (1956) 100-106.

SCHWYZER, H.-R. Plotins Interpretation von *Timaios* 35 a. *Rheinisches Museum*, 74 (1935) 360-368.

SORABJI, R. Myths about Non-propositional Thought. In: SCHOFIELD, M.; NUSSBAUM, M. C. (org.). *Language and Logos.* Cambridge: Cambridge University Press, 1982, 295-314.

_____. *Time, Creation and the Continuum.* Londres: Duckworth, 1983.

STERN-GILLET, S. Le Principe du Beau chez Plotin: Réflexions sur *Ennéades* VI.7.32 et 33. *Phronesis*, 45 (2000) 38-63.

SZLEZÁK, T. A. *Platon und Aristoteles in der Nuslehre Plotins.* Basileia-Stuttgart: Schwabe, 1979 (trad. bras. *Platão e Aristóteles na doutrina do Nous de Plotino.* São Paulo: Paulus, 2008).

TAORMINA, D. P. Plotino lettore dei "dialoghi giovanili" di Platone. In: BRANCACCI, A. (org.). *Antichi e moderni nella filosofia di età imperiale.* Nápoles: Bibliopolis, 2001, 135-196.

TORNAU, C. Wissenschaft, Seele, Geist. Zur Bedeutung einer Analogie bei Plotin (*Enn.* IV 9, 5 und VI 2, 20). *Göttinger Fórum für Altertumswissenschaft*, I (1998) 87-111.

VERRA, V. *Dialettica e filosofia in Plotino.* Milão: Vita e Pensiero, ²1992.

WILBERDING, J. "Creeping Spatiality": The Location of *Nous* in Plotinus' Universe. *Phronesis*, 50 (2005) 315-334.

WURM, K. *Substanz und Qualität. Ein Beitrag zur Interpretation der plotinischen Traktate VI 1, 2 und 3.* Berlim-Nova York: De Gruyter, 1973.

10. Antropologia e alma não descida

ARMSTRONG, A. H. Tradition, Reason and Experience in the Thought of Plotinus. In: *Plotino e il Neoplatonismo in Oriente e in Occidente.* Roma: Accademia Nazionale dei Lincei, 1974, 171-194.

BALADI, N. Origine et signification de l'audace chez Plotin. In: SCHUHL, P.-M.; HADOT, P. (org.). *Le Néoplatonisme.* Paris: CNRS, 1971, 87-97.

BLUMENTHAL, H. *Plotinus' Psychology: His Doctrines of the Embodied Soul.* Haia: Martinus Nijhoff, 1971.

CHIARADONNA, R. Platonismo e teoria della conoscenza stoica tra II e III secolo d.C. In: BONAZZI, M.; HELMIG, C. (org.). *Platonic Stoicism – Stoic Platonism.* Leuven: Leuven University Press, 2007, 209-241.

_____. Plotino: il "noi" e il Nous (*Enn.* V 3 [49], 8, 37-57). In: AUBRY, G.; ILDEFONSE, F. (org.). *Le moi et l'interiorité. Philosophie, Antiquité, Anthropologie*. Paris: Vrin, 2008, 277-294.

D'ANCONA, C. "To Bring Back the Divine in Us to the Divine in the All". *VP* 2, 26-27 Once Again. In: KOBUSH, T.; ERLER, M. (org.). *Metaphysik und Religion. Zur Signatur des spätantiken Denkens*. Munique-Leipzig: Saur, 2002, 517-565.

_____. Plotino: memoria di eventi e anamnesi di intelligibili. In: SASSI, M. M. *Tracce nella memoria. Teorie della memoria da Platone ai moderni*. Pisa: Edizione della Normale, 2007, 67-98.

DI PASQUALE BARBANTI, M. *Ochema-pneuma e phantasia nel neoplatonismo. Aspetti psicologici e prospettive religiose*. Catania: CUECM, 1998.

EMILSSON, E. K. *Plotinus on Sense-Perception*. Cambridge: Cambridge University Press, 1988.

FERRARI, F. Esistono forme di *kath'hekasta*? Il problema dell'induvidualità in Plotino e nella tradizione platonica antica. *Acc. Sc. Torino – Atti Sc. Morali*, 131 (1997) 23-63.

GRITTI, E. La *phantasia* plotiniana tra illuminazione intellettiva e impassibilità dell'anima. In: CHIARADONNA, R. (org.). *Studi sull'anima in Plotino*. Nápoles: Bibliopolis, 2005, 251-274.

GUIDELLI, C. Note sul tema della memoria nelle Enneadi di Plotino. *Elenchos*, 9 (1988) 75-94.

HADOT, P. Les niveaux de conscience dans les états mystiques selon Plotin. *Journal de psychologie normale et pathologique*, 77 (1980) 243-265.

KALLIGAS, P. Living Body, Soul, and Virtue in the Philosophy of Plotinus. *Dionysios*, 18 (2000) 27-37.

LAVAUD, L. La *dianoia* médiatrice entre le sensible et l'intelligible. *Études Platoniciennes*, 3 (2006) 29-55.

MERLAN, P. *Monophysicism, Mysticism, Metaconsciousness. Problems of the Soul in the Neoaristotelian and Neoplatonic Tradition*. Haia: Martinus Nijhoff, [2]1969.

MOREL, P.-M. La sensation, messagère de l'âme. Plotin, V,3 [49], 3. In: DIXSAUT, M. (org.). *La connaissance de soi. Sur le Traité 49 de Plotin*. Colab. P.-M. Morel e K. Tordo-Rombaut. Paris: Vrin, 2002, 209-227.

O'BRIEN, D. Le volontaire et la nécessité: réflexions sur la descente de l'âme dans la philosophie de Plotin. *Revue philosophique de la France et de l'étranger*, 167 (1977) 401-422.

REMES, P. *Plotinus on Self. The Philosophy of the 'We'*. Cambridge: Cambridge University Press, 2007.

SZLEZÁK, T. A. L'interprétation plotinienne de la théorie platonicienne de l'âme. In: FATTAL, M. (org.). *Études sur Plotin*. Paris: L'Harmattan, 2000, 173-191.

11. O Uno

ARMSTRONG, A. H. Eternity, Life and Movement in Plotinus' Account of Nous In: SCHUHL, P.-M.; HADOT, P. (org.). *Le Néoplatonisme*. Paris, CNRS, 1971, 67-74.

AUBRY, G. *Dieu sans puissance.* Dunamis *et* Energeia *chez Aristote et chez Plotin.* Paris: Vrin, 2006.
BEIERWALTES, W. *Pensare l'Uno. Studi sulla filosofia neoplatonica e sulla storia dei suoi influssi.* Milão: Vita e Pensiero, 1992 (ed. orig.: *Denken des Einen. Studien zum Neuplatonismus und dessen Wirkungsgeschichte.* Frankfurt a.M.: Klostermann, 1985).
BUSSANICH, J. *The One and Its Relation to Intellect in Plotinus: A Commentary on Selected Texts.* Leiden: Brill, 1988.
D'ANCONA, C. Re-reading Ennead V 1 [10], 7. What is the Scope of Plotinus' Geometrical Analogy in this Passage? In: Cleary, J. J. (org.). *Traditions of Platonism. Essays in Honour of John Dillon.* Aldershot: Ashgate, 1999, 237-261.
HADOT, P. Resenha de *Plotini opera* II, ed. de P. Henry e H.-R. Schwyzer. Paris, 1959. In: _____. *Plotin, Porphyre. Études néoplatoniciennes.* Paris: Les Belles Lettres, 1999, 203-210 (ed. orig.: *Revue d'histoire des religions,* 164 [1963] 92-96).
SCHWYZER, H.-R. *Corrigenda ad Plotini textum. Museum Helveticum,* 44 (1987) 252-270.

12. O mundo físico e a matéria

ADAMSON, P. Plotinus on Astrology. *Oxford Studies in Ancient Philosophy,* 35 (2008) 265-291.
BALTES, M. *Die Weltenstehung des platonischen* Timaios *nach den antiken Interpretern,* I. Leiden: Brill, 1976.
BRISSON, L. Entre physique et métaphysique. Le terme *ogkos* chez Plotin, dans ses rapports avec la matière (*hulê*) et le corps (*soma*). In: FATTAL, M. (org.). *Études sur Plotin.* Paris: L'Harmattan, 2000, 87-111.
CHIARADONNA, R. Il tempo misura del movimento? Plotino e Aristotele (*Enn.* III 7 [45]). In: BONAZZI, M.; TRABATONNI, F. (org.). *Platone e la tradizione platonica. Studi di filosofia antica.* Milão: Cisalpino, 2003, 221-250.
_____. *Sostanza movimento analogia. Plotino critico di Aristotele.* Nápoles: Bibliopolis, 2002.
_____. The Categories and the Status of the Physical World. Plotinus and the Neoplatonic Commentators. In: ADAMSON, P.; BALTUSSEN, H.; STONE, M (org.). *Phylosophy, Science and Exegesis in Greek, Arabic and Latin Commentaries,* I. Londres: Institute of Classical Studies, 2005, 121-136.
CORRIGAN, K. *Plotinus' Theory of Matter-Evil and the Question of Substance: Plato, Aristotle, and Alexander of Aphrodisias.* Leuven: Peeters, 1996.
DE HAAS, F. A. J. Did Plotinus and Porphyry Disagree on Aristotle's *Categories*? *Phronesis,* 46 (2001) 492-526.
FALCON, A. *Corpi e movimenti. Il* De caelo *di Aristotele e la sua fortuna nel mondo antico.* Nápoles: Bibliopolis, 2001.
FATTAL, M. *Ricerche sul logos da Omero a Plotino.* Milão: Vita e Pensiero, 2005 (ed. orig.: *Logos et image chez Plotin.* Paris: Harmattan, 1998).

HADOT, P. L'harmonie des philosophies de Plotin et d'Aristote selon Porphyre dans le commentaire de Dexippe sur les *Catégories*. In: _____. *Plotin, Porphyre. Études néoplatoniciennes*. Paris: Les Belles Lettres, 1999, 355-382 (ed. orig. in: *Plotino e il neoplatonismo in Oriente e in Occidente*. Roma: Accademia Nazionale dei Lincei, 1974, 31-47).

HEISER, J. H. *Logos and Language in the Philosophy of Plotinus*. Lewiston: Edwin Mellen, 1991.

KALLIGAS, P. *Logos* and the Sensible Object in Plotinus. *Ancient Philosophy*, 17 (1997) 397-410.

LINGUITI, A. Il cielo di Plotino. In: BONAZZI, M.; TRABATONNI, F. (org.). *Platone e la tradizione platonica. Studi di filosofia antica*. Milão: Cisalpino, 2003, 251-264.

_____. La materia dei corpi: sullo pseudoilemorfismo plotiniano. *Quaestio*, 7 (2007) 105-122.

O'BRIEN, D. La matière chez Plotin: son origine, sa nature. *Phronesis*, 44 (1999) 45-71.

_____. *Plotinus on the Origin of Matter. An Exercise in the Interpretation of the Enneads*. Nápoles: Bibliopolis, 1991.

OPSOMER, J. A Craftsman and His Handmaiden. Demiurgy According to Plotinus. In: LEINKAUF, T.; STEEL, C. (org.). *Plato's Timaeus and the Foudations of Cosmology in Late Antiquity, the Middle Ages and Renaissance*. Leuven: Leuven University Press, 2005, 67-102.

PEROLI, E. *Dio uomo e mondo. La tradizione etico-metafisica del Platonismo*. Milão: Vita e Pensiero, 2003.

RASHED, M. Contre le mouvement rectiligne naturel: Trois adversaires (Xénarque, Ptolémée, Plotin) pour une thèse. In: CHIARADONNA, R.; TRABATONNI, F. (org.). *Physics and Philosophy of Nature in Greek Neoplatonism*. Leiden: Brill, 2009, 17-42.

SCHWYZER, H.-R. Zu Plotins Deutung der sogenannten platonischen Materie. In: *Zetesis. Festschrift E. de Strycker*. Antuérpia-Utrecht, De Nederlandsche Boekhandel 1973, 266-280.

SPINELLI, E. La semiologia del cielo. Astrologia e anti-astrologia in Sesto Empirico e Plotino. In: PÉREZ JIMÉNEZ, A.; CABALLERO, R. (org.). *Homo mathematicus*. Málaga: Charta Antiqua, 2002, 275-300.

STRANGE, S. K. Plotinus, Porphyry, and the Neoplatonic Interpretation of the *Categories*. In: *Aufstieg und Niedergang der römischen Welt*, II 36. 2. Berlim-Nova York: De Gruyter, 1987, 955-974.

WAGNER, M. F. Plotinus on the Nature of Physical Reality. In: GERSON, L. P. (org.). *The Cambridge Companion to Plotinus*. Cambridge: Cambridge University Press, 1996, 130-170.

13. Ética e mística

ELIASSON, E. *The Notion of "That Which Depends on Us" in Plotinus and Its Background*. Uppsala: Uppsala Universiteit, 2005.

FERRETTI, S. Metafore della provvidenza. Plotino, *Enn*. III 2. In: ____. *Antichi e moderni. L'elaborazione del passato*. Pisa: ETS, 2005, 37-58.
LINGUITI, A. La felicità dell'anima non discesa. In: BRANCACCI, A. (org.). *Antichi e moderni nella filosofia di età imperiale*. Nápoles: Bibliopolis, 2001, 213-236.
O'MEARA, D. J. *Platonopolis: Platonic Political Philosophy in Late Antiquity*. Oxford: Clarendon Press, 2003.
SCHNIEWIND, A. *L'Éthique du sage chez Plotin. Le paradigme du* spoudaios. Paris: Vrin, 2003.
____. The Social Concern of the Plotinian Sage. In: SMITH, A. (org.). *The Philosopher and Society in Late Antiquity. Essays in Honour of Peter Brown*. Swansea: The Classical Press of Wales, 2005, 51-64.

14. Plotino e sua posteridade

ADAMSON, P. *The Arabic Plotinus. A Philosophical Study of the* Theology of Aristotle. Londres: Duckworth, 2002.
BEIERWALTES, W. *Platonismo e idealismo*. Bolonha: Il Mulino, 1987 (ed. orig.: *Platonismus und Idealismus*. Frankfurt a.M.: Klostermann, 1972).
CATAPANO, G. *Tota sentit in singulis*. Agostino e la fortuna di un tema plotiniano nella psicologia altomedievale. In: CHIARADONNA, R. (org.). *Studi sull'anima in Plotino*. Nápoles: Bibliopolis, 2005, 353-400.
D'ANCONA, C. Le traduzioni di opere greche e la formazione del corpus filosofico arabo. In: ____. (org.). *Storia della filosofia nell'Islam medievale*. Turim: Einaudi, 2005, v. I, 204-208.
GARIN, E. Plotino nel Rinascimento. In: *Plotino e il neoplatonismo in Oriente e in Occidente*. Roma: Accademia Nazionale dei Lincei, 1974, 537-553.
____. La rinascita di Plotino. In: ____. *Rinascite e rivoluzioni. Movimenti culturali dal XIV al XVIII secolo*. Roma-Bari: Laterza, 1975, 89-129.
LINGUITI, A. Giamblico, Proclo, Damascio sul principio anteriore all'Uno. *Elenchos*, 9 (1988) 95-106.
OPSOMER, J., STEEL, C. *Proclus. On the Existence of Evils*. Londres: Durckworth, 2003.
PRAECHTER, K. Richtungen und Schulen im Neuplatonismus. In: ____. *Kleine Schriften*. Hildesheim-Nova York: Olms, 1973, 165-216 (ed. orig.: *Genethliakon für Carl Robert*. Berlim, 1910, 105-156).
SAFFREY, H. D. *Recherches sur le néoplatonime après Plotin*. Paris: Vrin, 1990.
____. *Le Néoplatonisme après Plotin*, II. Paris: Vrin, 2000.
STEEL, C. *Il Sé che cambia. L'anima nel tardo Neoplatonismo: Giamblico, Damascio e Prisciano*. Org. de L. I. Martone. Bari: Edizioni di Pagina, 2006 (ed. orig.: *The Changing Self. A Study on the Soul in Later Neoplatonism: Iamblichus, Damascius and Priscianus*. Bruxelas, AWLSK, 1978).
TAORMINA, D. P. *Jamblique critique de Plotin et de Porphyre. Quatre études*. Paris: Vrin, 1999.

Índice onomástico

Adamson, P. 24, 152, 160, 183, 190
Adrasto 14
Agostinho 90, 183
Aguilar, R. M. 18
Alcino 20, 25, 28, 53, 60, 106, 188
Alexandre de Afrodísia 22, 27, 29, 32, 49, 60, 96, 115, 146, 150
Algra, K. 15
Amélio 19, 60, 194
Amônio Sacas 12, 13, 23, 32-34, 194
Anaxágoras 18, 46
Andrônico de Rodes 15, 16, 25
Antíoco de Ascalona 15-17
Apuleio 53
Arcesilau 15
Aristóteles 15-20, 22, 24-28, 30, 32, 38-42, 44, 48, 49, 54, 59, 62, 63, 66, 70, 82, 94, 96, 103, 110, 115, 131, 145-149, 151, 153, 156, 162, 170, 172, 182, 191
Armstrong, A. H. 20, 27, 30, 82, 109, 118, 119, 141, 173, 186
Arquitas de Taranto 62
Aspásio 14
Ático 14, 25, 149
Atkinson, M. 86, 87
Aubenque, P. 74
Aubry, G. 82, 101, 125, 129, 130

Baine Harris, R. 34, 35
Baladi, N. 87
Baltes, M. 20, 149
Baltussen, H. 24, 152
Barnes, J. 16, 17, 45, 145
Beierwaltes, W. 33, 61, 75, 78, 103, 121, 153, 183
Berti, E. 31, 148
Bianchetti, M. 11, 50
Blumenthal, H. 56, 101
Boeto de Sidone 15, 16, 27, 151
Bonazzi, M. 18, 19, 24, 25, 52, 63, 149, 160
Bos, E. P. 18
Brague, R. 153
Brancacci, A. 63, 85, 124, 171
Bréhier, É. 31, 34, 67, 68, 186
Brisson, L. 11, 13, 23, 87, 103, 129, 151, 186, 193
Brucker, J. 14
Burnyeat, M. 31, 45, 123
Bussanich, J. 134

Caballero, R. 160
Carchia, G. 76
Carnéades 15
Casaglia, M. 12, 182, 186
Catapano, G. 50, 167, 183
Celluprica, V. 24, 25
Centrone, B. 46, 63, 72
Charles, D. 148
Charrue, J.-M. 73

Chiaradonna, R. 21, 24, 26, 27, 29, 52, 54, 78, 92, 96, 101, 106, 109, 114, 144, 145, 147, 149, 151, 152, 155, 160, 183, 185, 191, 192
Cícero 16
Cláudio II, o Gótico 195
Cleary, J. J. 136
Clemente de Alexandria 20, 186
Cornford, F. M. 72
Corrigan, K. 164
Crantor 16
Crônio 14

Damschen, G. 44
D'Ancona, C. 19, 38, 42, 49, 51, 57, 88, 95, 96, 103, 106, 109, 110, 113, 121, 126, 136, 183, 189, 196
Des Places, É. 25
Di Pasquale Barbanti, M. 114
Dixsaut, M. 67, 103, 105, 124
Dodds, E. R. 19, 20, 87, 175
Donini, P. 16, 18-20, 27, 53, 146
Dörrie, H. 20
Dufour, R. 161, 188

Eliasson, E. 173, 174
Emilsson, E. K. 68, 69, 71, 81-83, 97, 98, 100, 104, 138, 182
Empédocles 18, 19
Epicuro 17
Erler, M. 106
Espeusipo 16, 62, 149
Eudoro de Alexandria 15, 18, 24, 63
Eusébio 25
Eustóquio 11, 196
Everson, S. 103, 108

Falcon, A. 160
Fattal, M. 33, 40, 115, 150, 151, 157
Ferécides 18
Ferrari, F. 37, 75, 109, 153
Ferretti, S. 76, 175
Ficino, M. 12, 137, 183
Filipe, o Árabe 194
Filolau de Crotona 62
Fine, G. 42, 49, 107
Fleet, B. 97
Frede, M. 15, 16, 32, 44, 45, 103, 148
Fronterotta, F. 39, 47, 79, 86

Gaio 14
Gaiser, K. 62
Galeno 25, 31, 32, 93
Galiano 194, 195
Garin, E. 183
Gerson, L. P. 51, 68, 82, 83, 109, 111, 116, 122, 157, 178
Gill, C. 26
Gordiano III 194
Goulet, R. 13, 189, 193
Goulet-Cazé, M.-O. 23
Graeser, A. 29
Griffin, M. 16, 17
Gritti, E. 114
Guidelli, C. 12, 76, 103, 114, 186
Günther, H.-C. 44

Haas, F. A. J. de 144
Hadot, I. 145
Hadot, P. 15, 17, 21, 29, 30, 33, 42, 56, 60, 77, 80, 82, 87, 105, 112, 137, 141, 148
Halfwassen, J. 14
Ham, B. 132
Hegel, G. W. F. 181
Heiser, J. H. 157
Helmig, C. 52
Henry, P. 12, 27, 56, 137
Herênio 13
Hoffmann, P. 145
Homero 112, 172
Horn, C. 53, 144

Ildefonse, F. 101
Isnardi Parente, M. 62

Jâmblico 14, 29, 30, 63, 116, 183
Jonas, H. 33

Kahn, C. 123
Kalligas, P. 77, 157, 158
Karamanolis, G. 16, 24, 25, 28, 34, 54
Kirchhoff, A. 137
Kobusch, T. 106
Krämer, H. J. 63
Kühn, W. 67

Lami, A. 46
Lavaud, L. 98, 129
Leinkauf, T. 156

ÍNDICE ONOMÁSTICO

Leszl, W. 49
Lévy, C. 19
Linguiti, A. 12, 59, 77, 113, 126, 160, 162, 170, 171, 182
Lloyd, A. C. 69, 82, 109, 178
Longino 23, 60, 183
Lúcio 20, 146, 147
Luna, C. 145

Mansfeld, J. 12, 18, 124
Marco Aurélio 32, 175
Martone, L. I. 116
Marzolo, C. 95, 100-102, 114
Mazzarelli, C. 24
Meijer, P. A. 18
Merlan, P. 60, 115
Migliori, M. 37
Moderato de Gades 19, 20, 63
Moraux, P. 27
Morel, P.-M. 67, 103, 105
Moriani, F. 12

Narbonne, J.-M. 61, 82, 125, 186, 187, 190
Narcy, M. 146
Natali, C. 44, 47
Neschke, A. 21
Nicóstrato 20, 146, 147
Numênio de Apameia 14, 19, 20, 53, 63, 124, 125
Nussbaum, M. C. 69

O'Brien, D. 13, 74, 82, 87, 124, 125, 134-136, 162, 164, 165
O'Meara, D. J. 67, 68, 80, 122, 163, 169
Oosthout, H. 103
Opsomer, J. 156, 162
Orígenes 13, 194

Parmênides 18, 19, 24, 37, 40, 48, 49, 59, 61, 130, 182, 190
Patzig, G. 70
Pépin, J. 185, 186
Pérez Jiménez, A. 18, 160
Peroli, E. 150, 155
Pitágoras 18
Platão 13-19, 21, 24-26, 28, 30, 32, 35, 38-42, 44-47, 49, 54, 57, 59, 61-63, 72-74, 78, 79, 82, 85, 86, 92, 93, 96, 101, 106, 107, 110, 111, 115, 119, 124, 127, 129, 132, 148, 149, 153, 155, 161, 162, 164, 168, 170, 175, 181, 186, 187, 189, 191, 192, 195

Plutarco 18, 29, 63, 75, 128, 149
Polansky, R. 94
Polêmon 16
Porfírio 11-14, 19, 22-24, 28, 32-34, 37, 54, 60, 112, 144, 145, 167, 178, 182, 186, 190, 193-196
Pradeau, J.-F. 87, 103, 129
Praechter, K. 16, 182
Proclo 14, 24, 63, 116, 126, 156, 161, 163, 182

Quarantotto, D. 44

Rashed, M. 22, 27, 150, 160, 161
Regen, F. 38
Remes, P. 69, 73, 98, 99, 101, 103, 106, 109, 117, 140, 157, 169, 171, 178, 179
Rengakos, A. 44
Rist, J. M. 122, 173, 174, 178, 183
Romeyer-Dherbey, G. 60
Rutten, C. 82

Saffrey, H. D. 13, 15, 18, 124, 183
Salonina 13, 195
Sassi, M. M. 103
Schniewind, A. 169
Schofield, M. 45, 69
Schuhl, P.-M. 56, 87, 141
Schwyzer, H.-R. 12, 54, 137, 164
Sedley, D. 17, 47
Senarco 161
Septímio Severo 193
Severo 14
Sexto Empírico 31, 32, 67, 68
Sharples, R. W. 27, 150
Sheppard, A. 54
Sila 17
Simplício 16, 19, 20, 29, 32, 146, 161, 165, 183
Siriano 63
Smith, A. 169
Sorabji, R. 24, 44, 67, 69
Spinelli, E. 160
Steel, C. 19, 116, 156, 162
Stern-Gillet, S. 76
Stone, M. W. F. 24, 152
Strange, S. K. 144
Szlezák, T. A. 30, 63, 115, 130

Taormina, D. P. 85, 124
Tardieu, M. 15, 185, 186, 190

Tieleman, T. 93
Tordesillas, A. 146
Tordo-Rombaut, K. 67
Tornau, C. 19, 37, 48, 58, 176
Trabattoni, F. 108, 149, 160
Turner, J. D. 20, 33, 150, 185, 187

Varrão 16
Vegetti, M. 75, 108, 153, 171
Verra, V. 85
Viano, C. A. 38
Vlastos, G. 47

Wagner, M. F. 157
Westerink, L. G. 124
Whitmarsh, T. 26
Whittaker, J. 12, 25, 75, 170, 188
Wilberding, J. 93, 161
Wilkins, J. 26
Wolters, A. 34, 186, 187
Wurm, K. 73

Xenócrates 16, 62, 149

Zambon, M. 11, 25
Zeto 195

Edições Loyola

editoração impressão acabamento
Rua 1822 n° 341 – Ipiranga
04216-000 São Paulo, SP
T 55 11 3385 8500/8501, 2063 4275
www.loyola.com.br